道路交通工程设计理论基础

徐耀赐 著

人民交通出版社股份有限公司

北 京

内 容 提 要

本书记载了作者数十年在交通领域内的工程经验，深入浅出地介绍了道路交通工程设计中的信息传输、人因理论、路网结构、速度相关理论、服务水平、容量与流量、车流理论、视距、视区等方面的知识，兼具理论与实际应用价值。

本书可供道路交通工程领域在读本科生、研究生以及从事交通工程设计及相关行业的从业人员参考。

图书在版编目(CIP)数据

道路交通工程设计理论基础/徐耀赐著．—北京：
人民交通出版社股份有限公司，2020.10
 ISBN 978-7-114-16751-5

Ⅰ．①道⋯ Ⅱ．①徐⋯ Ⅲ．①道路交通—交通工程—工程设计 Ⅳ．①U491

中国版本图书馆 CIP 数据核字(2020)第 142836 号

著作权合同登记号 图字:01-2020-5178

书　　名：道路交通工程设计理论基础
著　作　者：徐耀赐
策划编辑：刘　洋　何　亮
责任编辑：屈闻聪　薛　亮
责任校对：孙国靖　魏佳宁
责任印制：张　凯
出版发行：人民交通出版社股份有限公司
地　　址：(100011)北京市朝阳区安定门外外馆斜街3号
网　　址：http://www.ccpcl.com.cn
销售电话：(010)59757973
总 经 销：人民交通出版社股份有限公司发行部
经　　销：各地新华书店
印　　刷：北京虎彩文化传播有限公司
开　　本：787×1092　1/16
印　　张：13.125
字　　数：311千
版　　次：2020年10月　第1版
印　　次：2023年3月　第4次印刷
书　　号：ISBN 978-7-114-16751-5
定　　价：70.00元

(有印刷、装订质量问题的图书由本公司负责调换)

目　　录

第一章　绪论 ………………………………………………………………… 1
　一、概述 …………………………………………………………………… 1
　二、人、车、路、环境与"4E" ………………………………………… 2
　三、上位指导思维 ………………………………………………………… 2
　四、驾驶任务 ……………………………………………………………… 5
　五、道路工程、交通工程与道路交通工程 ……………………………… 6
　六、道路交通工程设计的八大控制准则 ………………………………… 7
　七、公路与道路的迷思 …………………………………………………… 7
　八、道路建设进程 ………………………………………………………… 8

第二章　信息传输 …………………………………………………………… 12
　一、概述 …………………………………………………………………… 12
　二、基本理念 ……………………………………………………………… 12
　三、道路信息 ……………………………………………………………… 12
　四、视觉信息传输 ………………………………………………………… 14
　五、信息传输的阶段性 …………………………………………………… 15

第三章　人因理论 …………………………………………………………… 17
　一、概述 …………………………………………………………………… 17
　二、道路交通事故的特性与来源 ………………………………………… 17
　三、"人因"考虑的主体 ………………………………………………… 18
　四、名义安全与实质安全 ………………………………………………… 19
　五、自解释道路 …………………………………………………………… 21
　六、人、车、路的条件限制 ……………………………………………… 22
　七、驾驶彷徨 ……………………………………………………………… 25
　八、吸睛效应 ……………………………………………………………… 28
　九、人因理论的实际应用 ………………………………………………… 29

第四章　路网结构 …………………………………………………………… 31
　一、概述 …………………………………………………………………… 31
　二、车辆行驶路径 ………………………………………………………… 31
　三、道路分类系统 ………………………………………………………… 32
　四、道路网形成的历史进程 ……………………………………………… 34
　五、道路网的分类 ………………………………………………………… 40
　六、路网结构合理性架构 ………………………………………………… 42

七、本地道路的重要性 ··· 47
第五章　速度相关理论 ··· 52
　　一、概述 ··· 52
　　二、速度的种类 ·· 52
　　三、设计速度 ··· 53
　　四、自由流速度、运行速度与其他重要速度 ································ 57
　　五、其他速度释疑 ·· 67
　　六、道路限速的逻辑 ··· 69
　　七、速度管理 ··· 74
　　八、速度差理论 ·· 84
第六章　服务水平、容量与流量 ··· 91
　　一、概述 ··· 91
　　二、车流的初步认知 ··· 91
　　三、服务水平 ··· 96
　　四、容量 ··· 102
　　五、流量 ··· 114
　　六、流率 ··· 124
　　七、密度 ··· 132
第七章　车流理论 ··· 136
　　一、概述 ··· 136
　　二、车辆运行的时空轨迹 ·· 137
　　三、车流理论分类 ·· 138
　　四、古典车流理论 ·· 139
　　五、格林希尔治线性车流理论 ··· 140
　　六、三相车流理论 ·· 152
第八章　视距、视区 ··· 159
　　一、概述 ··· 159
　　二、视距、视区与人因理论 ·· 159
　　三、视距种类 ··· 166
　　四、停车视距 ··· 167
　　五、应变视距 ··· 185
　　六、预览视距 ··· 193
　　七、超车视距 ··· 196
　　八、车流中的视距、视区变化 ··· 203
参考文献 ··· 204

第一章 绪 论

一、概述

一般来说,与道路交通工程直接或间接相关的因素有四大类,即:

(1)人:泛指广义的道路使用者(Road Users),包含驾驶人、被承运人及所有行走在道路上的行人。

(2)车:此为广义所称的车辆,意指行驶在道路上的任何车辆,包含机动车辆、非机动车辆。

(3)路:构成道路系统的所有组成部分,道路红线范围内的任何土木建筑工程与各种软硬件设施均属"路"的一部分。

(4)环境:包含自然环境与法律环境两大类,其中法律环境层面很广,例如交通安全与管理的相关法规、政策,对道路使用者具有约束力的政府规章文件等,还有执法力度的强弱等也属于环境范畴;而自然环境则与气象条件有关,例如雨、雪、雾、霾、暴风、阳光、沙尘暴等。

道路交通工程的规划与设计,其牵涉范围极宽广,含"人""车""路""环境"四大维度,是多领域、多专业知识共同组合而成的系统性学科,故该学科的学习须有一套合理进程。如图 1-1 所示为笔者建议的学习进程,供读者参考,其内涵如下。

(1)闻:初学或听闻,例如道路交通工程专业的本科生初学该专业相关课程或初次接触某个新领域时,皆属"闻"之入门基础阶段。

(2)思:继"闻"之后,不论所学内容为何,均应深入思考,反复探索其内涵与逻辑,思索越宽广越扎实,才能为日后的工作打好根基,此为"思"之进程。

(3)修:道路交通工程的规划与设计虽已有相关规范、大原则、大方向与基本思路可循,但须配合位置场所的多样性,将诸多细节适时适地加以合理修整,才能符合实务应用,此为"修"之阶段。

(4)定:随着实务经验累积,道路交通规划设计者面对各式各样的不同状况,其心中必有成竹,知道如何妥善处理,进而采取最合宜的对策与方案,此为"定"之进程,意指已进入成熟阶段。

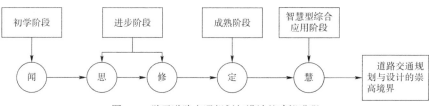

图 1-1 学习道路交通规划与设计的建议进程

(5)慧:此为最高阶段,意指道路交通规划设计者即使面对错综复杂的状况也可灵巧运用,作智能型的综合判断,进而作智能型决策。当然,笔者必须强调,完美没有极限,智慧亦然,随着经验日积月累,"慧"之境界也将随之提升。

二、人、车、路、环境与"4E"

传统道路交通工程与管理领域中,解决道路交通问题的途径通常称为"4E",即:教育(Education)、工程(Engineering)、执法(Enforcement)与应急救助(Emergency Aide and Care)。

"人""车""路""环境"4大变量组成一个动态系统,此动态系统随时间与空间的变化而变化,当此动态系统相互间协调,则人流、车流运行正常且无安全隐患,其与"4E"的相互关系如图1-2所示。

图1-2 "人""车""路""环境"与"4E"之间的关系

三、上位指导思维

道路交通规划与设计涉及领域较广,包含设施种类很多。而且道路交通工程具有极为鲜明的综合性系统工程特色,如图1-3所示,不同交通工程细分领域之间常会有顾此失彼的相互影响区。故想要确保规划设计的成果日后对公众有实质性帮助,有诸多上位指导思想,否则会使规划设计的内涵发散失序,甚至造成无法根除的安全隐患,使社会大众面临长期安全风险和交通拥堵。

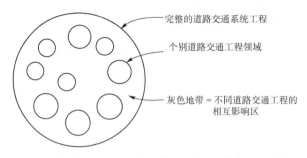

图1-3 不同道路交通工程细分领域形成完整的道路交通系统工程

道路交通规划与设计的上位指导思维可归纳为以下15项:
(1)Safety:安全性。
(2)Mobility:易行性,车辆前往目的地方向可快速行进的特性。
(3)Accessibility:可达性,为方便抵达目的地的属性。

(4) Compatibility：兼容性，为路网结构应具备兼容的属性。

(5) Capacity：容量合理性，为道路可从容应对的车流量。

(6) Continuity：连续性，车流、人流可行进的流线皆应具备连续性。

(7) Simplicity：简洁性，各交通设施应具备简洁且易管理养护的属性。

(8) Durability：耐久性，任何道路交通工程设施应具备生命周期理念的耐久性。

(9) Reliability：可靠性，道路交通工程设施质量的可靠性。

(10) Visibility：可明视性，道路交通工程相关设施的可见性、易辨识性。

(11) Uniformity：一致性，重要交通工程设施应全国一致。

(12) Humanity：人性化，道路交通规划设计应符合"以人为本交通"理念。

(13) Capability：耐受性，道路交通工程设施应满足外力施加的承受能力。

(14) Probability：可能性，概率，例如概率虽小，但后果严重性很大，也应综合考虑。

(15) Constructability：易施工性。

前述15项上位指导思维为规划设计时应扎实掌握的关注点，也是道路交通规划设计者应时刻谨记的15个"特性"或"属性"，即15个以"ty"结尾的英文名词，其具体内涵简述如下。

(1) Safety：安全性。

进入21世纪之后，人类已有共识，在各国要可持续发展（Sustainable Development）的大架构下，必须长久坚持4个重要中心支柱，即"SERE"理念，分别为安全（Safety）、能源（Energy）、资源（Resource）与环境（Environment）。安全支柱位居首位，为全球共识，安全无保障，生命价值与尊严何从谈起？从道路交通工程的观点而言，安全也是无可替代的最高指导原则，任何道路交通规划与设计均应以安全为首要前提。

交通安全是一本极为现实而具体的经济账，各国均已清楚认识到，道路交通事故是极为严重的社会公害，其造成的社会成本耗损会严重侵蚀经济建设成果，虽在不同国家和地区会有比例区别，但通常能占国内生产总值（GDP）的2%以上。基于此，提高道路交通安全水平等同于发展社会经济，或减少国民经济建设成果的耗损。

(2) Mobility：车辆前往目的地方向可快速行进的特性，即易行性。

速度与时空维度相关，即时间-速度-距离三者之间具有函数关系。任何道路在规划设计阶段必须事先选定某一相对合理的设计速度（Design Speed），希望能利用合理的设计速度缩短时空距离，拉近城乡距离。因此，道路的规划设计必须深入考虑该道路是否确实具备"易行性"的特质。

(3) Accessibility：车辆方便抵达目的地的特性，即可达性。

目的地为旅程的终点，有范围大小与不同、距离的区别，大型目的地可能是长距离外的大区域，例如某个城市或特定城区。小型目的地则是指某小范围内的某一特定地点，例如某个住户、建筑物或某个小区等。道路交通工程领域中的"可达性"指的是驾驶人可方便到达的小范围内目的地，且接近此目的地时的车辆行驶速度已很低，直至车辆行驶速度为0，也即到达目的地之时。

(4) Compatibility：路网结构应具备兼容的特性，即兼容性。

单一道路只能服务于某距离的线性（长条状）交通，如果想要提供面状、辐射状、网格状的交通服务功能，必须有完整的路网（Roadway Network）结构。路网结构的优劣与交通运输效能密切相关,在线性交通具备连续性的前提下,两条道路相互连接意味着有流量或容量的移转,故路网结构应具备合理的兼容特性。

(5) Capacity:道路应具备从容应对高峰车流量的特性,即容量合理性。

车流运行于道路上,容量是衡量道路在单位时间内能承载车流量多少的重要指标。

(6) Continuity:车流、人流可行进的流线应具备连续性。

道路使用者由起点出发至终点,沿途所经路线必须具有连续性,中间不可有中断,这与前述路网结构兼容性相辅相成。

(7) Simplicity:道路交通工程设施应具备简洁且易管理养护的特性。

道路交通工程任何设施的主要目的在于为交通运输提供有效且安全的服务,外表亮丽、造型浮夸、构型复杂均为浪费之举。道路交通工程完工通车之时即是管理养护开始之日,上游的无端浪费必然会导致下游管理养护经费的提升。

(8) Durability:道路交通工程设施应具备全生命周期理念的耐久性。

道路工程建设乃百年大计,除初始建设成本之外,每年的管理养护皆产生成本负担,故任何工程建设均应符合全生命周期成本(Life Cycle Cost,简称LCC)最小化的理念,道路交通工程建设亦然,因为劣质品充斥造成养护维修频繁,不仅不符合全生命周期成本最小化理念,对交通安全也会有很大影响。

(9) Reliability:道路交通工程设施质量的可靠性,亦称可信赖性。

(10) Visibility:道路交通工程相关设施的可明视性。

驾驶人在行进过程中,必须能够确实明视前方的任何状况,如此方可从容完成其驾驶任务(Driving Task,详见后文)。故出行沿途,不论何时、何地、何种天气条件下,均应能够确保道路交通工程各设施的可明视性或可辨识性,即驾驶人确保可以清楚看清前方视距范围内的任何景物与路况。

(11) Uniformity:一致性,重要交通工程设施的全国一致性。

人类对外界特定事物的认知具有惯性,例如每日外出触目可及的标志、标线与信号灯等设施。一旦长期习惯养成后,其根深蒂固的惯性认知便无法瞬间改变以做出调整适应,这对道路交通安全极为不利,故道路交通工程设施应具备全国一致性。

(12) Humanity:道路交通规划设计应符合"以人为本交通"的理念。

以人为本交通的基本内涵可简单定义为:以人类需求为导向,追求人类可持续美好生活所需的交通系统。基于此,以人为本交通亦可归属为可持续发展(Sustainable Development)的一部分。

以人类需求为导向的首要重点在于深入了解人类先天具有的本能与天性,其中最重要的规划设计考虑内涵为人的因素(Human Factors),本书简称为"人因"。

(13) Capability:耐受性,道路交通工程设施应满足外力施加的承受能力。

道路交通规划与设计无法与土木工程结构力学完全切割,任何道路交通工程设施在承受外力(如车辆碰撞力、风力、土壤承载力等)时必须符合设计需求和结构力学原理。

(14) Probability:概率。

在某些无法改变的先天条件限制下,某些规划设计的发挥空间必然受限,既然无法达到最佳状态,只能退而求其次,期望不要太差,此时就必须从概率的角度出发,两害相权取其轻,例如追求失败率最低、伤亡率最低、风险最小化等。

(15) Constructability:易施工性。

优质的道路交通规划设计必须考虑任何设施的易施工性,这对管理者有效掌握工期及经费预算有极大帮助。

四、驾驶任务

驾驶任务(Driving Task)在道路交通规划与设计领域中占据极前列的位置,许多道路交通规划与设计细节的考虑均与驾驶任务息息相关,甚至大量隐含于各相关设计规范、准则、指南的条文中。驾驶任务,指在驾驶人由出发点(起点,Origin),沿途行进,直至目的地(终点,Destination)的过程中,驾驶人及道路交通主管部门应尽责履行的工作,其可分为三大核心,如图1-4所示。

图1-4 驾驶任务的三大核心

1. 控制(Control)

控制指车辆驾驶人出行或旅行过程中,沿途必须正确且有效地操控车辆,例如正确掌控转向盘、依车流及路况而适当加减车速及变换车道等。"控制"乃驾驶人本身应尽的责任,如因任何闪失而发生交通事故,在道路交通工程设计内涵无瑕疵的前提下,驾驶人本身应承担事故的后续责任。

当然,道路交通规划与设计者对驾驶人的"控制"也应有清楚认知,要确实顾及规划设计内容,从而使驾驶人能从容控制车辆,例如深入优化道路几何线形,避免弯急坡陡等。

2. 引导(Guidance)

道路是公共财产,任何人在具有法定通行路权的前提下,都有按规定使用道路的权力。道路上行驶的车辆众多,驾驶人的教育水平、年龄、驾驶习惯与经验等皆不同,故驾驶人应随时注意自身车辆与前后左右其他车辆的运行状况,根据当时车流状况依序依规地进行安全驾驶。当然,驾驶人必须同时遵循各交通控制设施的引导,使车流运输顺畅。对于道路交通工程主管部门而言,应充分了解驾驶任务中"引导"的意义,适时适地履行正面引导(Positive Guidance)的责任,例如正确有效布设标志、标线,引导驾驶人适当调整车速等。

3. 运行(Navigation)

驾驶人本身应有自定的明确出行计划及确定的方向性、目的地,沿途依循各式交通控制设施指引,可使出行驾驶过程顺利,平安抵达目的地。

如图1-5所示为人因、驾驶任务与前述15个以"ty"结尾的英文名词的相互关系,由此可清楚看出,人因与驾驶任务的内涵分散在前述15个以"ty"结尾的英文名词之内,同时完整融合其中。

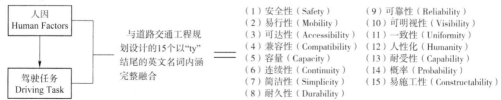

图1-5 人因、驾驶任务与15个以"ty"结尾的英文名词的关系

五、道路工程、交通工程与道路交通工程

道路工程与交通工程,两者有何分别?回答此问题之前,笔者把传统道路工程设计内容分为以下八大专业领域,即:

(1)几何设计(Geometric Design):①水平线形设计(Horizontal Alignment Design);②纵断线形设计(Vertical Alignment Design);③横断面设计(Cross Sectional Design)。

(2)路面设计:①柔性路面设计(Flexible Pavement Design),即沥青路面设计;②刚性路面设计(Rigid Pavement Design),即混凝土路面设计。

(3)路基设计:路基稳定处理、土方计算与处理。

(4)结构物(或构造物)设计:桥梁设计、护坡设计、隧道设计、挡土墙设计、其他结构设计等。

(5)排水设计:地表排水设计、地下排水设计、路侧排水设计。

(6)道路交叉设计:平面交叉设计、槽化设计、立体交叉设计、交汇道路设计、道路-轨道的平交道设计。

(7)交通工程设施设计:标志、标线、信号灯、护栏、隔栏、诱导标、照明设施、反光设施、防眩设施等。

(8)道路附属设施设计:防撞设施、吸能设施、机电设施、遮光设施、隔声墙、收费设施、服务设施、植栽绿化等。

由以上的专业分类,我们或许可体会,欲将道路工程与交通工程做彻底的切割可谓不实际,何况极不容易。有了道路工程的基本功,加上深厚的交通工程专业学识,或反过来,有了交通工程的基本功,而后将其与道路工程专业相融合,不论用哪一种方式,将两者融合成为"道路交通工程",此乃美事一桩,有何不可?故笔者强烈建议,传统交通工程专业人士也应积极学习吸收道路工程的专业知识,进而成为令人信服的道路交通工程师,盼共勉之。

当然,笔者必须强调,如前所述,道路交通工程具有系统工程的鲜明特色,领域多、专业广,故道路交通工程的规划与设计不可能仅由一人或极少数人乾纲独断,而是由一个专业修为深厚的团队或群体共同合作、分工努力完成。因此,规划者、设计者的职业名称或许不同,例如公路设计师(Highway Designers)、交通工程师(Traffic Engineers)、排水工程师等,但在心态上应无分别,均应是为完成优质道路交通工程的规划与设计而共同努力,职务上虽有分工,但角色同等重要,且追求的目的是一致的。诚如美国交通研究委员会(Transportation Research Board,简称TRB)2012年出版的《国家公路合作研究计划报告600》(The National Cooperation Highway Research Program Report 600,简称 NCHRP Report 600)所言:

"Highway designers and traffic engineers must jointly develop and agree on the goals for the road system that will meet the objectives of the road agency but have the safety of users in the forefront."(公路设计人员和交通工程师必须共同研究和商定公路系统的目标,既要满足公路管理机构的目标,又要把使用者的安全放在首位。)

"Highway designers and traffic engineers must jointly develop, review, and approve the design and operational plans for each project. The designs will be self-explaining to the road users and provide substantive safety for them."(公路设计人员和交通工程师必须共同制定、审查和

批准每个项目的设计和运营计划。这些设计对道路使用者来说将是不言自明的,并为他们提供实质性的安全。)

由此两段言词中,可清楚看到公路设计师(Highway Designers)与交通工程师(Traffic Engineers)的职业地位同等重要。此外,另有两个名词在道路交通规划与设计领域中至为重要,即:自解释(Self-explaining)与实质安全(Substantive Safety)。其具体含义将在第三章(人因理论)中详述。

六、道路交通工程设计的八大控制准则

道路工程在规划阶段有选线、测量、定线等过程,路线确定后方可进入几何设计(Geometric Design)阶段。

道路几何设计呈现的线形与横断面组成道路交通安全的先天基因,线形不良,横断面配置不佳,后续衍生的事故必不断,即使有心改建也会大费周章。依美国国家公路与运输协会(American Association of State Highway and Transportation Officials,简称AASHTO)发布的《道路及街道几何设计细则》(A Policy on the Geometric Design of Highways and Streets,以下简称"绿皮书")的建议,道路及街道几何设计应纳入考虑的设计控制与准则(Design Controls and Criteria)有下列八大项,即:

(1)交通特性(Traffic Characteristics)。①交通量(Traffic Volume):平均每日交通量(Average Daily Traffic,简称ADT);高峰小时交通量(Peak Hour Volume,简称PHV);方向分布(Directional Distribution);交通组成(Traffic Composition)。②速度(Speed):设计速度(Design Speed);运行速度(Operating Speed);平均速度(Average Speed)。③车流形态(Flow State)。④未来交通需求预测(Future Projection of Traffic Demand)。

(2)驾驶人、行人(Driver and Pedestrian)。

(3)通行能力与服务水平(Roadway Capacity and Levels of Service)。

(4)设计车辆(Design Vehicles)。

(5)安全事项(Safety Issues)。

(6)环境影响(Environmental Impact):①可持续性(Sustainability);②生态(Ecology)。

(7)地形、人文环境(Topography and Human Environment)。

(8)经济分析(Economic Analysis)。

上述八大设计控制与准则,与前述提到的15个以"ty"结尾的英文名词亦息息相关。

七、公路与道路的迷思

公路(Highway)与道路(Roadway)的定义是什么?两者有什么差异?这在不同国家和地区可能有不同解释,在相关规范、法规中的定义亦有差异,一般皆有以下两点共识,即:

(1)连接两个有相当距离的不同区域,具有中程、长程距离且具连续性者可视为公路,例如两省市间的高速公路、两城镇间的公路等。

(2)城镇范围内,联系两个不同点的通路或通道可视为"道路",例如城市快速路、市区道路等。

上述两者的分别主要在于城镇范围内，由于人口、车辆形态、生活模式、行人与自行车众多等条件与联系两城镇间的公路明显不同。

可是在工程与管理实务上，欲将"公路"与"道路"做明显切割极不容易，且不实际，主因在于：

（1）行政系统虽可将"公路"与"道路"做明显区隔，但规划设计、管理养护者都各行其是。例如公路部门负责管理维护"公路系统"，城市交通建设与管理部门负责"城市道路"的养护。然而驾驶人在旅途中，其关心的是安全、快速到达目的地，对"公路"与"道路"无法区分其差异。

（2）"公路"可以延伸至城市及乡镇之内，而城市或乡镇之内也容许"公路"存在。

（3）依据美国交通研究委员会（TRB）出版的《公路容量手册》（Highway Capacity Manual，2016）的说明，"道路"虽可定义为都市或郊区的运输通道，但仍不易将其与"公路"作明确划分，因一个地区的运输系统乃是一个整体且具备连续性的运输网络，涵盖整个地区，几乎无法单独存在。

（4）根据《中华人民共和国道路交通安全法》："道路"，是指公路、城市道路和虽在单位管辖范围但允许社会机动车通行的地方，包括广场、公共停车场等用于公众通行的场所。

（5）依中国台湾地区的"道路交通管理处罚条例"：道路指公路、街道、巷弄、广场、骑楼、走廊或其他可供公众通行的地方。专供车辆通行者称为车道，仅供行人使用者则泛称为人行道。

综合上述，"道路"所涵盖的范围比"公路"广泛，"道路"涵盖所有不同的"路"，即"公路"包含于"道路"，但"道路"并不一定是"公路"。

故在本书中，为免复杂与争议，所有不同形态的"路"统称为"道路"，当然，具有长距离、行车速度较高特性的高速公路、快速公路会清楚标明。

美国公路与运输协会（AASHTO）绿皮书中提道：

（1）"公路"与"道路"，在行政管理层面或有明显分割，但在工程技术上则具有连贯性，无法独立切割，故 AASHTO 绿皮书的封面即有"Highways and Streets"（公路和道路）的字眼；

（2）道路设计的考虑层面绝不仅限于"道路交通"本身，应综合考虑例如土木工程、建筑工程、土地使用、城乡规划、经济效益分析，甚至环境敏感性等。

八、道路建设进程

道路是公共财产，其建设进程依道路规模而异，不过其流程大同小异，可分为以下几个流程。

（1）初步构思。道路是公共工程，应依政府的长期规划而建设，是否要开辟某单一道路或道路系统的初步构思通常由政府部门提出。当然，政府部门的构思也可能源于民众的要求。

（2）可行性研究。构思阶段之后必须进行可行性研究（Feasibility Study）。可行性研究的主要目的不仅在于说明拟建项目是否为最佳方案、确定工程的固有价值、预见其效益，并且还要说明拟建项目该不该实施以及实施的最佳时机。这对于合理有效地利用有限的资金，具有特别重大现实意义。这一点非常重要，但往往易被忽略。可行性研究作为决策者的依据，所拟出的报告必须能客观反映实际状况、正确无误、真实可靠、具有强烈说服力。

（3）规划阶段。规划（Planning）必须以可行性研究的结果为依据，且由于规划通常仅局限于纸上作业,故应以拟建道路规模而异,规划内容的精细程度亦差异甚大。只是无论如何,道路交通工程领域的从业人员应深知,规划具有浓厚的预测成分,故应细致且考虑周详。

(4)设计阶段。道路工程设计可分为初步设计(Preliminary Design)与细部设计(Detailed Design),典型内容可参考图1-6所示的道路工程设计流程。

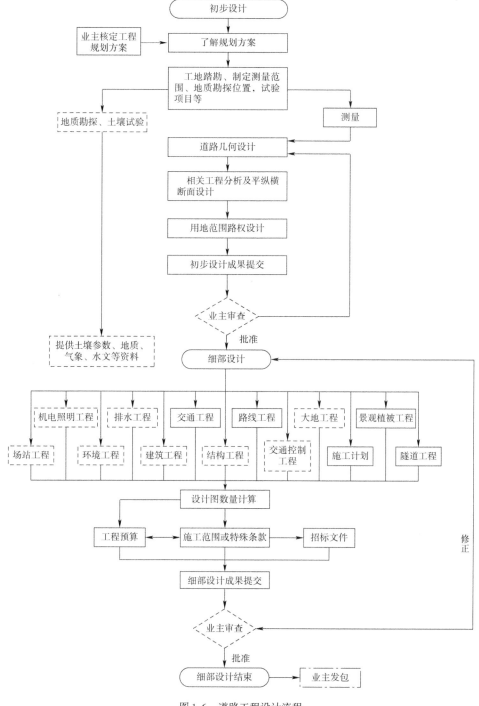

图1-6 道路工程设计流程

(5) 发包阶段。

(6) 施工阶段。

(7) 管理养护阶段。

上述 7 个阶段中,以道路交通工程的生命周期总长度而言,最后一个阶段占了绝大部分,例如规划、设计与施工花费 5 年,道路完工通车后,道路管理养护的百年大计便悄然开始。

如前述图 1-6 所示,道路设计包含的内容极为广泛,须共同参与的专业领域甚多,而道路交通工程仅是其中之一。

与传统土木工程学科相比,道路交通工程学习研究的重点方向包含以下几个方面。

1. 交通调查与特性分析

(1) 驾驶任务、用路人特性分析与人因理论;

(2) 各种车辆运行特性分析;

(3) 交通量调查与车流特性分析;

(4) 车流理论分析;

(5) 先进交通调查技术。

2. 道路几何设计与交通管理设施

(1) 道路分类与路网结构组成;

(2) 道路设计程序与控制准则;

(3) 道路平面线形设计;

(4) 道路纵断线形设计;

(5) 道路横断面设计、车道使用与路权分配;

(6) 交通管理设施的设计与管理;

(7) 互通式立交桥的规划与设计;

(8) 交叉路口的规划与设计;

(9) 各式交通岛的规划与设计;

(10) 平交道口的规划与设计;

(11) 速度管理工作与执法细则;

(12) 视距、视区与道路交通安全。

3. 交通控制(Traffic Control)

(1) 标线的规划与设计;

(2) 标志的规划与设计;

(3) 信号灯的规划与设计。

4. 道路通行能力分析(Roadway Capacity Analysis)

(1) 高、快速公路基本路段的通行能力分析;

(2) 高、快速公路入口、出口匝道区的通行能力分析;

(3) 高、快速公路交织路段的通行能力分析;

(4) 市区道路的通行能力分析;

(5) 交叉路口的通行能力分析;

(6)乡村地区双车道的通行能力分析;
(7)郊区多车道的通行能力分析。

5. 停车管理设施的设计与管理

(1)停车供需特性分析;
(2)路边停车管理;
(3)路外停车管理;
(4)停车管理策略拟定。

6. 交通影响评估

(1)土地开发与交通冲击研究;
(2)交通维持计划;
(3)运输系统管理策略。

7. 道路交通安全设施

(1)碰撞缓冲设施(Impact Attenuator);
(2)防撞垫(Crash Cushion);
(3)道路护栏设计;
(4)道路照明与反光设施;
(5)防眩光与隔声设施。

8. 与先进科技结合的应用

(1)智能交通系统(Intelligent Transportation System);
(2)车路协同系统(Intelligent Vehicle Infrastructure Cooperative Systems)。

第二章 信息传输

一、概述

信息(Information),指可联系两者或多者的沟通或告知型信息。信息涵盖的范围极为宽广,不过本章的重点仅局限于与道路交通规划、设计领域相关的信息。

二、基本理念

图 2-1 显示了在不计入外在环境影响前提下,"人""车""路"三者环环相扣的连锁关系。由此图可清楚看出,"人""车""路"三者之间具有"信息传输"(Information Communication)的特性,与道路交通工程各种设施的设计及布设亦直接相关。

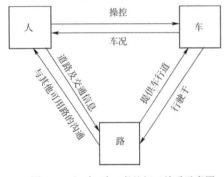

图 2-1　人、车、路三者的相互关系示意图

道路交通工程的规划与设计领域中,信息传输极为重要,攸关车流运输效能与行车安全的成败,意指如何将道路本身或车流中其他车辆的相关信息有效传输给驾驶人。驾驶人在确知信息后,便可采取相应合适的应对操作,因此,信息传输的主要目的在于辅助驾驶人确知邻近路况、周边环境、车流中其他车辆的状况等。有正确的信息传输,驾驶人方可从容、高效地完成驾驶任务(Driving Task),进而达到交通顺畅与行车安全的终极目标。

道路交通工程领域中的信息传输与驾驶任务直接相关,其中含下列三大工作重点,即:

(1)道路上应有何种必要信息传输给道路使用者?
(2)道路上的信息应如何正确且有效传输给道路使用者?
(3)道路上信息量的多寡对道路使用者的影响如何?

为使本书内容循序渐进、简洁明了,此三大重点在本章中未能详述者,将在后续各章节中陆续呈现。

三、道路信息

车辆行驶在道路上如无任何外在信息辅助,将有如无方向感且无导航辅助的海中孤舟。道路信息(Roadway Information),意指驾驶人在驾驶过程中,沿途必须从道路及其相关设施得知的各式有用信息。道路交通规划与设计领域中,完整的道路信息可区分为两大区块,即:

(1)正式信息(Formal Information);
(2)非正式信息(Informal Information)。

从车流运输顺畅与交通安全的角度来看,正式信息的重要性必远大于非正式信息。

(一)正式信息

正式信息指道路交通工程建设中,本身具备的软硬件设施及路权界限(路权种类繁多,此处仅指道路建设的产权范围)内各式各样可提供给道路使用者的有用信息,这些信息可能来自下列各方面。

1. 道路本身的几何线形(Geometric Alignment)

例如道路几何设计中的平面线形(Horizontal Alignment)、纵断线形(Vertical Alignment)与道路横断面等。驾驶人通过视距范围内的道路几何线形便可清楚判别前方道路外观与变化,进而便可轻松掌控车辆、从容转向、相应调整速度等。

2. 道路本身的永久性硬件设施

例如具有连续性的中央分向护栏、路侧护栏、隧道壁、桥梁护栏等,皆是驾驶人在车辆行进过程中可清晰明视以便于操作车辆的视觉参照物(Visual Reference Cues)。

3. 交通控制设施(Traffic Control Devices)

交通控制设施的内容极多样化,凡为了辅助道路使用者安全行进、提示驾驶人有效完成驾驶任务的道路设施皆属于交通控制设施的范畴。其中道路上的标志(Sign)、标线(Marking)、信号灯(Signal)是道路交通控制设施的三大主体。此外,施工区的隔离设施,例如隔离护栏、交通锥等,皆可被视为交通控制设施。总而言之,凡辅助或控制车流、人流行止的设施皆可视为广义的交通控制设施。

上述3类正式信息中,第1、2类在道路工程建设完成后几乎已全然定型,在依照合格的规范、标准进行设计的前提下,一般问题不大,争议性通常较小。对驾驶人而言,最重要的正式信息应该是第3类,即交通控制设施,最典型的是必须长年管理养护的交通标志、标线与信号灯。其中,交通标线是连续性信息,交通标志与信号灯则是间歇性信息,即只在道路某处才有布设。交通标线由于生命周期(Life Cycle)相对较短,通常只有1~3年,故标线信息的传输应更加谨慎,必须随时保持标线的有效性。

正式信息是道路与驾驶人两者间的无声沟通语言,攸关车流运输效能与交通安全,故由初始规划设计阶段直至后续的管理养护阶段,正确、有效布设适当的正式信息,并传输给驾驶人,是道路交通工程主管部门与执法部门无可推卸的责任。正式信息的任何缺失或遗漏都会影响驾驶人有效执行其驾驶任务,直接或间接形成安全隐患。

道路上每一辆车均为驾驶人独立操作,车辆间的互相牵制及互相影响(Interaction between Vehicles)现象随时存在于车流中,故驾驶人在改变行车方向时有责任将信息告知邻近车辆,例如驾驶人欲向右变换车道或右转向时,均须提前于某时间段打开右侧转向灯,邻近的车辆驾驶人因此便可采取相应的措施,例如适量保持前后车距或适当减速。这些驾驶人在车辆行进过程中发送的信息亦可被视为正式信息。当然,驾驶人在车辆行进过程中,如发送的正式信息有错误,可能误导其他驾驶人,如因此而衍生事故,则错发信息的驾驶人亦应当负有事故连带责任。例如某驾驶人内心中所想的是右转向,可是却在车辆右转前打开了左转向灯,因而造成事故,则此发送错误信息的驾驶人必无法免除事故连带责任。

描述至此,我们应可了解,正式信息背后具有严肃的公权力章法与法律意涵,正式信息处置不当或遗漏等皆极易造成争议,甚至衍生诉讼事件。例如:

(1)道路交通主管部门布设的标志内容不清或错误,甚至应该布设而未布设,造成驾驶人误判,产生交通事故;

(2)驾驶人变换车道或欲转向时未适时打开转向灯告知其他驾驶人,造成交通事故。

道路上有哪些正式信息必须传输给驾驶人?此须在相关设计规范、标准、准则中严格明确,例如美国运输部联邦公路总署(Federal Highway Administration,简称 FHWA)颁布的《统一交通管制装备手册》(Manual on Uniform Traffic Control Devices,简称 MUTCD)中详细叙明了各种道路标志、标线与信号等的设计准则及布设细节。

同理,驾驶人在何时何地应发送正式信息给其他道路使用者?此亦应明文规定于相关交通法规的条文中,例如中国大陆的《道路交通安全法》及中国台湾地区的"道路交通安全规则"。这不只攸关车流运输顺畅与交通安全,同时对交通警察的有效执法及事故责任鉴定都极具正面意义。

(二)非正式信息

非正式信息意指位于道路的路权界线外,驾驶人目视可及且可作为驾驶人视觉参照物的所有对象,例如某处视线可及的高耸建筑物、大型桥梁、远处高山等都是驾驶人确定行进方向的有效参照物。此外,道路旁侧的广告招牌、造型较显眼突出的所有构造物或设施等均是驾驶人可自主决定是否使用的非正式信息。

非正式信息的种类极为复杂多样,对行车安全的影响程度因地点特性而有明显差异。非正式信息能否被驾驶人有效利用全凭驾驶人个人意志,道路交通主管部门无权也无法掌控,道路交通工程与管理部门应在道路日常巡查时特别注意,是否可能有路侧非正式信息影响车流正常运行与行车安全。例如路侧绵密的商家广告牌,在白天时可能导致路侧标志被湮没、忽视,在夜间时的亮丽广告灯光可能影响驾驶人对信号灯的有效辨识等。如遇此种状况,道路交通主管部门与执法部门要及时主动关注,与民众积极沟通,寻求谅解与合作,甚至采取合适的法律手段。

四、视觉信息传输

如图 2-2 所示是道路、信息传输与驾驶人三者的相互关系架构,其中应特别注意,用路人获得道路信息的主要方法是通过视觉,即驾驶人利用其双眼明视而得知道路各相关信息。基于此,凡利用视觉而得知信息的过程通常以视觉传输(Visual Communication)简称。事实上,标志、标线、信号的设计原理与布设准则皆与视觉传输的机制有关。

道路上信息的视觉传输并非多多益善,重点在于适量适用。具有实用意义的视觉传输必须具备以下两个条件。

(1)必须让被传输对象可清楚识认,即被传输信息者可清楚注意到,且可同时认知该信息的内涵,此种现象可称为"认知"(Perception)。有了清楚认知,驾驶人方可做出正确判断。

(2)被传输信息者在已经认知信息内容的前提下,如判断应有所作为,则必须保证有足够时间可进行反应,这即为"反应"(Reaction)过程,例如有足够时间可从容制动、减速与停车的过程。

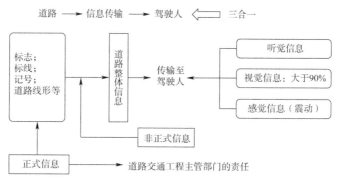

图 2-2　道路、信息传输与驾驶人三者的相互关系

综合前述,可将两者组合成"认知-反应",更具体而言,信息传输后,信息接收者或被传输信息者必须有绝对充足的"认知-反应时间"(Perception-Reaction Time,简称 PRT)。认知-反应时间如果不足,则视觉传输便不具有任何意义,例如某驾驶人打开右转向灯,同时又骤然向右变换车道,这种状况必造成行驶于邻近右车道的车辆无充足时间反应,可能造成事故。

"认知-反应时间"在道路交通规划与设计领域中极为重要,其具体应用细节将在后续第三章(人因理论)与第八章(视距、视区)中详述。

五、信息传输的阶段性

人的双眼犹如电子扫描仪(Scanner),面对眼前的信息,扫描后将其存在心中、脑中。

驾驶人在车辆行进过程中,由于道路几何线形变化、道路内外环境及其他车辆的动态等皆持续改变,故驾驶人接收道路信息时具有明显的阶段性,每阶段的信息内容可能不同,信息量亦可能大不相同,即随着时间段变化而有不同的信息内容。时间段变化指车辆已行进某一段距离,且即将进入下一阶段,面对新出现的道路信息,其示意如图 2-3 所示,图中的"I"指驾驶人目视扫描眼前各种信息的阶段。

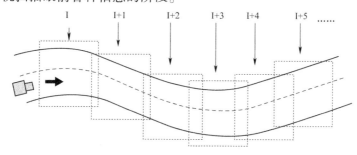

图 2-3　道路信息传输阶段性示意图

由图 2-3 可清楚看出,对道路交通规划与设计者而言,其工作中应思考的最重要的内涵是以下几项。

（1）本阶段的信息提供是否正确？因本阶段提供的信息正确无误方可保证引导驾驶人继续安全行进，而后进入下一阶段。

（2）沿着道路长度方向，本阶段信息内容的适用性应在何处结束，即下一阶段的信息提供应由何处开始？同时应思考该提供何种信息给驾驶人。

（3）本阶段提供的信息内容与前一阶段的信息内容是否应具有连续性或相关性？

（4）驾驶人面对眼前的信息不见得会全部接收，有时甚至刻意忽视，驾驶人心中最关心的是对其最重要、最有意义的信息。对道路交通工程设计者而言，提供给驾驶人的信息应是最有意义的信息（Most Meaning Information，简称 MMI），故提供信息的重点不在量多，重点在于应为"最有意义的信息"。

（5）道路交通工程设计者于任何阶段提供的信息，如对驾驶人有影响，例如提示其减速或预告出口位置已到等，务必确认驾驶人具有绝对充足的认知-反应时间。

（6）随着外在环境变化，例如天气异常时，各阶段所提供的信息是否仍具有适用性？是否必须考虑加设可提供额外信息的设施，例如信息可变标志（Changeable Message Sign，简称 CMS）？

（7）如为攸关安全等特别重要的信息，是否应重复提供？其间隔距离应多长？

以上这些问题都应深入考虑。

第三章 人因理论

一、概述

人因(Human Factors)在道路交通规划与设计领域中可谓举足轻重,与驾驶任务(Driving Task)同居于极前列的主导地位。道路交通工程中的任何软硬件设施均为"人"而设,故道路交通规划与设计者必须确实了解"人因"的内涵,如此,方可落实在规划与设计的实务应用中,确实服务于"人",即广义的道路使用者。

二、道路交通事故的特性与来源

将人因理论完全融入道路交通规划设计原理的首要目的是避免道路交通事故的产生,即便道路交通事故无法完全根除,至少应将安全隐患降至最低,即道路使用者面临的安全风险应尽可能达到微乎其微的境界。首先我们必须了解,道路交通事故具有下列特性。

1. 随机性

在道路网结构合理,且各相关设施均合乎设计规范、标准等要求的前提下,道路交通事故的发生必然具有随机性,尤其是发生地点应具有随机性。更具体来说,经长期事故统计分析,事故发生地点不应仅集中在某道路中的某处或某特定地点。

2. 突发性

突发性意指道路交通事故的突然发生,事先通常无明显征兆。

3. 短暂性

道路交通事故一旦发生,在极短暂的时间,例如数秒内便已结束,即道路交通事故发生时的持续时间极短。

4. 不可重现性

道路交通事故发生后,只能通过事故重建(Crash Reconstruction)的科技方法还原事故发生前与发生时的景象,事故严重性越高、伤亡人数越多,则事故重建的难度也越大。

5. 侵蚀社会成本

道路交通事故是道路交通建设的外部成本,具有负外部性,全球各国皆已有共识,道路交通事故是严重社会公害,造成的社会成本耗损约占国内总生产总值(GDP)的2%~5%。

6. 事故后遗症

道路交通事故的后遗症明显集中在事故当事人及其家庭成员身上,例如当事人因事故而造成生理残疾、导致心理疾病及谋生能力下降等。

7. 公共性

公共性指人人皆与其有关,无法置身事外。

如本书第一章所述,构成道路交通的四大变量是"人""车""路"与"环境",同理,此四大变量也是道路交通事故的可能来源,如图3-1所示。

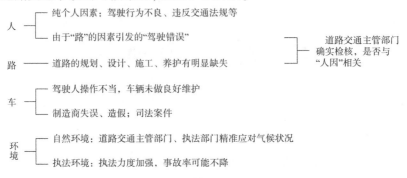

图3-1　道路交通事故的四大可能来源

任何人都不愿意身陷道路交通事故的泥沼之中,因此道路交通事故通常是驾驶人无心造成的,纯属意外,毫无预谋或刻意之心。当然,我们亦须心如明镜,任何交通事故对当事人甚至其家人都造成伤害、负担,尤其伤亡严重时,不只心理阴影挥之不去,事故造成的残疾也会影响谋生能力,甚至可能导致一个家庭的稳定收入来源从此被斩断。事故当事人固然必须对其违规或不当行为造成的影响负责,付出沉重代价,但从家庭价值、社会和谐的角度来看,对于事故当事人及其家庭,一个健全的社会应有让其"重生"的机会。基于此,必须切实有效建立完善的保险与赔偿机制,基本保险费与赔偿金额必须精算并且于相关法律条文之中明确规定,并强制执行,这是国家不可推卸的责任。

从人因理论与道路交通工程主管部门的角度而言,前述交通事故四大来源之中,最应深思的是,由于道路本身的设计或管理维护有瑕疵,致使驾驶人误判形势,采取了错误的驾驶操作,最终引发了交通事故。即"驾驶错误"(Driver Error)非驾驶人刻意,而是被误导或诱导而犯无心之过,最终产生交通事故。从严格的法律角度来说,事故当事人亦是受害者,而加害者为道路交通工程主管部门。道路交通工程主管部门虽属无心加害,但在行政、法律责任上实有瑕疵与争议性。

三、"人因"考虑的主体

在道路交通工程的规划与设计领域中,针对人因考虑的主体有两大区块,即:①心理层面(Psychology);②生理层面(Physiology)。

心理层面意指道路使用者面对其周遭环境、道路信息时的意识、感应或认知能力(Perceptual and Cognitive Abilities)及后续产生的一系列反应与相关行为。生理层面则是指正常人的身体本能,例如体力、视力、动作反应能力等,这与年龄、性别等均有极大关系。

道路交通工程的规划与设计涉及多维度的复杂思维。如图3-2所示是驾驶人自获知道路信息直至其采取行动的历程,心理与生理层面于瞬间同时产生效果,不可全然分割。由此图可清楚看出,驾驶人得知的道路信息是"因",而驾驶人的驾驶行为则是"果",两者之间有极为明确的因果与先后关系,即先有"因"才会有"果"。由此可知悉,当驾驶人得知的道路信息有误,即使驾驶人的心理健全、生理处于极为健康的状态,其驾驶行为亦可能会被误导,进而采取错误的驾驶动作,造成明显的安全隐患。

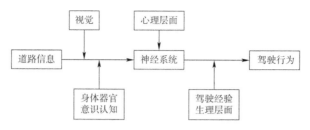

图 3-2　由获取道路信息至产生驾驶行为的历程

综合前述,针对道路交通规划与设计的人因理论研究主轴为以下 3 点:
(1) 探讨人在特定道路交通情境下,心理、生理、感应知觉的能力与特性;
(2) 探讨人对道路周遭环境变化及周围事物的感受与反应能力;
(3) 探讨如何将人因理论完全融入道路交通工程的规划与设计实务应用之中。

由前述 3 项研究主轴可清楚知悉,由于人的能力先天有限,因此道路交通工程的规划设计内涵必须能够确实适应"人",即绝不可超出"人"的各种先天限制条件。

四、名义安全与实质安全

道路交通安全中所指的安全是一个广泛的通称,事实上,安全有深、浅层次的鲜明区别。

道路交通规划与设计无可取代的首要目标必然是安全,所以道路交通规划设计者对名义安全(Nominal Safety)与实质安全(Substantive Safety)的意义必须有明确清晰的认知。如图 3-3 所示即为其内涵概述,尤其应注意,由名义安全进阶至实质安全必须有一系列配套的辅助工作(Auxiliary Action)。

图 3-3　名义安全与实质安全的内涵概述

前述图 3-3 的配套辅助工作中:
(1) RSA = Road Safety Audit = 道路安全评价或道路安全审计;
(2) Speed Management = 速度管理(见本书第五章);
(3) HSM = Highway Safety Manual = 公路安全手册;
(4) RDG = Roadside Design Guide = 路测设计指南。

道路交通规划与设计时,虽有诸多设计规范、标准、准则、指南等官方文件可以依循,但从道路交通安全角度而言,这些规划设计充其量只是满足设计规范等官方文件要求的名义安全,然而此名义安全可能与我们追求的绝对安全尚有一段差距。其主要原因在于,目前的设计规范、标准、准则等条文或各式规定中,可能有诸多具有理想性色彩的假设条件,或因人类目前科技的受限,累积的经验尚且不足,对某些具有特殊性的交通状况并未全然了然于胸,致使规划设计结果可能无法与真正的路况及交通条件融合。因此,必须有某些辅助工作才可能将目前的名义安全提升至绝对安全的境界。可是,绝对安全却又是遥不可及的超高理想境界,无法实际衡量,几乎不可能完全达到。因此,我们仅能通过各种努力及某些辅助工作,想方设法提升名义安全至实质安全的层次,期望能使实质安全尽量接近绝对安全。当然,实质安全也不易量化,然而从安全风险角度来看,实质安全间接代表安全风险已极低,或者说微乎其微。

以美国的道路交通规划与设计领域为例,最初规划与设计道路时,其最基本的参考依据主要为以下3种:

(1)与几何线形、路网架构、土地使用相关的参考依据。

美国公路与运输协会(American Association of State Highway and Transportation Officials,简称AASHTO)《道路及街道几何设计细则》["A Policy on Geometric Design of Highways and Streets",俗称"绿皮书"(Green Book)],2011。

(2)与道路交通标志、标线、信号控制系统相关的参考依据。

美国联邦公路局(Federal Highway Administration,简称FHWA),《交通控制设施手册》("Manual on Uniform Traffic Control Devices",简称MUTCD),2009。

(3)与道路容量及服务水平分析有关的参考依据。

美国交通研究委员会(Transportation Research Board,National Academy of Sciences,简称TRB),《公路通行能力手册》("Highway Capacity Manual"),2016。

当然,除此之外,例如桥梁、隧道、路面结构设计等也有其他相关设计规范可供设计者参考,在此不赘述。凡满足前述三者要求的道路交通规划设计,基本上可视为已符合名义安全的内涵,不过为了进一步提升道路交通安全至实质安全的境界,由美国政府相关部门主导,召集美国公路运输协会(AASHTO)及美国公路合作研究组织(NCHRP),又持续广泛进一步深入研究,发布以下3个文件,供道路交通规划设计者参考,即:

(1)针对路侧安全考虑。

美国公路与运输协会,《路侧设计指南》(第4版)(AASHTO,Roadside Design Guide,4th Ed.),2011。

(2)针对道路安全评估与事故风险预测。

美国公路与运输协会,《公路安全手册》(AASHTO,Highway Safety Manual),2010。

(3)针对"人因"考虑。

美国公路合作研究组织第600号报告,《道路系统人为因素指南》(NCHRP Report 600,Human Factors Guidelines for Road Systems,National Cooperative Highway Research Program)以下简称NCHRP600),2012。

前面3种基础文件使道路交通工程设计的名义安全有所依据,而后3个文件可视为更进一步提升名义安全的辅助材料,因此道路交通规划与设计便可进而由名义安全提升至实质安全的境界。安全无法免费得到,在经费容许的前提下,辅助工作可依状况适度增加,例如引进第三方具有深度专业背景的团队进行道路安全评价(Road Safety Audit,简称 RSA),这样也可以多方合作找出安全隐患,改善有缺陷的地方。

五、自解释道路

自解释道路(Self-Explaining Road,简称 SER),并非意指实体性的道路结构,而是道路交通规划设计时应追寻的崇高理念,其基本核心理念与目标在于强调使道路交通工程设计更合乎实质安全,且更人性化,因此"自解释道路"的设计理念可归纳为3大特点,即:

(1)具备车辆操作简易的驾驶环境,即符合驾驶人心理与生理层面。

(2)道路几何线形须与驾驶人期望(Driver Expectation)一致,这也与驾驶人的心理与生理层面有关。

(3)对驾驶人而言,此道路应极为友善(User-Friendly),即使驾驶经验不丰富的人也可在其上轻松驾驶,此外,道路交通工程设计绝不可迫使驾驶人改变已习以为常的驾驶状态来适应道路本身的缺陷。

上述3项特点,在道路交通工程设计的实务上,与本章的"人因理论"内容不谋而合,即以"人"为中心的设计(Human-Oriented Design,简称 HOD)。从适应驾驶人的人因观点来说,自解释道路的设计也应注意以下两点。

1. 驾驶人信息负载不可太大

驾驶人信息负载(Driver Information Load,简称 DIL),意指驾驶人在车辆行进过程中的信息负荷。驾驶人信息负载(DIL)太大意为"信息过载",即道路交通主管部门提供给驾驶人的信息量太大,然而信息传输却无法有效完成,驾驶人无法接受全部信息。所以驾驶人负载(DIL)太大,容易间接形成安全隐患。典型的反面案例如图3-4所示,道路上的标志内容太多,字体太小,驾驶人无法全部详阅或仅能看清某部分。

图 3-4 典型驾驶人信息负载(DIL)太大的标志

2. 驾驶工作负荷不可过度

驾驶工作负荷(Driver Work Load,简称 DWL),意指驾驶人在车辆行进过程中的工作(即操控车辆)负荷。驾驶工作负荷(DWL)太大,表示驾驶人操控车辆时的工作量太大,例如道路平面线形有急弯且纵断线形又有急陡坡时,驾驶人操控转向盘的动作也一定较为复杂。故驾驶工作负荷(DWL)太大也间接表示安全隐患必较突出。

在道路交通规划与设计领域的实务应用中,应力求使前述驾驶人信息负载(DIL)、驾驶工作负荷(DWL)合理,避免有过大现象,其具体内容在后续章节详述。

六、人、车、路的条件限制

道路交通工程的四大变量,即"人""车""路""环境",其中"环境"更具不可控性,但规划与设计时也应充分了解"人""车""路"的先天限制条件。

(一)"人"的条件限制

1. 视觉限制

如前所述,道路信息传输的主要手段是通过道路使用者的视觉,即利用道路使用者的双眼。视觉对道路使用者(含驾驶人)的交通行为影响最普遍也最深入,其主因在于85%~90%的交通控制设施是利用视觉传输的原理将信息传输给道路使用者。因此,交通控制设施的设计细节与道路使用者视觉间的关联性几乎不可脱钩。

道路交通工程领域中,针对道路使用者的视觉能力与交通控制设施的规划设计,如下的重要指标应深入评估。

(1)驾驶人可看得多长远?
(2)驾驶人可看得多宽广?
(3)信息可否看得清晰?是否可确实了解信息内容?
(4)可否辨清颜色?
(5)对颜色的感受如何?
(6)速度对视觉的影响如何?
(7)年纪对视觉能力的影响如何?
(8)不同光线条件对道路使用者的视觉影响如何?

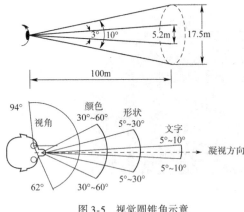

图3-5 视觉圆锥角示意

如图3-5所示为视觉圆锥角的示意,即某人目视正前方,其目视可及的有效范围近似一个立体的圆锥,双眼处为圆锥顶点。

由人类视觉原理,结合图3-5,我们必须特别注意下列重点。

(1)驾驶人集中注意目标时,对目视物的清晰度感受(即视觉敏锐度,Visual Acuity)而言,视觉圆锥角3°~5°范围内最清晰。

(2)视觉圆锥角度越大则其视野越大,但能明确辨认的程度也越差,在视觉圆锥角10°~12°范围内,路外目标物虽仍可目视认知,但其清晰度已明显下降。因此道路交通设计相关规范均会严格要求,交通控制设施,例如路侧标志与信号灯,应布设在驾驶人的10°视觉圆锥角之内。

(3)人在静止与运动状态中的视觉能力有明显区别,静止时最佳,速度越快则越差。
(4)与前车的距离越小,因前车遮挡,视觉范围越被压缩。
(5)周边视界或边缘视野(Peripheral Vision)如图3-6所示。

(6)驾驶人能清楚辨认目标物的距离极限,在静止时约为180~200m,当车速提高时则随之减小。

下面介绍一些相关术语。

(1)顾盼时间。驾驶人为了认清周遭环境,在驾驶时头部左右移转调整明视的视觉情况所需的时间,此左顾右盼的时间约为0.5~1.26s。

(2)视觉深度(Depth Perception)。驾驶人估计对向来车远近的能力。例如驾驶人超车、行人穿越道路时须利用视觉深度判定远处来车的距离。

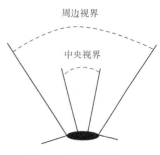

图3-6 周边视界示意

(3)闪光恢复。驾驶人由暗处至亮处或由亮处至暗处,为适应此视觉明暗变化,瞳孔收缩或放大所需的时间,一般约为2~4s。例如在长隧道的洞口端,为了消弭或减轻驾驶人闪光恢复的视觉负荷,在洞口端增设半遮光式构造物。如图3-7所示。

图3-7 长隧道洞口的视觉调适构造(杜志刚先生提供)

(4)辨色能力(Color Vision)。辨色能力对驾驶的影响并不明显,只要能辨识亮度即可。但是仍建议色盲患者谨慎进行任何驾驶行为。

(5)视力衰退。视力必随年龄的增长而衰退。因此道路交通规划设计时,对年长者(一般指超过65岁)应有特殊考虑。如图3-8所示是不同年龄的人的眼球水晶体,年纪越大,视力越弱。

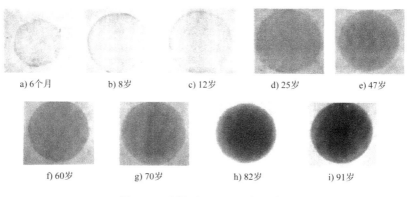

图3-8 不同年龄的人的眼球水晶体

2. 反应时间限制

反应速度、时间、距离三者是相关的。道路交通工程设计中的反应时间都以秒为单位，但其代表的另一层意义则是可观的距离。以车速60km/h为例，代表每1s车辆移动约17m，已超过三辆小型汽车的总长度。

即便道路信息已完整清晰传输给驾驶人，驾驶人也已完全了解该信息的内涵，仍应该保证驾驶人有充足的反应时间，此为前述章节已略述的认知-反应时间（Perception-Reaction Time，简称PRT）。如图3-9所示，驾驶人在认知路侧标志的内容后，仍需足够的反应时间方可完成减速制动与停车动作，如此方可保证驾驶人的安全。

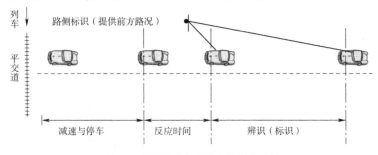

图3-9　路侧标志与驾驶人的反应时间

依据2012年出版的NCHRP600，不同情况下驾驶人视觉起作用所需时间如下。

（1）眼睛定视（Eye Fixation）某物，0.2~0.35s。

（2）头部左转目视某物，1.3~1.5s。

（3）头部右转目视某物，1~1.2s。

（4）目视且看列表一标志，1~2s。

（5）目视车辆反射镜（Reflective Mirror）：

①车内后反射镜，0.8~0.9s；

②左侧反射镜，0.9~1s。

（6）判读标志（Sign Reading）：

①小型标志，1~1.5s；

②多行字标志，每行1s。

上述各单项反应时间都看似极为短暂，但道路交通规划与设计者应深入了解，人无法一心二用，一次只能用心处理一件事，接收一条信息代表需要一段单独的时间，当必须接收与认知的信息量非常大时，其累积所需时间可能长达4~6s，甚至更长，然而，在此期间车辆已同时行进一段很长距离。

（二）"车"的条件限制

行驶在道路上的车辆种类繁多，车辆尺寸不同、性能优劣并存、驾驶人的驾驶经验不同、速度分布也有差异，但无论如何，任何道路设计本身对车辆必有某种程度的限制。

1. 制动力限制

不论车辆性能如何优异，路面干燥、潮湿情况必影响有效制动距离，此时路面摩擦系数的重要性必远大于车辆本身的制动性能。

2. 速度限制

道路是公共财产,服务所有民众,但绝不是可随心所欲驾驶的车辆竞技场。任何道路设计必有相对应的设计速度(Design Speed),在道路几何线形、路面状况、车流状态等诸多条件限制下,车辆的运行速度(Operating Speed)不可能任由驾驶人随心所欲,必有所限制,即车速应在合理速度(Rational Speed)之内,否则必有安全隐患。从执法的观点而言,车辆的运行速度也不可超过标志速度值(Posted Speed Limit,简称 PSL)。

任何道路设计必有列入考虑的设计车辆(Design Vehicle),其尺寸(长、宽、高、前后轮距、轴距、前悬挂长度、后悬挂长度等)必然都已在设计规范、标准之中明确规定。因此道路交通工程设计必须保证车辆在不超速前提下,车辆前后轮行进合成的运行轨迹均应在设计路权范围内,尤其在转弯路段。

(三)"路"的条件限制

1. 弯道限制

由于地形、土地使用与外在环境条件的限制,任何等级的道路几何线形中必有曲线段弯道,车辆行进至弯道处必受到离心力作用,因此,道路横断面必有超高(Superelevation)的布设。当然,超高值与该路段的设计速度有关。

2. 交叉路口限制

区域道路网结构中必然有交叉路口(Intersection)存在,依信号控制系统而论,分为灯控路口(Signalized Intersection)与非灯控路口。从车流理论而言,交叉路口处的车流状态属阻断性车流(Interrupted Traffic Flow),所以不论任何人、任何车辆,在灯控交叉路口处必须遵从信号灯显示。在接近非灯控路口时,车辆驾驶人必须做随时制动停车的准备。

3. 路侧环境限制

路侧环境(Roadside Environment)对驾驶人的驾驶行为有重要的影响,因此,道路交通规划设计者也应深入了解路侧安全设计(Roadside Safety Design)。同时可参考美国公路与运输协会(AASHTO)在 2011 年出版的《路侧设计指南》(Roadside Design Guide)。

道路交通工程设计领域中,各工程设计细节的要求可能并非源于工程技术,而是基于人因理论,也就是由于人的先天条件限制所致。

七、驾驶彷徨

任何人在彷徨、犹豫不决(Dilemma)时,都可能思绪不稳、逻辑思考紊乱,因此,其判断可能不准,决策可能不佳,甚至做出错误行为。

道路交通工程设计时也应充分考虑并极力避免驾驶彷徨(Driving Dilemma)的现象,即驾驶人遇眼前状况而有彷徨、犹豫、短暂的不知所措或陷入思考迟钝与紊乱的现象。驾驶人在道路上一旦遇到驾驶彷徨的状况,会使自己深陷于危险境地。

从驾驶任务及人因理论来看,驾驶彷徨可再细分为下列数种。

1. 黄灯彷徨(Yellow Light Dilemma)

驾驶人行进中遇到信号灯显示黄灯(Yellow Change Interval)时,难以决定应快速通过路口还是制动停车的彷徨现象。可参考如图 3-10 所示的彷徨区间或犹豫区间(Dilemma Zone)。

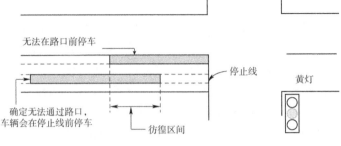

图 3-10 黄灯彷徨区间示意图

2. 信号灯指令彷徨(Signal Dilemma)

驾驶人目视前方的信号灯显示指令(Signal Indication),对通行路权归属或可行进流线产生彷徨的现象。如图 3-11 所示,驾驶人看到此信号灯,容易瞬间产生彷徨现象,无法判断是否可以右转。

图 3-11 典型的信号灯彷徨状况(曲涛先生提供)

3. 标线彷徨(Marking Dilemma)

路面上的标线绘制令驾驶人对其行进动线是否拥有通行路权产生短暂彷徨的现象,如图 3-12 所示。

图 3-12 典型的标线彷徨状况

4. 标志彷徨(Sign Dilemma)

标志内容不清晰,含意模糊,驾驶人即使可以清楚目视也无法判断标志的含义。驾驶人遇此情况,可能无意中做了错误决策,进而陷入危险之中。典型的标志彷徨状况如图 3-13 所示。

图 3-13　典型的标志彷徨状况

5. 道德彷徨(Ethical Dilemma)

驾驶人在行进过程中,可能同时面对"顾此则失彼"的双重窘境,此时驾驶人将面临彷徨心境,决策过程比较紊乱。例如下山过程中,车辆制动明显受损,却面临右侧岩壁凸出、左侧是悬崖的状况。此时的驾驶人只能二选一,采取损伤较小的决策,但可能因时间短暂而错失先机。

驾驶彷徨是人因理论在道路交通工程设计中重点考虑的问题,尤其应注意的是,驾驶人在行进过程中,可能同时面对两种或两种以上的彷徨状况,如图 3-14 所示即为典型的双重彷徨(Double Dilemma)状况,不只有标志彷徨,同时也有标线彷徨的现象。

图 3-14　典型的双重彷徨现象

6. 分心彷徨(Distracted Dilemma)

驾驶人在车辆行进过程中,由于某些因素,例如外在环境或驾驶人本身的身心因素,导致驾驶人的精神并未全然集中在驾驶行为上的迷惘或彷徨现象,致使完成驾驶任务(Driving Task)的过程有瑕疵,例如未合理操控车速、未遵守交通控制设施指示等,皆属于分心彷徨,这等同于驾驶人无意间已经陷入危险之中。

严格而论,分心彷徨是分心驾驶(Distracted Driving)现象中的一种,如何避免此现象与防治分心驾驶同属另一个专业领域,笔者对此不加赘述。

7. 视距彷徨(Sight Distance Dilemma)

驾驶人目视前方,无法及时判定视距的短暂彷徨现象,此内容将在本书第八章(视距、视区)中另行详述。

8. 纵坡彷徨(Grade Dilemma)

长距离下坡路段,驾驶人对前方纵坡坡度改变无法判别或判别失误的彷徨现象。如图 3-15 所示即为典型的纵坡彷徨现象。

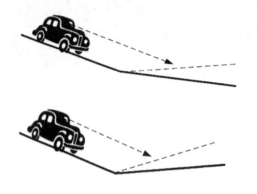

长距离下坡路段行驶,遇另一坡度较缓的下坡,往往会因视觉的错误判断而看成上坡

长距离下坡路段行驶,遇另一缓升坡,往往会因视觉的错误判断而看成险升坡

图 3-15　典型的纵坡彷徨现象

八、吸睛效应

吸睛效应(Eye-Catching Effect),指驾驶人面对多重信息时,较为突显或鲜明的信息会造成驾驶人对其他信息疏忽的现象。因为驾驶人面对多重外在信息时,一次只能细看某一信息,须完全了解此信息的内涵后才有可能再继续了解下一个信息。如图 3-16 与图 3-17 所示为典型的吸睛效应现象。图 3-16 中,字体极大的发光文字会格外吸引驾驶人的注意力,图 3-17 中,驾驶人为赶时间而加速以便赶上绿灯,却完全忽视前方尚有一个无信号标志的路口存在。

因"吸睛效应"导致事故的实例不胜枚举,道路交通规划设计者应深入了解,尤其注意在异常天气或夜间的情况。

图 3-16　典型的吸睛效应例一

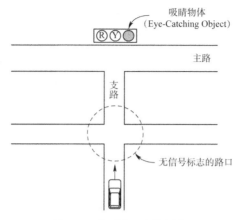

图 3-17　典型的吸睛效应例二

九、人因理论的实际应用

道路交通工程设计的终极目标在于建造完善的安全"路",其服务对象是"人"和"车",其中涉及人因理论者极为多样化。总体而论,下列道路交通规划设计细节皆与人因理论直接或间接相关。

(1)视距设计(Sight Distance Design)。
(2)道路几何线形(Roadway Geometric Alignment):
①平面线形(Horizontal Alignment);
②纵断线形(Vertical Alignment);
③直线路段(Tangent Segments);
④横断面变化(Sectional Variation)。
(3)路侧条件(Roadside Conditions)。
(4)市区、乡区的渐变段(Transitions between Rural and Urban Area)。
(5)非灯控路口(Non-Signalized Intersections)。
(6)灯控路口(Signalized Intersections)。
(7)互通式立交桥(Interchange)。
(8)施工区布设(Layout of Work Zones)。
(9)平交路口(Rail-Highway Grade Crossings)。
(10)速度认知(Speed Perception)、速度选择(Speed Choice)、速度控制(Speed Control)。
(11)市区环境的特殊考虑(Special Considerations for Urban Environments)。
(12)乡区环境的特殊考虑(Special Considerations for Rural Environments)。
(13)标志设计(Sign Design)。
(14)信息可变标志(CMS)、信息可变标志(Changeable Message Signs)。
(15)标线设计(Marking Design)。
(16)照明设计(Lighting Design)。

如第一章所言,人因(Human Factor)与驾驶任务(Driving Task)不可分割,两者有密切关联。因此,在了解人因理论之时,道路交通规划设计者也应将其融入驾驶任务之中,同时与

第一章中提示的 15 个以"ty"结尾的英文名词完整结合。

　　本章的重点仅止于人因理论在道路交通规划设计的应用,只是因内容极庞杂,且分散在各不同规划设计细节中,为避免量体太大,本章仅做重点提示,设计细节将在后续各章节中另行详述。

第四章 路网结构

一、概述

从长距离的两地区相接至短距离的两地点相连,或者两条道路的互通,依地区范围的大小而异,多条道路形成的网状道路便组合形成路网(Roadway Network)。

二、车辆行驶路径

车辆由甲地至乙地,其移动距离可大致概念性地以长距离、中距离、短距离区分。距离不同,则车辆行驶路径也不同。

以车辆长距离移动为例,如图4-1所示的长距离行车路径可描述如下:

(1)某人由某地出发,行走长距离的高速公路,直至某互通式立交桥,转向至出口匝道,其行车距离为 a;

(2)此人由互通式立交桥转向后,行车于出口匝道,其行车距离为 b;

(3)此车离开出口匝道,于出口匝道终点处右转,进入某城市的地面道路,直行 c 的距离;

(4)直行 c 的距离后,于某道路右转,直行 d 的距离;

(5)此车左转进入另一道路,直行 f 的距离,此车已极接近目的地;

(6)此车右转行进一小段距离 e 之后,到达目的地。

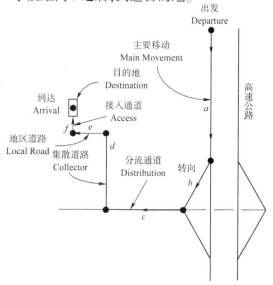

图4-1 车辆长距离行驶路径示意

故行车路径可分段描述为：

起点→主要行程→转向→分散→集汇→本地道路→接入通道→到达目的地。

"主要行程"的功用在于确定可快速往目的地的"大方向"行进，其交通功能在于易行性。"主要行程"不见得只针对高速公路，凡行程中，方向或行进路线保持固定，且长度最长者皆可视为"主要行程"。

"转向"是行程中，单纯地转换行车方向的行为，发生在行车路线转换时。

"分流道路"(Distribution)指此道路可分散行驶在转向前道路的车流，例如与高速公路匝道连接的地方性道路可分散高速公路的主线车流。

"集散道路"(Collector)指欲到达某一小区域范围，车流必然集中的道路。

"本地道路"(Local Road)指小区域范围内，连通两点的路段。

"接入通道"(Access)是直接连通私人宅邸或特定建筑物的小路。

前述图4-1的案例中，某人长距离出行，由起点至目的地的总移动长度 L 可以表示为：

$$L = a + b + c + d + e + f \tag{4-1}$$

每一行程都由不同行车路径共同组成，凡长距离的车辆总行程长度必有一"主要行程"(Main Movement)，如图4-1中的"a"，此"主要行程"如位于高速公路，通常是总旅行长度的最长者，具有以下两式的特性，即：

$$a > b + c + d + e + f \tag{4-2}$$

$$a/L > 1/2 \tag{4-3}$$

当然，短暂利用高速公路的中短距离行程，其"主要行程"长度可能无法适用于式(4-2)、式(4-3)，不过无论任何行程，行车路径变化是必然的现象，也就是说只有路网形式才有可能让驾驶人改变其行车路径。

三、道路分类系统

(一)道路运输与道路交通

在描述道路分类系统之前，必须先理清"交通"与"运输"的关系，如图4-2所示。

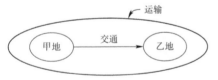

图4-2 "交通"与"运输"的示意图

如图4-2所示，"交通"与"运输"的差异如下。

(1)在特定运输架构下探讨交通问题才有意义，即"运输"包含"交通"，例如：道路运输领域下的道路交通工程与管理。

(2)"运输"是指利用运输工具，将人或物由某地运送至另一地的行业属性或经济活动，例如公路运输、航空运输等。

(3)道路运输中的"交通"有广义与狭义两不同观点。广义的交通是指运输工具在运输过程中产生的现象，即人、车、路、环境四者呈现的动态关系。狭义的交通则是指道路上车辆、行人行进时所展现的特性，例如：交通流、交通量等。

(二)道路分类逻辑

道路运输领域中，道路的分类见仁见智，百家争鸣，不过大体而言，针对规划设计中或已

完工通车的道路,其分类可以由下列角度切入,即:

(1)依道路交通功能分类;

(2)依行政系统分类;

(3)依地区分类;

(4)依地形分类;

(5)依工程技术等级分类;

(6)依设计速度分类;

(7)依服务水平(Level of Service,简称 LOS)分类;

(8)依建设方式分类;

(9)依建设时间分类;

(10)依通行运输工具分类;

(11)依事故率分类;

(12)依旅游景观功能分类;

(13)依运输任务属性分类;

(14)依车道数分类;

(15)依道路编码系统分类;

(16)依道路管理维护方式分类。

世界各国都有其独特的道路分类系统,但不论其分类的方法或逻辑如何,其终极目标相同,都是为了建立明确的设计规范、标准、准则、指南等,同时可以与道路管理养护机制完全整合,且适用于全体道路使用者。无可争议的是,上述各分类方法之中,从道路交通规划与设计的角度来看,以"交通功能分类"最为关键。

道路分类是一个极庞大的议题,牵涉很多其他专业领域,例如城乡规划、都市计划、土地使用、空间格局架构等,不同领域的主观立场或强调的重点可能差异甚大,限于篇幅,在此仅从"道路交通功能"一项深入探讨道路分类系统。

(三)道路交通功能

依据美国公路与运输协会(AASHTO)2011 年、2017 年出版的绿皮书,道路承担的主要交通功能有以下两点。

(1)易行性(Mobility):车辆可快速往目的地方向行进的特性。

(2)可达性(Accessibility):车辆可方便接近且能抵达目的地的特性。

依据美国运输部的联邦公路局在 2013 年的研究项目《道路功能分类概念标准和程序》(Roadway Functional Classification Concepts, Criteria and Procedures),影响道路功能分类的因素可分为两大部分。

主要(关键)因素包括:

(1)易行性(Mobility);

(2)可达性(Accessibility)。

次要相关因素包括:

(1)旅行效率(Efficiency of Travel);

(2) 集散功能(Collecting Performance);

(3) 接入点(Access Points);

(4) 限速(Speed Limit);

(5) 相邻道路间隔(Route Spacing);

(6) 年平均每日交通量(Annual Average Daily Traffic,简称AADT);

(7) 行程长度(Travel Length);

(8) 车道数(Number of Travel Lanes);

(9) 区域特性(Regional Significance)。

描述至此,我们已可确定,道路的主要交通功能可定位为易行性、可达性。道路的规格或等级不同,则其可承担这两项主要交通功能的特性差异极大。而路网各组成道路中,必有某些道路主要承担易行性功能,某些道路主要承担可达性的功能,这样,驾驶人方可快速(易行性)且方便地到达目的地(可达性)。为达到快速向目的地方向移动的目的,其关键点在于该道路的设计速度,也就是说设计速度在易行性中占极重要的关键地位,故道路的主要交通功能可扩大为三大核心,即:

(1) 易行性(Mobility);

(2) 可达性(Accessibility);

(3) 设计速度(Design Speed)。

道路功能定位与道路交通规划设计之间有何关系?依美国公路与运输协会(AASHTO)绿皮书所述:

"Functional classification decisions are made well before an individual project is selected to move into the design phase."(在项目进入设计阶段之前决定道路功能分类。)

"The use of functional classification as a design type should appropriate integrate with the highway planning and design process."(道路功能分类应与道路的规划与设计过程相结合。)

由此可清楚看出以下3个重点,即:

(1) 必须先将道路功能明确定位后,方可进入道路设计阶段;

(2) 如未确定道路功能,就强行进入设计阶段,则设计内涵的目标不明确,立足点必不稳,日后必有后遗症;

(3) 道路功能分类或道路功能的明确定位与道路的规划与设计三位一体,不可切割,其目的在于保证交通空间与生活空间、游憩空间等各空间机能有效契合。

四、道路网形成的历史进程

随着人类生活水平提升、工程科技的演进,群居形态也逐渐改变,生活圈的规模越来越大,串联各生活圈的道路形态也随之改变。但由人类社会发展史而言,道路网的形成模式有鲜明的历史进程可供参考。

1. 进程1

连接两区域(或生活圈)、两城镇的道路,其规格应该如何?主要运输工具是什么?其通行能力(Capacity)应该为多少?有多少条车道较为合宜?这些问题背后必有需要深入思考的特殊事项或专业领域。

在高速公路出现之前,即 20 世纪 30 年代以前,人类生活圈中的道路网仅由 3 种道路组成,如图 4-3 所示。

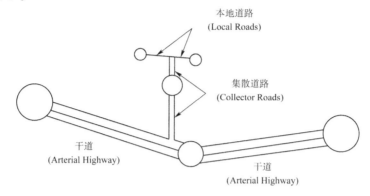

图 4-3　干道、集散道路与本地道路形成的路网概念

注:圆圈尺寸代表生活圈的不同大小规模。

前述图 4-3 中的干道、集散道路、本地道路的路网架构有如人体血管脉络中的主动脉、小动脉与微血管,亦如大型树木(乔木)的树干组成,主干、次干、支干,其示意如图 4-4 所示,隐含两个重点,即:

(1)由尺寸大小来看,由大至小或由小至大有必然的连续逻辑;

(2)由连续性或整体性来看,血管脉络或树干皆有序连接,不可中断,无法分割。

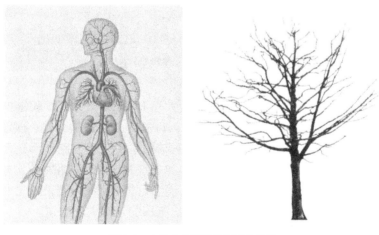

图 4-4　人体之血管脉络与树木骨架

我们必须特别注意,干道(Arterial),亦称干线。干道或干线只是一个相对概念,指连通两地道路运输的主要通道,或称运输廊道(Corridor),具连续性且其长度(距离)在一定程度以上。

集散道路(Collector),也有人以 CD Road 简称,即 Collector-Distributor Road,指进入或离开某区域均须利用此路,例如离家(图 4-5 中的 E、F)外出时,由本地道路集中至此路方可转向进入干线,反之,回程时也必须由干线分散至此路,故称为集散道路。

本地道路(Local Road),是在小地区、小区内连通两点的道路。除了点对点的连通之外,本地道路在区域道路网中的运输功能极为重要,其相关内容在本章后续会有详细描述。

描述至此，读者对干线、集散道路、本地道路三者的各自属性与相互关系已有初步了解，这三种道路的易行性、可达性、设计速度的相对关系可参考图4-5。

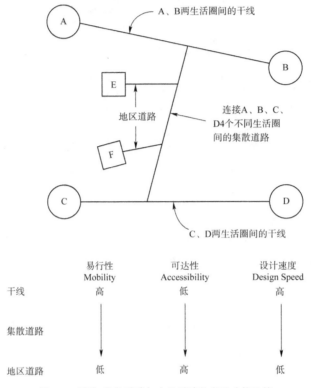

图4-5　干线、集散道路与本地道路的交通功能比较

2. 进程2

早期的高速公路(Freeway)，在1924年的意大利及1932年的德国相继问世，其主要目的在于建构中长距离的道路运输连通路线，为了保证高速公路的易行性，全线均采用封闭式管理且出入完全控制的方式构筑。故此时的路网结构是由高速公路、干线、集散道路、本地道路4种组成，即由"进程1"的3种道路形态再加上高速公路，其路网结构概念如图4-6所示。此时"大区域路网"及"小区域路网"的相对概念已悄然形成。当然，此处所谓的"大区域"与"小区域"只是相对的概念，并无尺寸或土地范围的绝对大小之意。

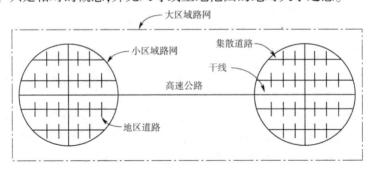

图4-6　高速公路、干线、集散道路、本地道路形成的大区域路网示意

3. 进程3

由于人口数量快速增长,都市区的土地面积及车辆总数也大幅增长,交通拥堵(Traffic Congestion)现象日益严重,行程延误(Delay)造成社会成本的大量耗损。为了消弭或至少缓解此现象,都市区内部或外围郊区开始有快速公路(Expressway)出现,其主要目的在于连接长途运输功能的高速公路与地区路网中的干线,使旅程起点、终点皆位于都会区内部的车流可快速移动。此外,除非土地使用条件极为宽裕,快速公路在都市地区通常以高架方式构筑,以避免与平面道路的路网交叉,使平面道路交通进一步恶化。而此时的道路网结构由高速公路、快速公路、干线、本地道路4种道路组成,其路网结构概念如图4-7所示。

如图4-7所示,我们也应该对城际(Inter-City)长途运输的路网结构有初步认知,即负责长途运输的高速公路不宜直穿都市范围,应由都市外围通过,以快速公路连接至都市范围内。当然,必须考虑到都市规模日后可能扩大,因此对于高速公路与都市边缘的距离应详细评估、审慎预留。

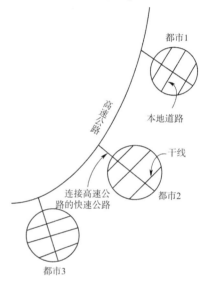

图4-7 4种不同道路形态构成的路网示意图

4. 进程4

理论上,前述进程3所述的5种不同道路形态已可用来描述大区域、长距离路网的结构组成,高速公路、快速公路的易行性功能也可以清楚地显现,但为了可更清楚地描述都市本地道路网的详细架构,干线可再细分为主干线(Principal Arterial)与次干线(Minor Arterial)。同理,集散道路可再细分为主集散道路(Main Collector)与次集散道路(Minor Collector)。此时的道路网结构由7种道路形态组成,即:高速公路、快速公路、主干线、次干线、主集散道路、次集散道路、本地道路。

如图4-8所示为此处所述7种道路形态易行性、可达性、设计速度的相对关系图。

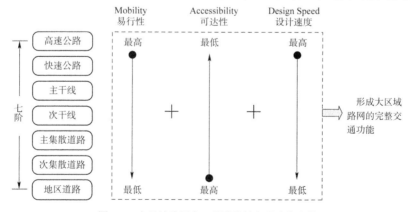

图4-8 大区域路网中7种道路的交通功能比较

5. 进程5

依前述进程4所言,以7种道路形态描述大区域路网结构似已极为完整,但针对都市本地道路网的描述仍不够细致,其主因在于未将接入通道(Access)纳入。为什么必须将接入通道也考虑在翔实的都市道路网结构内呢?其主因有二,即:

(1)接入通道是达到"门到门"(Door to Door)运输功能必备的道路形态,位于路网的最末梢;

(2)如未将接入通道纳入都市道路网架构,将无法检核该路网结构是否合理,因为进出"接入通道"的车辆可能影响其他道路的车流,如图4-9所示。

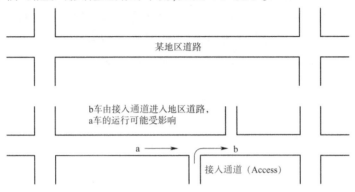

图4-9 接入通道对其连通道路车流影响示意

都市道路系统中的接入管理(Access Management)对都市交通安全与车流顺畅影响极大。"接入管理"为一极具专业的领域,内容非常庞杂,另于本丛书其他章节中再行详述,在此不赘述。

描述至此,我们已有明确轮廓,以"易行性(Mobility)""可达性(Accessibility)""设计速度(Design Speed)"作为描述道路交通功能的三大主轴,则可将下列8种道路的交通功能位阶排序,见表4-1,其交通功能内涵的相互关系如图4-10与图4-11所示。

道路交通功能位阶　　　　　表4-1

位　阶	交通功能	英　文
1	高速公路	Freeway
2	快速公路	Expressway
3	主干线	Principal Arterial
4	次干线	Minor Arterial
5	主集散道路	Main Collector
6	次集散道路	Minor Collector
7	本地道路	Local Road
8	接入通道	Access

描述至此,读者应可完整了解,将道路交通功能分为8个阶层或位阶的主要原因可归纳如下,即:

(1)可完整描述道路网内各道路易行性(Mobility)与可达性(Accessibility)的内涵;

(2)可完整描述任何区域、任何土地面积、任何距离,涵盖城区、郊区、农村、偏远地区等不同功能道路组成的完整路网架构;

(3) 可涵盖所有不同设计速度(Design Speed)的道路,可用来检核该道路网结构的合理性;

(4) 可检核车流由起点(Origin)至终点(Destination)是否具备车辆行驶路径连续性;

(5) 对道路网的交通控制计划易建立完整清晰的蓝图,例如区域路网的信号系统联控;

(6) 8个位阶的道路交通功能分类可与国土规划、生活圈规划、都市规划、城乡规划、土地使用形态等彻底结合,可使交通空间、生活空间、休憩空间、居住空间、旅游空间等充分整合。由此也可知悉,道路交通规划设计者应与都市规划、城乡规划、土地开发等其他专业人员共同探讨、合作。

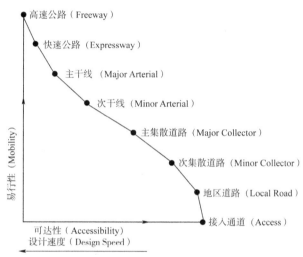

图 4-10 8 阶道路交通功能比较(1)

图 4-11 8 阶道路交通功能比较(2)

在此,我们必须深入了解,为何在区分道路交通功能位阶时,必须将高速公路、快速公路与干线公路作明显切割。其理由如下:

(1)"干线"一词仅具相对性的概念,重点在强调直通、直达两地的长距离通道,可参考图 4-12 的说明,其并不指一定是某种等级规格以上的道路;

(2)具有长距离运输功能的高速公路一定具有"干线功能",但反过来说,具有"干线功能"的道路不见得一定是高速公路;

（3）在都市地区内的快速公路，车辆可在其上快速移动，其直通都市内长间距的两地，也具有干线的功能，所以都市区内具干线功能的道路，除了主干线、次干线之外，也可能是快速公路。

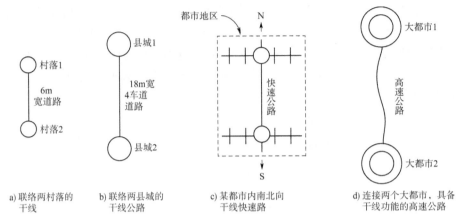

图 4-12　各种不同情况下的干线

对于 8 阶道路交通功能的分类，普通民众不需要理解掌握，但道路交通规划设计与管理者应深入了解各种道路在路网中扮演的角色。

五、道路网的分类

探讨道路网结构合理性之前，必须先探讨道路网的分类逻辑，因为不同的道路网类别，其使用目的与路网结构组成合理性的判定标准明显不同。

道路运输领域中的道路网究竟应如何分类并无国际标准，也无完整的学术立论，且见仁见智，不过我们尝试深入浅出，用最简单的观念与逻辑思维引领读者深入了解道路网分类的重要性。尤其应注意，路网分类是一个为解决问题而发展出的概念，最重要的是交通工程规划设计与管理者应深知其所追求的目标及欲解决的问题，然后再从专业角度出发，自行决定路网的选取形式与规模大小。

1. 以土地涵盖范围大小区分路网

（1）国家层面的路网：例如"五纵七横"的国道主干线，这种路网的主要功能在于平衡各地区的资源分布与区域发展，背后有国家总体经济平衡发展的考虑。

（2）大区域范围的路网：例如中国大陆的长三角地区路网、京津冀地区路网等。

（3）都会区路网：例如上海都会区路网、北京都会区路网等。

（4）都市地区路网：例如台北市区路网、南京市区路网等。

（5）某特定地区路网：例如上海市浦东新区路网、北京市朝阳区路网等，某地区的农村道路网，某工业区内的道路网等。

2. 以路网平面形状区分

（1）环状路网（Loop-Type Roadway Network），如图 4-13 所示即是北京市高速、快速路网示意图，清晰呈现环状。

（2）辐射状路网（Radial-Type Roadway Network），如图 4-14 所示，清楚显示由中心点向外辐射的结构。

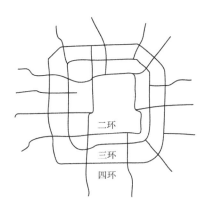

图4-13　北京市环状高速、快速路网　　　　图4-14　典型的辐射状路网

（3）树状路网（Tree Pattern Roadway Network），如图4-15a）所示。
（4）格状路网（Grid-Type Roadway Network），如图4-15b）所示。
（5）三角形路网（Delta Pattern Roadway Network），如图4-15c）所示。
（6）蜂巢式路网（Hexagonal Pattern Roadway Network），如图4-16所示。

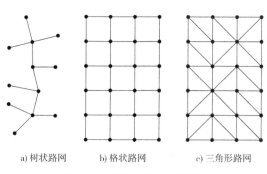
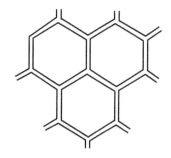

a）树状路网　　b）格状路网　　c）三角形路网

图4-15　树状、格状与三角形路　　　　图4-16　蜂巢式路网

（7）不规则式路网（Irregular Type Roadway Network）。无长期规划做后盾的都市规划、城乡规划，绝大部分最终将呈现不规则式路网，可能对后续的交通管理造成很多后遗症。

3. 以道路交通功能位阶分类

（1）高速公路网。
（2）快速公路网。
（3）主干线路网。
（4）集散道路网。
（5）本地道路网。
（6）农村道路网。

4. 以适行运输工具分类

（1）集装箱车路网。
（2）砂石车路网。
（3）长途客车路网。

(4) 自行车路网。
(5) 旅游车辆路网。

5. 以建设期程分类

(1) 规划中的全新路网。
(2) 扩张型新路网。
(3) 既成路网。
(4) 分批建设的路网。

前述各道路网的分类与逻辑思维，仅止于概念性，可针对已成型或成型过程中的道路网。路网选取无一定标准，规划设计者本身应具备专业素养，依问题的需要而自行决定路网的范围。当然，所选取的大路网也可能包含数个小路网，可参考如图4-17所示的概念。

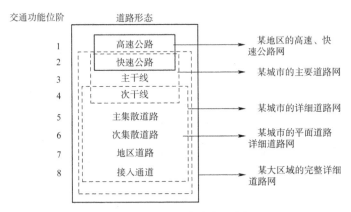

图 4-17 可选取的各式路网形式

针对全新规划设计的城镇区域而言，路网形式可事先仿真，同时结合其他专业，例如城乡规划、都市空间设计、土地使用分区、景观美学等。不过我们必须强调，路网外观形式绝非追求的重点，达到规划设计目的才是根本。

尤其应该注意，路网结构组成的优劣对道路交通行车效率与安全影响非常大，这至少会持续影响数代人，影响时间短则数十年，长则上百年，必须高度重视。现今都市交通拥堵常见、交通管理工作的效果不佳，客观言之，很多都是早期都市规划、城乡规划不良留下的后遗症。

六、路网结构合理性架构

(一) 道路网的基本架构

如图4-18所示，任何路网皆具有"点、线、面、带"4个层次。

(1) 点：可能是平面道路的交叉路口或高速、快速公路的互通式立交桥。
(2) 线：指路段，可能是本地道路网中的主干线或高速公路的基本路段，或者是城市路网中的快速公路等。
(3) 面：列入考虑的某一地区的道路网范围。此处的"面"犹如前述提及各种形式的路网,其规模或涵盖面积由规划设计者依需求而自定。

(4)带:"面"内的某一长条形地带,包含至少两个"点",可视为某路网范围内的某一长条形带状空间。

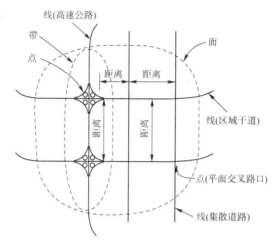

图 4-18 道路网的"面、带、线、点"理念

图 4-18 中所示的"距离"有以下 3 个情况。

(1)平面道路网中,同一路线上两平面交叉路口的间距。当然,交叉路口可能是灯控路口或非灯控路口,依该交叉路口的特性而异。

(2)高、快速公路两座相邻互通式立交桥的间距。

(3)高、快速公路出口匝道尾端与第一个平面交叉路口(通常是灯控路口)的间距。

这里所谓的"距离"对道路网内的车流运输效率影响极大,因本章的主旨仅止于道路网架构,其具体内涵后续再详述。

(二)两道路相接的阶差

探讨道路网结构组成是否合理之前,首先必须思考以下 3 个问题,即:

(1)新建道路如何与既有道路相接而融入既有道路网中?

(2)两条新建道路如何相接继而形成新路网的一部分?

(3)既有道路网结构,其交通功能位阶的分布是否合理?

想要回答前述 3 个问题,首先须考虑两相接道路的交通功能位阶差,简称"阶差"。阶差指两条道路交通功能位阶的差值。有如下数种情况存在。

情况 1:阶差 = 0。

两路阶差 = 0,指驾驶人只是在旅程中单纯转向至另一交通功能位阶相同的道路。例如由高速公路经某互通式立交桥出口而转向至另一高速公路。这两个高速公路的官方编号不同,但其交通功能位阶都是 1,故此时的阶差 = 0。同理,在都市地区平面道路,从一条主干线转向至另一主干线也是阶差 = 0 的情况。

情况 2:阶差 = ±1。

由交通功能位阶 = 1 的高速公路进入交通功能位阶 = 2 的快速公路,阶差 = 1 - 2 = -1,

即对驾驶人而言,位阶下降 1 阶,驾驶任务的困难度仅稍微增加。反之,由快速公路进入高速公路的阶差 = 2 - 1 = 1,即交通功能位阶上升 1 阶,驾驶人的驾驶任务困难度稍微降低。

情况 3:阶差 = ±2。

由高速公路进入平面道路的主干线,则阶差 = 1 - 3 = -2,即位阶下降 2 阶,驾驶人进行驾驶任务的困难度少量增加。反之,由平面道路主干线进入高速公路,则阶差 = 3 - 1 = 2,即位阶上升 2 阶,驾驶人的驾驶任务困难度少量降低。

情况 4:阶差 > 2 或 < -2。

由交通功能位阶较低的道路进入交通功能位阶较高的道路,由驾驶任务而言,其困难度减缓。反之,由高位阶道路转向至低位阶道路,则驾驶任务的困难度必上升。此概念可参考图 4-19 所示,以驾驶人由主干线进入另一道路时的阶差现象为例。在此,笔者必须强调,图 4-19 中的驾驶任务困难度因其无法绝对量化,只是相对的概念比较。

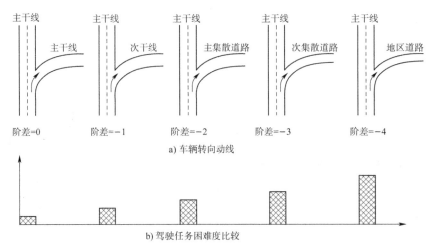

图 4-19 阶差不同时的驾驶任务困难度比较

紧接着,我们必须思考,两路相接时,其阶差究竟应为多少才算适宜?由道路交通工程设计、车流理论、驾驶任务与人因理论综合来看,两道路相接,其交通功能位阶差距过大隐含下列状况,即:

(1) 两路的通行能力(Capacity)可能相差太大,易形成瓶颈(Bottleneck);
(2) 驾驶人进行其驾驶任务的困难度明显较高;
(3) 驾驶人工作负荷大,此与自解释道路的设计理念明显不符;
(4) 在某些交叉路口,行人安全设计困难度明显,事故率较高;
(5) 交通控制困难度较高;
(6) 事故发生概率较高。

如图 4-20 与图 4-21 所示皆是由于两路相接时,阶差太大而造成交通功能不搭配的路口。此路口如果另有设计畸形问题,更易导致日后交通事故率较高,徒然耗损社会成本。

如前述图 4-20 所示,两道路交叉,其阶差 = 4,图 4-21 所示的阶差 = 5。在此笔者引用《周易·系辞下》,"德不配位,必有灾殃",道路交通工程设计也是如此,两道路交通功能位阶相差太大,勉强相接,甚至强迫开设交叉路口,其后衍生的问题必将长期存在。

图 4-20　两路相接,阶差太大(=4)之例 1

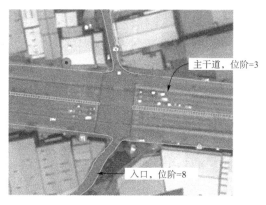

图 4-21　两路相接,阶差太大(=5)之例 2

描述至此,我们反向思考,两道路相交接,其交通功能位阶差≤2 时,则前述的不佳状况便可消弭,即驾驶人转向过程中,完成驾驶任务的困难度极低,因此,事故发生概率也大幅下降,同时交通控制也较容易实施。

紧接着,我们再思考,为何两道路相接时,其阶差要≤2？阶差可否≤1？如阶差>2 时,应如何处理？

(1)阶差≤2 指道路设计已很符合自解释道路的精髓。当然,阶差能够≤1 最好,但在道路交通规划设计上,有时不可能做到。例如针对一座没有快速公路的城市而言,此城市外围如有高速公路通过,则只能由地方主干线连通至高速公路互通式立交桥。

(2)车辆由某一道路转向进入另一道路,此为驾驶动作持续一段时间的连续过程,从人因理论、驾驶任务困难度而言,当两道路相交时的阶差≤2 时,驾驶人的驾驶工作负荷极小,对任何驾驶人不构成额外负荷,不存在安全隐患。

(3)两道路相接续,满足阶差≤2 只是道路安全设计条件之一,其他相关配套条件,例如视距的保证、转弯半径、交通控制设施完备等也应综合考虑,否则道路交通安全隐患依然存在。

综合前述,两条道路相接时,必须确定其交通功能阶差≤2,其主因在于确保驾驶人进行驾驶任务时可平顺无虞,驾驶工作负荷极小,道路的易行性(Mobility)功能可有效发挥。如表 4-2 所示为两路相接时的阶差建议表。纵坐标为既有道路,横坐标有(·)指引者即是可考虑的新相接道路。

两路相接的阶差建议　　　　　　　　　　　表 4-2

	交通功能位阶	1 高速公路	2 快速公路	3 主干线	4 次干线	5 主集散道路	6 次集散道路	7 地区道路	8 接入通道
1	高速公路	·,0	·,-1	·,-2					
2	快速公路	·,1	·,0	·,-1	·,-2				
3	主干线	·,2	·,1	·,0	·,-1	·,-2			
4	次干线		·,2	·,1	·,0	·,-1	·,-2		
5	主集散道路			·,2	·,1	·,0	·,-1	·,-2	
6	次集散道路				·,2	·,1	·,0	·,-1	·,-2
7	地区道路					·,2	·,1	·,0	·,-1
8	接入通道						·,2	·,1	·,0

注：表中数值是纵坐标的值减横坐标的值，即由纵坐标上的道路转向进入横坐标道路的位阶差。此建议矩阵具有对称性。

综合前述，驾驶人的行车路径如果能与道路交通功能位阶差的思维结合，在相接道路阶差≤2 的情况下，驾驶人执行其驾驶任务应该相对较轻松且安全隐患必较小。以图 4-22 所示为例，某人开车离家欲到数百公里外的外省某城市，则图 4-22 所示都是驾驶人可行车的合理路径。

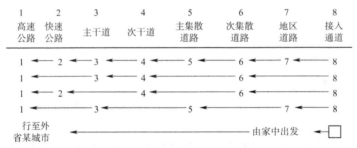

图 4-22　离家远行的合理行车路径

笔者一再强调，两路相接时，其阶差≤2 是必要之举，针对全新路网或新建道路，坚持此原则并非难事。只是针对既有道路网，如进行翔实的路网梳理（Network Screening），便可发现有很多相交的两道路阶差大于 2 的情况，实际上，阶差=3、4、5 者最多。经长期事故统计便可发现，这种阶差太大的地点几乎都是"事故黑点"，即事故量明显突出或严重性较大的地方。除此之外，阶差太大容易造成交通控制的难题与车流不顺及拥堵的后遗症。针对这些情况，想要用道路交通工程手段整改，由于房屋拆迁、土地补偿费用庞大，路网整改的困难度极高。但针对那些可整改的地方，仍可利用区域路网路径重整（Regional Rerouting）的策略进行路网整改。

（三）流量转移

由车流理论来看，道路的通行能力（Highway Capacity）是供给量（Supply），车流量则是需求量(Demand),不同道路相接有流量转移(Volume Shifting)的含义。流量转移指原道路上的车流量经转向而有部分转移至另一道路上。

流量转移有两种方式,即:

(1)无灯控路口:通常发生在高位阶的道路系统,例如从一条高速公路转向至另一高速公路或快速公路。

(2)有灯控路口:通常发生在中位阶的道路系统,尤其是平面道路的干线与集散道路系统。

与流量转移相关的内容在本书中不做深入探究。

(四)道路网结构合理性的重要性

如前所述,将道路网中各道路交通功能分为8个阶层,其用途极为广泛。

1. 针对道路交通规划设计

(1)交通控制:例如信号系统的配时计划。

(2)道路几何设计。

2. 针对道路运输系统的运输规划

(1)既有道路网的交通功能检核,这可作为路网整改与区域路网路径重整(Regional Rerouting)的根据。

(2)路网治堵策略的拟定。

(3)未来路网规划的拟定。

(4)城乡规划、城市规划、大型土地开发的格局拟定。

(5)与其他运输路网结合:道路网只是整体运输路网中的一部分。

七、本地道路的重要性

本地道路(Local Road)在道路网的交通功能8个位阶中位列第7,倒数第2,仅位居"接入通道"(Access)之上。其对长距离运输的贡献量甚微,但其在服务地区性交通的功能上则居于举足轻重的地位。

由运输功能区分,本地道路可归类为运输范围仅局限于小范围、短距离的服务性道路(Service Road)。具有服务性功能的本地道路又可分为三大类,即:

(1)连接短距离两点间的道路;

(2)侧置支路(Frontage Road);

(3)后置支路(Backage Road)。

侧置支路、后置支路的基本逻辑思维如图4-23所示,它们的理念与城市计划、城乡规划的工作有紧密的关联。侧置支路的"侧置"、后置支路的"后置",其隐含的意义为:

(1)侧置支路在其上位道路(即集散道路或干线道路)的旁侧设置;

(2)后置支路意指该区域的道路出入口皆在面对其上位道路的"后方设置"。

上位道路是个概念性名词,以道路交通功能的8个位阶(1~8)为基准,例如本地道路的交通功能位阶为7,则交通功能位阶为1~6的道路皆是其上位道路,同理,快速公路的上位道路是高速公路。不过本道路与上位道路的交通相互影响程度,阶差越大,影响程度越小。例如某本地道路的交通状况与该地区的高速、快速公路相互影响甚微，但却与该地区的集散道路、干线道路息息相关。支路也表示道路间上下位、主次的相对关系，非规范中支路的含义。

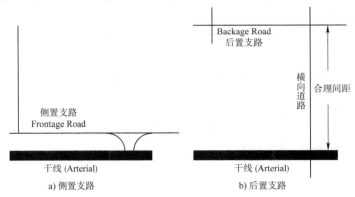

图 4-23　侧车道、后车道的基本逻辑思维

(一)侧置支路

侧置支路，顾名思义，位于上位道路旁侧，主要目的有二，即：

(1)将干线或集散道路中想要驶往旁侧区域的车流分离，集中至侧置支路；

(2)行驶在干线或集散道路的直通车流(Through Movement)受到小区域车流影响的程度将大为降低，可有效维持干线或集散道路本身易行性(Mobility)的交通功能。

道路交通规划设计实务上，在有必要的情况下，侧置支路的应用通常与干线道路、集散道路共同考虑。当然，此处的干线道路可能是 8 阶道路交通功能分类中的主干线或次干线。同理，集散道路可能是区域路网中的主集散道路或次集散道路。

如图 4-24 所示为侧置支路的基本理念，原有多个间距非常短的接入通道(Access)对主线车流影响的程度将因侧置支路的布设而大为降低，这种侧置支路布设理念不只可用于全新路网也可使用于既有区域路网的路径重整(Regional Rerouting)。当然，笔者一再强调，不论新建路网还是对既有路网进行修整，其牵涉的专业领域很广，尤其是城市规划、城乡规划领域。

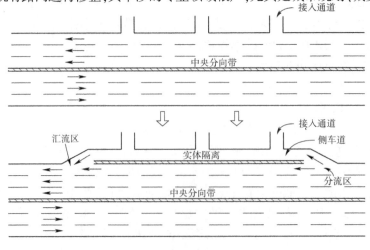

图 4-24　侧置支路的基本理念

如图4-25与图4-26所示皆为侧置支路的布设示意。侧置支路在城市规划设计实务中应用极广,例如应用侧置支路的设计理念,可将商业区、学校、办公区、住宅区或其他人口密集特定区等完全分隔于干线或集线道路之外,不仅有利于区域道路网的车流运输效率,对降低车流噪声与提升道路交通安全也有实质帮助。

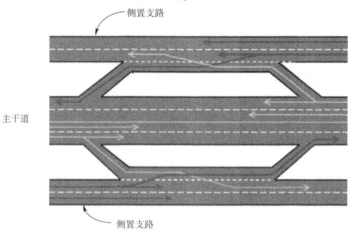

图4-25 侧车道的布设示意

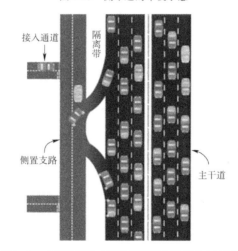

图4-26 典型的侧置支路连通至接入通道或本地道路

(二)后置支路

后置支路可与前述侧置支路相辅相成,在区域内适宜应用。城市地区的干线道路、集散道路旁侧商业区、学校或大型住宅区,其与干线道路、集散道路中间完全以植栽景观隔离,对外通道则位于商业区、住宅区的后方,如此可有效减少甚至消弭干线道路、集散道路对商业区、住宅区、学校等的负面影响,例如车流噪声,如此可促进土地价值增加,也可间接提升民众生活质量。图4-27与图4-28皆是典型的后置支路布设示例。

道路网结构组成是否合理攸关整体车流运输能否顺畅,因此进行土地使用分区、城市规划、城乡规划时,除了生活空间、休闲空间等不同空间规划之外,也应优先思考道路交通功能定位,以使交通运行空间能与其他类别的空间兼容并蓄。所以说城市交通是城市规划的下游问题,这毋庸置疑,也就是说上游的城市规划、城乡规划、生活空间配置不佳,将造成日后长久存在的道路交通安全与拥堵问题。如图 4-29 所示为土地使用与道路交通的相互关系。由此也可看出,土地使用在道路交通规划与设计中占有举足轻重的地位。

图 4-27　后车道的典型布设示例(1)

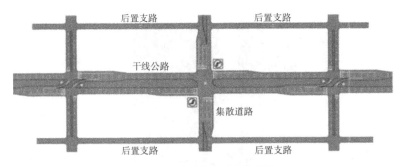

图 4-28　后置支路的典型布设示例(2)

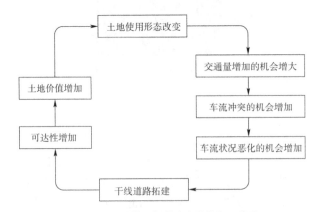

图 4-29　土地使用与道路交通的相互关系

如图 4-30 所示为常见的都市路网形态:环状、辐射状、棋盘式路网。3 种路网适应交通量变化的特性也明显不同,这将在第七章"车流理论"中介绍。

第四章 路网结构

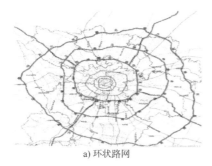
a) 环状路网

b) 辐射状路网

c) 棋盘式路网

图 4-30　常见的城市路网形态

第五章　速度相关理论

一、概述

在道路交通规划与设计领域中,速度(Speed)具有极为重要地位,是道路交通安全系统的核心要素。但凡新建道路的规划设计或既有道路的管理,其中皆有针对速度的特殊考虑。基于此,从事道路交通规划设计与管理的各专业人士皆应对速度的内涵有深入的了解。

二、速度的种类

速度只是一个统称的名词,根据使用者的不同目的,速度可以再细分为以下30余种,即:

(1)设计速度(Design Speed);(2)运行速度(Operating Speed);(3)百分位速度(Percentile Speed);(4)行车速度(Running Speed);(5)行程速度(Travelling Speed);(6)平均速度(Average Speed);(7)期望速度(Expected Speed);(8)模态速度(Mode Speed);(9)建议速度(Suggested Speed);(10)营运速度(Operational Speed);(11)感知速度(Perceived Speed);(12)忠告速度(Advisory Speed);(13)自由流速度(Free Flow Speed);(14)相对速度(Relative Speed);(15)点速度(Spot Speed);(16)执法速度(Enforcement Speed);(17)安全速度(Safe Speed);(18)接近速度(Approach Speed);(19)重点速度(Critical Speed);(20)标靶速度(Target Speed);(21)最佳速度(Optimal Speed);(22)步距速度(Pace Speed);(23)撞击速度(Impact Speed);(24)存活速度(Survivable Speed);(25)合理速度(Rational Speed);(26)理想速度(Ideal Speed);(27)交织速度(Weaving Speed);(28)车队速度(Platoon Speed);(29)冲击波速度(Wave Speed);(30)爬坡定速(Crawl Speed);(31)观测速度(Observed Speed,Measured Speed);(32)标志速度(Posted Speed);(33)瞬时速度(Instantaneous Speed)。

前述与速度相关的专业名词虽有30余种,但在道路交通规划与设计领域中,其出现与使用时机有鲜明的先后顺序。如图5-1所示,针对某一道路,在其生命周期中,设计速度乃是最先出现者,在规划设计时便必须依各种预设或已知条件而事先选定。道路上真正的速度环境(Speed Environment,即车流以各种不同速度在道路上呈现的各种现象)在道路完工通车后才会陆续呈现,这必须借助现场量测速度(简称现测速度),并加以收集、整理、统计、分析方可得知。现测速度的数据经完整收集分析后,再经统计分析呈现的各种速度种类极多样化,可分别在各种不同场合使用,作为交通管理部门与执法单位决策的参考。

图5-1中:

(1)HDM:Highway Data Management,道路数据管理,即道路完工通车后,各项有用数据的收集、整理与分析。

(2)HCA:Highway Capacity Analysis,道路容量分析,道路规划、设计、改扩建均必须进行容量分析,同时评定其服务水平(Levels of Service,简称LDS)。

（3）Enforcement：执法，主要是道路执法单位根据道路上车速呈现的长期现象，进而决定执法力度与执法速度。

（4）Crash Reconstruction：事故重建，严重事故发生后，还原事故发生前的状况，车速是其中一重要考虑因子。

（5）Roadway Rating：道路评定，道路完工通车后，借由量测得知的车速数据而评定该道路的运输效能与效益。

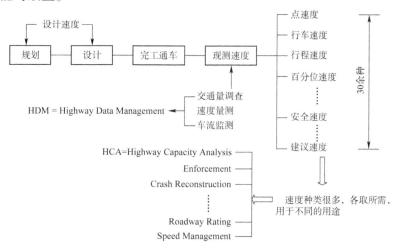

图 5-1　各种速度的使用顺序及应用时机

除了前述 30 余种速度相关专业名词，另有其他由速度衍生而来的专业名词，例如：
(1) 速度管理（Speed Management）；
(2) 限制速度，限速，速限（Speed Limit）；
(3) 速度环境（Speed Environment）；
(4) 限速区（Speed Zone）；
(5) 速度历程（Speed Profile）；
(6) 速度差，速差（Speed Deviation，Speed Difference）；
(7) 速度切换区间（Speed Change Interval）；
(8) 速度分布（Speed Distribution）；
(9) 速度干扰（Speed Disturbance）；
(10) 超速（Speeding）。

这些名词的内涵皆有重要意义，在道路交通管理领域皆有重要用途，在本章后续内容中也将详尽说明。

三、设计速度

道路交通规划设计领域的所有速度相关专业名词中，设计速度最为重要，影响着整个道路生命周期内的各项任务，从最初的规划设计直至后期的管理、维护皆是如此。

（一）设计速度定义的沿革

设计速度在道路交通规划设计阶段即应根据诸多不同预设条件与已知数据而清楚选

定,当然,不同国家和地区的选定标准略有差异。首先,以美国公路与运输协会(AASHTO)的绿皮书(A Policy on Geometric Design of Highways and Streets)为例,其对设计速度的诠释有历史沿革的阶段性背景,读者不可不知。

1. 1936—1937 年

AASHTO 的前身,即 AASHO(American Association of State Highway Officials)针对设计速度的定义是:

"The maximum reasonably uniform speed which would be adopted by the faster driving group of vehicle operations, once clear of urban areas." (设计速度是一般驾驶人认为可合理接受的最高均匀行驶速度。)

此年代正值第二次世界大战前夕,美国的汽车工业虽已初具规模,只是当时的汽车速度并不快,高速公路里程尚短,其路网结构的建设主要偏重地域性主干线,联系各大城市,重视的主要交通功能偏重易行性、可行性,设计速度的重要性尚未凸显,故此时 AASHO 对设计速度的定义只注意到少数可能驾车速度偏快的族群,只强调合理的最大均匀速度,对安全一词完全未提,此时车辆数量增多造成的拥堵与道路交通事故这一议题并未凸显。

2. 1938—1953 年

AASHO 对设计速度的定义,基本上仍沿用 1936 年的定义,但字面上有稍修改如下:"The maximum approximately uniform speed which probably will be adopted by the faster group of drivers, but not, necessarily, by the small percentage of reckless once." (设计速度是一般驾驶人认为可合理接受的最高均匀行驶速度,即使有少部分人认为此速度可以进一步提高。)

1938—1953 年,美国高速公路的里程数大幅提升,但 AASHO 对设计速度的定义本质上并未改变,仅强调"大部分驾驶人自觉性可操控的最高均匀驾驶速度",但仍未提及安全层面。

3. 1954—1996 年

AASHO 扩大编制,纳入各州运输官员而组成 AASHTO(全名为 American Association of State Highway and Transportation Officials),于 1954 年正式成立。

1954—1996 年间,AASHTO 对设计速度的定义出现了重大变化,全新定义为:"The maximum safe speed maintained over a specified section of highway when conditions are so favorable that the design features of the highway governs." (在理想的道路条件下,驾驶人在道路上可以采用的最高安全行驶速度。)

这个全新定义的主要重点有 3 项,即:

(1)道路处于理想状况;

(2)无任何外界干扰因素存在;

(3)驾驶人可操控车辆行驶的"最大安全速度"。

4. 1997—2000 年

1997 年,NCHRP 出版其 400 号报告《停车视距的确定》(Determination of Stopping Sight Distance,以下简称 NCHRP 400),针对原设计速度定义中的"最大安全速度(Maximum Safe Speed)"提出修正建议,基于 3 个理由:

(1)道路上驾驶人操控车辆的运行速度(Operating Speed)可能会大于设计速度;

(2)当车辆的运行速度大于设计速度时,不见得代表驾驶人处于不安全的状态;

(3)"最大安全速度"易误导规划设计者,使其为了规避风险而刻意降低该道路的设计速度,形成恶性循环。

5. 2001—2010 年

AASHTO 接受 NCHRP 400 的建议,将"最大安全速度(Maximum Safe Speed)"去除,同时重新定义设计速度如下:

"A selected speed used to determine the various geometric design features of the roadway."(设计速度是经由设计者选取用来进行道路几何线形设计的参考值。)

这个针对设计速度的全新定义强调,设计速度值充其量只是考虑到道路几何设计而选取的某个"速度参照值"。

我们再深入思考,AASHTO 此时为何仍未提到"安全"议题?其主要理由有二。

(1)速度越快,一旦发生事故,其严重性必越大,这是不变的力学理论。但两者之间并无直接对等的关联性,与安全相关的因素甚多,而速度只是其中之一。

(2)安全于道路交通工程设计领域本身是极为重要的设计参数(Design Parameter),且已隐含在各式设计规范、准则、指南、手册中,例如 Roadside Design Guide 及 Highway Safety Manual 等。

6. 2011 年至今

AASHTO 绿皮书现今最新版为 2011 年出版的版本,其对设计速度的定义仍沿用 2001 年版中的定义,且迄今仍保持不变。

描述至此,读者应已全然了解,设计速度仅是"因道路几何设计而选取的某个速度参照值",此值可用来处理道路几何设计的各种细节,而安全考虑也已经隐含在各设计细节中,例如在某个设计速度前提下,曲线段的曲率半径值应在某最小值以上。

(二)设计速度与道路交通功能位阶的关系

如前述第四章所言,设计速度隐含在 3 个主要的道路交通功能(即易行性、可达性与设计速度)之中,道路交通功能的位阶越高,则隐含该道路的设计速度越高。换言之,当道路交通功能定位确定后,则设计速度值的大致范围也可预测,如表 5-1 所示。

道路交通功能定位与隐含的设计速度大致范围　　　　表 5-1

交通功能位阶	1	2	3	4	5	6	7	8
道路形态	高速公路	快速公路	主干线道路	次干线道路	主集散道路	次集散道路	地区道路	接入道路
可能设计速度范围(km/h)	80~120	80~100	60~80	50~60	50~60	40~50	40	20~30

(三)如何选定设计速度

道路在规划设计阶段之初即须选定设计速度值,但此值应如何选定?依 AASHTO 绿皮书所述:

"Every effort should be made to obtain a desired combination of safety, mobility, and efficiency within the constraints of environmental quality, economics, aesthetics, and social and political impacts."(道路设计时必须综合思考,系统性考虑安全性、易行性、环境质量的维

护、经济发展、景观、对社会经济的影响。)

由上段文字,我们可知下列重点,即:

(1)设计速度值的选定无法"一刀切",必须有全方位的综合考虑,其中包含安全(Safety)、易行性(Mobility)及应有的运输效率(Efficiency)等多重因素。

(2)设计速度值的选取也有某方面必须顾及的条件,例如对环境质量的影响,对经济发展的贡献程度、对沿途景观的破坏、对人文社会与政治的冲击等。

美国联邦公路总署 FHWA 的 "Highway Functional Classification Concepts, Criteria and Procedures"研究报告中特别提道:

"The Green Book recommends that topography, anticipated operating speed, adjacent land use and functional classification be considered and as high a design speed as practical be selected, except for local street."(绿皮书建议,除了区域性街道之外,设计者应根据地形、土地使用及交通功能分类等事项,在设计时选用较高的预期运行速度。)

此外,欧洲道路安全观察组织(European Road Safety Observatory,ERSO)的《速度和速度管理》(Speed and Speed Management)研究报告中也提道:

"Overall road design should reflect the function of a road and, in combination with design speed, the appropriate speed limit."(总体而言,道路设计应能通过设计速度与限速值,反映道路的交通功能。)

由以上两段话,我们可清楚看出,选取设计速度时也应注意下列重点,即:

(1)设计速度的选取应考虑到地形(Topography)因素。

(2)选取设计速度时也应有合理的预期运行速度(Anticipated Operating Speed)。尤其应该注意,在道路规划设计时,实际的车流运行速度尚无法得知,因为道路尚未完工通车,道路规划设计时只能采用有预测成分的预期运行速度。运行速度的完整内涵见后文。

(3)道路旁侧的土地使用特性(Adjacent Land Use)与道路功能分类(Functional Classification)在选取设计速度时也应纳入考虑。

道路设计的里程非常长时,有时无法以单一设计速度值涵盖路线全程,尤其在地形起伏较剧烈的丘陵区、山岭区或生态敏感区,此时的设计速度必须有渐变区段(Transition Zone),如图5-2所示,其背后的主要考虑在于人因(Human Factors)与驾驶人的驾驶任务(Driving Task)。

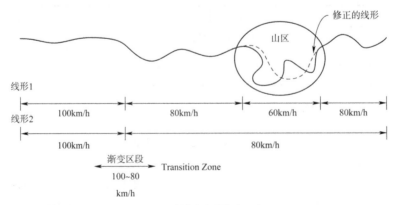

图 5-2 设计速度与渐变区段

综合前文,我们可清楚知道,设计速度的选取必须全方位综合考虑"人""车""路""环境"四大层面,然后在道路几何设计细节中完整呈现,其逻辑思维模型如图5-3所示。

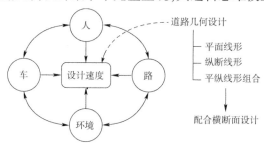

图5-3　设计速度在道路几何设计中的角色

四、自由流速度、运行速度与其他重要速度

(一)自由流速度

道路上车辆移动、流动的状态可以称为"车流状态"(Traffic Flow State),简称为"车流"。车流的种类很多,自由流仅是其中之一。"车流理论"的内容量体极大,在此不再赘述,详细内容可参阅本书后续章节的解说。

自由流速度(Free Flow Speed)简称自由速度(Free Speed),指驾驶人在无其他车辆干扰、不必担心有测速执法且无其他外在环境因素影响的情况下,根据道路表征,自然选择且觉得舒适的车速。(Free-flow speed is the speed a driver chooses when there are no influences from other vehicles, conspicuous enforcement, or environmental factors; in other words, this is the speed the driver finds comfortable based on the appearance of the road.)

紧接着,我们应了解为何有"自由流速度"的名称,其应具备的条件有哪些？形成自由流速度必须具备下列相关条件。

(1)车流量非常少,或称低流量状态,不同车辆之间无车辆互制现象(No Intersection between Vehicles),即车辆之间完全不会有互相牵制、影响的情况。

(2)从驾驶任务(Driving Task)的观点来看,在这种车流情况下,驾驶人做任何驾驶动作的自由度均最高,例如可自由加减速、自由变换车道且舒适感最佳等。

(3)驾驶人可依自己意愿、自身经验,依道路当时状况,将车速控制在其所希望的速度值。当然,此期望速度值受到交通法规、限速值的制约。

(4)在道路状况良好、无外在环境影响的前提下,前述状况下的车流速度即是所谓的"自由流速度",简称"自由速度"。

除前述之外,我们也应清楚了解以下重要观念。

(1)自由流速度不见得代表高速度,依道路形态与几何线形而异,在受到几何线形制约的情况下,自由流速度可能是中低速度,例如在急弯道处,即使车流量稀少也不可能高速驾驶。

(2)自由流是道路上众多车流形态之一。道路规划设计的目的在于发挥道路应有的交通功能,如某道路车流长时期皆处于自由流状态,代表此道路的空间未得到充分利用,或设计时预测的车流量被严重高估,致使道路设计太保守,有过度设计之嫌。

(二)运行速度

运行速度(Operating Speed)在道路完工通车后方可得知,指车辆驾驶人面对道路当时状况与外在环境,依自身经验,自行选择操控车辆而行驶的速度。

由前述运行速度的定义,我们可知下列重点。

(1)道路上车流状况与外在影响因素随时空变化而变化,因此驾驶人依自身经验操作车辆所呈现的速度(即车辆在旅程中的运行速度)也随时在变化。

(2)当车流量稀少且无其他外在因素影响的情况下,运行速度可视同自由流速度。

(3)驾驶人的车辆行至灯控交叉路口时,如巧遇红灯,则此时的运行速度为0,即车辆处于停止状态。

事实上,前述运行速度的定义是针对驾驶人而言的。对道路交通规划设计者而言,其预估道路完工通车后的可能平均行车速度(Average Running Speed)即是运行速度,故规划设计时虽选定某一设计速度,但也同时会有一个符合逻辑的预期运行速度,以进行各式交通工程设施的设计,这就是AASHTO绿皮书中提到的Anticipated Operating Speed(预期运行速度)。

当道路完工通车后,道路交通主管部门所关心的运行速度并非针对单一驾驶人的运行速度,而是道路上整体车流的实际运行速度,因此此时的运行速度乃是整体车流的平均行车速度。

任何道路真正的速度环境(Speed Environment)在道路完工通车,开始进入管理、维护阶段后才会逐渐浮现,经过长期交通量调查、监测收集的现测速度(Observed Speed,Measured Speed),经整理、分析之后方可得知道路在不同情况下的运行速度,同时也可得知下列各种衍生的速度供交通管理、执法使用。这些与速度相关的重要专业名词如下所述。

(三)其他重要速度

1. 点速度(Spot Speed)

点速度,也称"定点速度"或"现点速度",指在某指定时间(通常精确到秒)时,车辆当下的速度,例如以雷达测速枪、交警执法抓拍或道路固定照相设备测速拍照时的速度即为点速度,其示意图如图5-4所示。民众如果驾车超速而接到罚单,罚单上显示的速度有时是定点速度。此速度是驾驶人在旅程中众多运行速度之一。

2. 行车速度与行程速度

1)行车速度(Running Speed)

行车速度,参考图5-5,指某车辆由A点至B点,行驶的距离(L)除以所耗费的时间(t),且时间t应不包含车辆的停车、等候耗费的时间,因此时车辆处于停止状态,车辆未行进。故行车速度S_r可表示成:

$$S_r = \frac{L}{t} \tag{5-1}$$

影响行车速度的因素非常复杂,不过仍可大致归纳如下。

(1)内在因素:例如个人驾驶习惯、个人驾驶行为、车辆性能等。

（2）外在因素：例如不同车流状态、道路设施种类、天候状况、交通警察执法力度、执法设施种类、路面状况等。

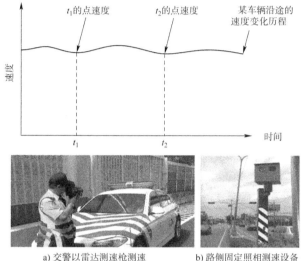

a）交警以雷达测速枪测速　　b）路侧固定照相测速设备

图 5-4　点速度示意

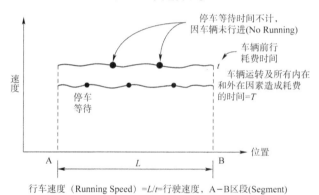

行车速度（Running Speed）= L/t =行驶速度，A—B区段（Segment）
行程速度（Travelling Speed）= L/T =行程速度，A—B区段

图 5-5　行车速度与行程速度

在自由流状态下，此时的车流速度是自由流速度，也可视同当时的行车速度与车辆的运行速度。

2）行程速度（Travelling Speed = Overall Travel Speed）

行程速度，也称"总旅程速度"，参考图5-5，指车辆由A点至B点，行驶的距离（L）除以全部耗费时间（T），耗费时间应包含该车辆所有停止时间，故行程速度 S_T 可表示成：

$$S_T = \frac{L}{T} \tag{5-2}$$

3. 平均速度（Average or Mean Speed）

前述行车速度与行程速度的定义是针对个别车辆的平均速度，驾驶人个人会有直接感受。不过针对某车流状态，众多车辆的车流平均速度才是道路交通主管部门与执法单位应长期掌握的数据。

车流平均速度是道路交通主管部门最常采用的车速值。由测速点得到的速度数据,汇总后除以样本数(车辆数)即是平均速度。[The average (or mean) speed is the most common measure of central tendency. Using data from a spot speed study, the average is calculated by summing all the measured speeds and dividing by the sample size.]

道路交通工程与管理领域中,常用的平均速度依量测方法不同,可分为两大类,即:

1)时间平均速度(Time Mean Speed,简称 TMS)

时间平均速度的基本定义是在已知时间内,通过某特定点(测速点)的车辆行驶速率的算术平均值。

$$\text{TMS} = \frac{\sum_{i=1}^{n} u_i^t}{n} \tag{5-3}$$

式中:n——车辆总数;
u_i^t——第 i 辆车的瞬时速度(Spot Speed),一般可利用雷达测速器或其他速度检测器测得。

2)空间平均速度(Space Mean Speed,简称 SMS)

空间平均速度的定义:通过某已知路段车辆的速度平均值。

$$\text{SMS} = \frac{\sum_{i=1}^{n} u_i^s}{n} = \frac{\sum_{i=1}^{n} (D/t_i)}{n} \tag{5-4}$$

式中:u_i^s——第 i 辆车的瞬时速度或现点速度;
D——车辆行驶距离;
t_i——第 i 辆车的行驶时间。

在道路交通工程实务上,由于时间平均速度可由现点速度的几何平均数求得,量测时间平均速度比空间平均速度容易,因此实务应用上通常以时间平均速度为主。此外,由于量测特性的差异所致,SMS≤TMS 是必然现象,且当速度越大时,两者的差值必然越小,如图 5-6 所示。

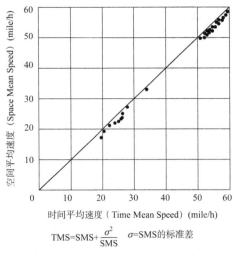

TMS=SMS+$\frac{\sigma^2}{\text{SMS}}$ σ=SMS 的标准差

图 5-6 TMS 与 SMS 的关系

4. 百分位速度(Percentile Speed)

将车流量与车速的相互关系以百分位(%)表示,以了解不同车速的车辆数分布,对交通管理决策、交通控制工作极有帮助。百分位速度通常以 V_n 表示,代表在所有经量测速度的车辆中,有 $n\%$ 的车辆数在某一运行速度以下。以图 5-7 所示百分位速度曲线为例,$V_{15} = 23\text{mile/h}$,代表车辆运行速度在 23mile/h 以下的车辆数占所有车辆总数的 15%,换言之,共有 15% 的车辆的运行速度在 23mile/h 以下。同理,$V_{50} = 30\text{mile/h}$ 代表车辆运行速度在 30mile/h 以下的车辆数占车辆总数的 50%。

百分位速度的量测可依需要而找出 V_{10}、V_{20}、

V_{50}、V_{85}、V_{95}等。例如 V_{10}、V_{20}、V_{30}等低百分位速度可用来检核究竟有多少大型车的运行速度处于低速状态。V_{50}为 50 百分位速度,此值通常位于百分位速度曲线的中点或邻近处,是道路上大小型车混行情况下的中等车速值的代表。V_{85}称为 85 百分位速度,其对制定交通管理决策时极具参考价值,尤其是决定高速、快速公路的限速值(Speed Limit)时。当然,笔者必须强调,限速值未必就只能采用 V_{85}。

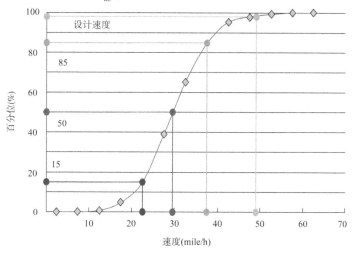

图 5-7　典型的百分位速度曲线

V_0在百分位速度曲线中不具任何意义,代表量测速度时,表示该路段上毫无车辆。V_{100}的值必是某较高速值,且此值极有可能明显超过该路段的限速值及设计速度值。在道路交通工程实务中,V_{100}减去该路段的限速值便可粗估此路段的超速值分布情况。

如图 5-8 所示为某道路实测的百分位速度曲线,尤其应该注意到其纵坐标由 0 至 1 及 $V_{85} \pm 5 \text{mile/h}$ 的百分位速度变化现象。

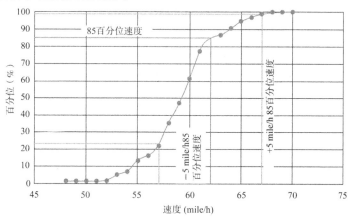

图 5-8　实测的百分位速度曲线示例

5. 相对速度(Relative Speed)

相对速度在道路交通工程设计与管理中极为重要,现在假设 1 号车的速度为 V_1,2 号车的速度为 V_2,则有以下情况。

(1)针对同向车流:1车在前,2车在后。

如 V_1 一直保持大于 V_2,则两车的前后间距将越来越远,两者无相互影响。

如 V_1 小于 V_2,则一段时间内,2车有碰撞前方车尾端的危险,此时的相对速度可表示为 $V_2 - V_1$,即两车速度之差,此为明显的"速差现象"。

(2)针对对向车流:1车与2车对向行驶。

1车如与2车产生正面对撞(正撞,Head-on Crash),则其相对速度为 $V_2 + V_1$,即两车速度之和。由力学原理,撞击能(Impact Energy)E 便可表示成:

$$E = \frac{1}{2}mV^2 \tag{5-5}$$

式中:m——车辆质量(Mass) = 重量 × 重力加速度(Gravity);

V——速度(Velocity)。

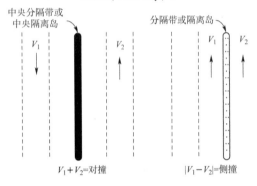

图 5-9　分向与分隔设计的理念

由式(5-5)可知,速度越大,则撞击能必越大,由此也可知,正撞交通事故的严重性一定比追尾事故大许多。由道路交通工程设计的观点,相对速度乃衍生出针对车流"分向设计"与"分隔设计"的理念,如图5-9所示,分向设计须严防车辆跨越至邻侧对向车道。

分向设计的典型案例是高速公路、快速路的中央分向护栏,分隔设计的典型案例则如快慢车道间的分隔缘石(Curb)或低型护栏(Low Profile Barrier)。道路交通工程设计者对"分向"与"分隔"应有明确的认知。

6. 重点速度(Critical Speed)

也有人称重点速度为临界速度。在道路交通工程设计领域中,它通常不会在任何设计规范、标准或准则中出现,充其量只可视为设计时的主观参考值,只是其重要性不可低估。

重点速度必须与存活速度(Survivable Speed)共同考虑,以图5-10所示为例。图中的碰撞速度为车辆撞到行人时的速度。

行人穿越道路被速度30km/h的车辆撞击时,行人可能不会死亡,但受伤(程度因人而异,年轻人可能仅受轻伤,老年人可能受伤更严重)比例已超过10%。当车辆行驶速度为40km/h时,行人可能受伤也可能死亡,其比例已超过30%,然当车速为50km/h时,行人死亡比例却剧升为85%。因此我们可认定,行人穿越道路时,30km/h是行人受伤的重点速度,50km/h则是行人遇撞击死亡的重点速度,而存活速度约在40km/h,即:车速40km/h以下时,行人遇撞击可能受伤,尚不至于死亡,而车速为40km/h以上时,行人死亡率将明显上升。

再以路侧行道树的安全防护为例。由于车辆以50km/h的速度撞击路侧大型乔木时,驾驶人在有系安全带的前提下,受伤的概率已较大,车速70km/h以上撞击,驾驶人死亡比例大增,因此我们可初步认定,针对路侧大型乔木,50km/h为重点速度,而70km/h为存活速度。

重点速度、存活速度是道路交通工程设计应深入了解的重要速度概念值,尤其针对行人穿越道路设计与路侧安全设计更应深思熟虑。

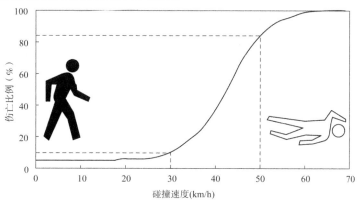

图 5-10　行人穿越道路遇车辆撞击的伤亡比例

7. 接近速度(Approach Speed)

接近速度指某车辆正以某速度运行,遇到各种前方路况,例如收费站、交叉路口或施工区时,车辆接近且可应变(例如停车缴费、遇红灯停止)的速度。在设计规范中不会提及接近速度,但道路交通工程设计者应确实了解,考虑接近速度时,车辆随后必处于减速状态。

接近速度在道路交通工程实务设计中的应用场合很多,尤其是考虑各种视距(Sight Distance)、车辆转向及平面交叉路口的规划设计时,这些应用内容在本丛书后续专门章节中会有具体详述。

8. 速度分布(Speed Distribution)

通过道路上测量车辆的定点速度(Spot Speed),经统计、分析后便可绘制该路段的速度分布曲线(Speed Distribution Curve)。在道路交通工程实务上有两种较常用的速度分布曲线,即:

(1)速度频率分布曲线(Frequency Distribution Curve)。

(2)累积速度频率分布曲线(Cumulative Frequency Distribution Curve)。

以上两种曲线对了解道路速度环境都极有帮助。图 5-11 所示即是典型的速度频率分布曲线,其形状类似统计学中的正态分布曲线(Standard Distribution Curve),亦称概率密度函数曲线(Probability Density Function Curve)。图 5-11 中,由于速度测量的路段不同,路段 A 与路段 B 速度分布曲线呈现的速度特征也有差异。

如将图 5-11 中路段 A、B 的速度分布曲线叠加,即使两曲线的垂直坐标最大值位于同一垂直线上,如图 5-12 所示,则可看出下列重点:

(1)A 函数与 B 函数皆是典型的正态分布曲线形式;

(2)A 函数的速度标准偏差小于 B 函数,指 A 路段上车流中不同车辆的车速较为集中;

(3)由车辆速度差的观点来看,A 路段的安全隐患明显低于 B 路段。

图 5-13 所示为典型的累积速度比例分布曲线,是图 5-12 的另一种表现形式,为前述提及的百分位速度分布曲线。图 5-13 显示,50 百分位速度 $V_{50}=52\mathrm{mile/h}$,85 百分位速度 $V_{85}=59\mathrm{mile/h}$。

如将速度比率分布曲线与累积速度比率分布曲线综合呈现,则同一路段的车流状态、速度分布情况将更清晰,如图 5-14 与图 5-15 所示。

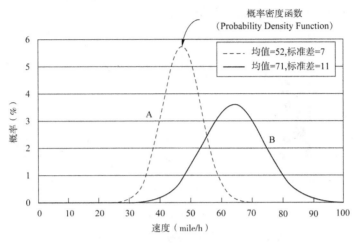

图 5-11　典型的速度比例分布曲线

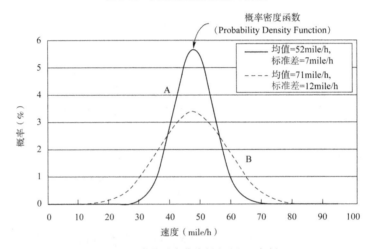

图 5-12　曲线分布曲线判定速差现象例

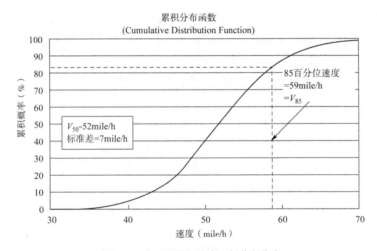

图 5-13　典型的累积速度比例分布曲线

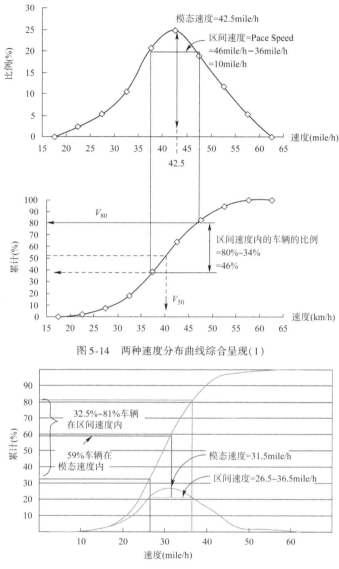

图 5-14 两种速度分布曲线综合呈现(1)

图 5-15 两种速度分布曲线综合呈现(2)

9. 步距速度(Pace Speed)

步距速度,指在两个速度值的区间内的车辆分布比例,例如 10mile/h 步距或 15km/h 区间内的车辆数分布情况。以美国为例,其道路交通工程界最常采用的步距速度为 10mile/h 步距,其主要原因在于,道路上不同车辆的速度差在 10mile/h 之内对车流的影响尚不至于太大。

以图 5-14 所示为例,取步距速度为 36~46mile/h 的 10mile/h 步距,则可明显看出,46mile/h 车速对应至 80 百分位速度(V_{80}),36mile/h 车速对应至 34 百分位速度(V_{34}),因此在此步距速度内的车辆数占所有总车辆数的 46%,即速度差在 10mile/h 以内的车辆数约占 46%。如再以图 5-15 为例,其 10 mile/h 步距速度为 26.5~36.5 mile/h,其对应的百分位速度为 $V_{32.5}$ 与 V_{81},故在步距速度内的车辆数约占总车辆数的 49%。

10. 模态速度(Mode Speed)

模态速度(Mode Speed),也有人称为 Modal Speed。指某路段的某时段,经长期持续不断的交通调查,样本数超过一定量,其结果中最常出现(即速度频率分布曲线的最高点)的最高速度值。例如某城市某路段在 18:00 时,最常出现的最高速度为 30km/h,如该路段的自由流速度已确认为 60km/h,则两相比较便可知道,此模态速度便可验证此路段已有交通拥堵现象,相对速度差明显。

模态速度的获取量越多,则准确性越具参考价值,这对城市交通管理及交通控制工作(尤其是信号灯的配时调控)极有帮助。不过我们应充分了解,因为每个区域的交通组成、车辆数、交通控制条件、大众运输普及率皆不同,所以模态速度具有极明显的区域特性。以图 5-14 为例,模态速度为 42.5mile/h,其比例约为 27%。而图 5-15 所示的模态速度为 31.5mile/h,而车辆所占比例也约为 27%。

11. 速度历程(Speed Profile)

速度历程指车速沿着某一路段长度的变化状况。速度历程分布图对驾驶人个人较无实用性,但对道路交通主管部门与执法单位而言,建立多组自由车流速度历程曲线,相互比较便可约略得知此路段是否有必须治理之处。

1)针对单一车辆

图 5-16 所示为单一车辆在 A~B 区段间的速度历程,其运行速度为 $V_1 \sim V_5$ 的变化状态,而行车速度则是 L/t,且不计等停时间。故行车速度是平均速度的概念,运行速度历程可鉴别车辆沿途的速度变化状态。

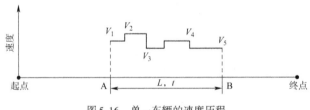

图 5-16 单一车辆的速度历程

2)针对车流

道路完工通车后,我们期待车流的实际运行速度(V_0)能符合当初设计时的预期值(预期运行速度),即车流的运行速度或平均行车速度在自由流的前提下,与限速值的差距能够尽可能小。现在假设某高速公路的限速值为 V_{85}。如定义 IC 为一致性指数(Consistency Index),其单位与速度相同,则 IC 可表示成:

$$IC = |V_0 - V_{85}| \tag{5-6}$$

以此概念检核该高速公路的 IC 值,则依下列准则便可依稀判定车流速度状况是否符合当初设计时的预期。

情况 1:$IC \leq 10km/h$,表明状况甚佳。

情况 2:$10km/h < IC \leq 20km/h$,状况表明勉强可接受。

情况 3:$IC > 20km/h$,表明有需要检讨的地方。

当然,我们必须强调,上述的 IC 值可能因不同道路交通主管单位对车流运输效率的要求程度不同而稍有差异。

五、其他速度释疑

1. 营运速度(Operational Speed)

针对商用车辆,基于企业管理与社会责任,政府主管部门或企业本身会自行规定其下辖车辆可行驶的最高速度值。例如长途客运车车速不得超过 100km/h,大货车不得超过 90km/h 等。

营运速度的制定与政府管理部门的作为及企业本身的经营理念有关,全球各国无一定的标准,且依不同行业而有明显差异。受营运速度限制的车辆中通常会配备相关设施,如速限器(Speed Limiter)与其他监测配备,例如 GPS(全球卫星定位系统)、北斗卫星、速度记录仪等。

2. 期望速度(Expected Speed)

期望速度具有浓厚的人因(Human Factors)色彩,影响期望速度的因素非常复杂,牵涉驾驶人的心理状态,不过仍可归纳为下列各项。

(1)道路等级:道路等级越高,期望速度越高。

(2)车辆性能:驾驶人驾驶车辆的性能不同,车辆性能的等级越高,则期望速度越高。

(3)运输任务:驾驶人进行运输的任务不同,其期望速度也不同。营利性质的车辆,其期望速度常常较高。

(4)路幅宽度:车道、路幅越宽,则驾驶人的期望速度必越高。

(5)道路几何线形:长且笔直的路段会自然诱使驾驶人提高车速。

道路交通工程设计者应深知,只有在交通状况正常时,例如自由流或稳定车流状态下,驾驶人才会自然产生期望速度;反之,在严重拥堵或交通受管制时,驾驶人心中已有定见,此时的期望速度不具任何意义。

期望速度无法明确规定在道路交通工程设计规范、准则中,从道路交通规划设计角度来说,一定要考虑不要误导驾驶人,使其期望速度远高于限速值,例如限速值不高的地方,道路平面线形却是笔直的长路段,且路幅很宽,路面纵坡平缓,路侧环境毫无压迫感,此时驾驶人会自然倾向于以较高速行驶,导致运行速度高于限速值,民众如被举报超速,可能心有不服,怨言不断,间接造成大量民怨,这对道路交通主管部门与执法单位的形象都不利。

3. 感知速度(Perceived Speed)

感知速度(Perceived Speed)是驾驶人通过视觉感知而感受到的其他车辆相对速度,也称为 Relative Optical Flow Speed。因此对道路交通工程的设计而言,感知速度的概念应与前述提及的"相对速度"共同考虑。

感知速度与人因理论中的视觉因素有深厚的关联性。以图 5-17 为例,视觉观测角度(简称视角)对其他车辆的感知相对速度影响很大。静止的 A 车可清楚感受到与其呈 90°的车辆速度。观测角越小,不论同向或对向,驾驶人对其他车辆的速度感知能力越差。因此,为避免追尾撞击事故(Rear-End Crash),如果不能安全变换车道,驾驶人应时刻与前车保持可随时制动停车的合理间距。因为两车在同一车道行进时,后车驾驶人对前车的视觉观测角为 0°,无法感知判定前车同向行驶的速度。这种现象也适用于两辆对向行驶的车辆,两者的驾驶人皆无法感知判定对面来车的速度。

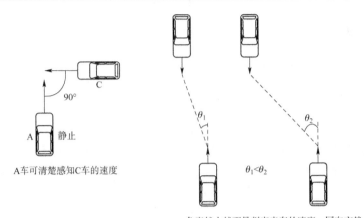

图 5-17　视角对感知速度的影响

4. 撞击速度(Impact Speed)

撞击速度,顾名思义,为车辆撞击其他车辆或其他物体时的车辆瞬间速度。撞击速度在道路交通工程设计领域中有诸多应用,例如:

(1)检视道路安全防护设施的耐撞能力或防护等级,例如碰撞防护设施(Impact Attenuator)、防撞垫(Crash Cushion)及各式护栏结构等;

(2)道路交通事故原因鉴定及事故重建(Crash Reconstruction)时,撞击速度是必须精准掌握的数据;

(3)进行人行横道布设可行性分析。

以图 5-18 所示为例,某干线道路的两灯控交叉路口间距非常大,例如 500m 以上,行人无合法穿越道路,由人因理论来看,行人极有可能冒险伺机穿越道路。因此,须思考此路段中是否应布设行人穿越道:如综合思考前述的重点速度、存活速度及此处所言的撞击速度,主干线的设计速度如为 50~60km/h 或更高,则路段中布设人行横道必须慎重思量,或另设人行天桥。

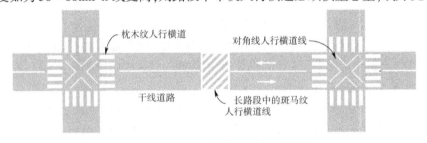

图 5-18　路段中应否布设行人穿越道的思量

5. 车队速度(Platoon Speed)

车队(Platoon)指于长路段中,车辆前后紧密跟随,任何车辆皆无法加减速且无法变换车道,只能以较低速度跟紧前车行进,此低速度即为车队速度。

形成车队是交通严重拥堵时的一种表现,由道路通行能力分析(Roadway Capacity Analysis)的观点来看,其相对应的服务水平已呈现强迫性车流状态的 F 级。形成车队的原因与车流拥堵的成因类似,非道路设计者、交通管理者所能全然预期,但确实是偶尔会发生的实际现象,例如事故发生时。当然,如道路网内形成车队的频率太高,代表某些道路可能有必要进行交通工程改善。

6. 爬坡定速(Crawl Speed)

爬坡定速只适用于坡道长度非常大的上坡路段设计,尤其是丘陵区、山岭区的高等级公路,为了保证公路运输效能不至于下降太大,爬坡定速的检核不可忽略。一般而言,道路设计规范均会详细规定,针对某些道路形态,在某设计速度前提下最大容许的纵坡值(通常以%表示),其背后原理即是爬坡定速。简单来说,爬坡定速是该道路的设计车辆(Design Vehicle)在特定要求牵引力的情况下,可保持车辆爬坡行进的固定速度。爬坡定速值必然小于在平地上的车辆平均行车速度,两者如果差异非常大,代表上坡路段右侧可能必须布设重型车专用的爬坡车道。

六、道路限速的逻辑

任何道路必有限速值,不过其根据的理由是什么、如何制定合理的限速值、如何将限速值的信息传递给驾驶人等,这些都是道路交通工程设计与执法人员应关注的重要议题。

(一)速度环境的复杂性

道路上各种车流形成的各种速度特征或现象可统称为"速度环境"。速度环境复杂性的主要成因在于道路上各式车辆的运行速度不止随时空环境变化,且因不同驾驶人的个别特性而大不相同。如图5-19所示即是影响驾驶人速度选择的各种不同因素,它们相互交叉影响,其复杂性显而易见。

道路上车辆的运行速度必然具有下列特性,即:

(1)运行速度由驾驶人自行选择,其他人无法掌控;

(2)不同的驾驶人选用不同的运行速度;

(3)没有任何单一速度值可代表某道路上车辆应采用的运行速度值;

(4)驾驶人凭自身对道路状况的直接感觉,依自身经验而采取其认为最合宜的运行速度。驾驶人对道路设计的技术内涵无从知晓,事实上,也没有必要去了解,因为道路设计与驾驶人无关。

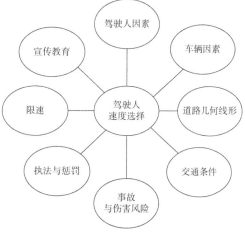

图 5-19 影响驾驶人速度选择的复杂性

描述至此,我们应可了解,驾驶人自行选择的运行速度有可能违背道路设计的安全考虑,即驾驶人自行选择的速度可能比道路安全工程设计考虑的安全速度高,以致形成安全隐患。基于此,道路交通工程主管部门或执法单位有责任清晰告知民众运行速度限制值,即限速值。

(二)限速法规与限速种类

1. 限速法规

不同国家和地区的情况不同,与限速相关的法律、法规和管理制度也有差异,不过在道

路交通工程实务上,常用的交通限速法规可大致分为下列3大类,即:

1)绝对限速值法规(Absolute Speed Limits Law)

任何车辆,凡运行速度超过法定限速值,一旦被执法单位发现,均须接受法律规定的惩罚,无可辩解。

2)基本限速值法规(Basic Speed Limits Law)

任何驾驶人在驾驶过程中,均有注意车前状况的责任与义务,在某特定道路状况下,即使车速低于法定限速值,但车速却明显超过当下道路交通状况所容许的条件,便要受罚。

3)可辩解限速值法规(Presumed Speed Limits Law, Presumptive Speed Limits Law, Prima Facie Speed Limits Law)

指即使有超速实据被执法单位举证,如不接受惩罚,当事人仍有权利向当地交通法庭申请当庭辩护。

前述3种不同法规中,以第1种"绝对限速值法规"最普遍,可能在相关法律条文中硬性规定,或是以交通控制设施的形式而布设在道路范围内驾驶人可清楚看到的地方。第2种"基本限速值法规"主要针对"不适合当下道路状况的驾驶速度",在发生事故的情况下,必须通过严谨的事故鉴定甚至事故重建,才能清楚鉴别肇事者当时的车速是否合宜,及其可能承担的事故责任。第3种"可辩解限速值法规"在全球各国家和地区中较少使用。

2. 各种限速值种类

1)法定限速值(Statutory Speed Limits)

由政府依法颁布相关交通法规,应用于不同等级、不同道路形态(高速公路,城市中的快慢车道等)的法定限速值。驾驶人应注意,即使路侧没有限速标志,仍应遵守法定限速要求规定。

2)公示限速值(又称标志限速值,Posted Speed Limits)

图5-20所示即是典型的公示限速值(Posted Speed Limits)。

a) 路面标字　　　　　　　b) 路侧限速标志

图5-20　典型的公示限速值

公示限速值,道路交通工程界以PSL简称。通常以警告标志(路侧或置顶式,Overhead Sign)、路面标字的形式向驾驶人传递此限速值。当法定限速值有变化时,必须设立公示限速值的标志或文字。

3)绝对限速值(Absolute Speed Limit)

绝对限速值意指无论涉及任何条件或状况,绝对不容许驾驶人超过的限速值。一旦被执法单位举报或导致事故,超速当事人都必须受罚扣分,且负事故连带法律责任。前述的法定限速值与公示限速值都属于绝对限速值的范畴,执法单位拥有绝对的执法权。

4)忠告速度(Advisory Speed)与建议速度(Suggested Speed)

忠告或建议速度为限速值众多形式之一,指警告或建议驾驶人在此处用比此限速值更小的速度行驶,其原因可能是道路几何线形的限制、路面状况、视距不佳或其他特殊因素(例如已临近施工区)。建议速度通常归类为警告类标志,不能作为执法的依据。如图5-21所示为美国常见的典型建议速度标志。

驾驶人绝不可忽视建议速度的存在,道路交通执法单位会布设建议速度标志一定有正当合理的原因。因此,不遵守建议速度而致事故必须负担相关法律责任。

5)环境限速值(Environmental Speed Limits)

环境限速值为依据环境保护标准(例如空气质量指标,PM 2.5 浓度等)制定的不同限速值。这种限速值通常只适用于特定地区,例如高科技园区的厂商可能有无尘的高标准要求。

6)特殊状况限速值(Special Conditions Speed Limits,简称SCSL)

道路交通状况在某些时候必须针对驾驶人运行速度进行实时性的提醒、建议,甚至警告,例如:

图5-21 典型的建议速度标志

(1)事故多发区、施工区、学校附近儿童出入频繁区;

(2)道路几何线形变化可能出乎驾驶人意料的地点,例如受地形限制而形成的急弯道;

(3)车流拥堵路段或事故区域,以可变信息板(Changeable Message Sign,简称CMS)提醒、警告驾驶人减速至此限速值内;

(4)天气状况异常时,可用 CMS 提醒驾驶人降低运行速度。

7)最小伤害度限速值(Injury Minimization Speed Limit)

这种限速值将安全性远置于道路交通易行性(Mobility)之上。道路系统安全限速值的制定,主要是根据人体在碰撞事故中能承受撞击的能量,导致死亡或者轻重伤。依此逻辑,凡是住宅区、行人出入频繁的商业区、邻近学校区等的限速值皆是以此立论为主,以保障行人安全为优先,车辆的运行速度已非关注的重点。

8)固定与动态限速值

(1)固定限速值(Fixed Speed Limits)。

限速标志自布设伊始即保持固定,除非撤除,否则一直存在且内容永不改变。道路交通工程中采用的限速值绝大部分皆属此类。

(2)动态限速值(Dynamic Speed Limits)。

动态限速值指限速值可能因特殊需要而改变,此限速值可能需要升高或降低,依道路交通状况(例如车流量)而异,且绝大部分皆以电子屏幕显示,故道路交通工程界也有人称之为Electric Sign,图5-22 所示即为典型的动态限速值案例。

9)重型车限速值(Heavy Vehicle Speed Limits)

针对平均行车速度较低,体积大、载重量大或危险品载运车辆设定的限速值。由于与小型汽车易形成突出的速度差现象,一旦发生事故易造成群死群伤,因此设定的限速值必然比小型汽车低,为了安全起见,甚至必须限定某些车种只能行驶在特许的道路上。

图 5-22　典型的动态限速值显示

10) 变化限速值(Variable Speed Limits)

变化限速值(Variable Speed Limits)道路交通工程领域常以 VSL 称之。VSL 属于主动交通管理(Active Traffic Management,简称 ATM)领域中的一部分,前述动态限速也是 VSL 其中一种,根据道路网车流状况而适时调整限速值,同时兼顾安全与车流顺畅。凡 VSL 布设皆须配套数量不少的电子检测设备,例如:

①VD:车辆检测器(Vehicle Detector)。
②CCTV:闭路电视(Closed Circuit Television)。
③CMS:可变信息板(Changeable Message Sign)。
④AVI:车牌辨识系统(Auto Vehicle Identifier)。
⑤VI:能见度检测器(Visibility Indicator)。
⑥RD:雨量检测器(Rain Detector)。
⑦WD:风力检测器(Wind Detector)。

建构 ATM 的相关设施所需经费不小,后续的养护维修量大,因此通常只用于车流量较大的大城市区域路网。

11) 车种差异化限速(Differential Speed Limits)

指在同一道路上,针对不同车种,制定不同的最大容许运行速度。通常针对小型车限定一个最大限速值,而对大型车设定一个比小型车限速值低的最大可运行速度值,如图 5-23 所示。

图 5-23　典型的车种差异化限速标志

12) 限速区间(Speed Zone)

经过严谨的工程研究,在一条已有法定限速的道路的某一区间可制定适合此区间的限速值,道路交通工程界也有人称之为 Modified Speed Limit。限速区间应在某一长度以上,依不同规范而稍有不同,且其限速值通常小于该道路的法定限速值。图 5-24 所示乃典型案例。

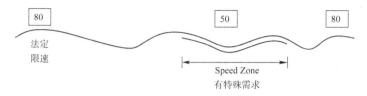

图 5-24 典型的限速区间

(三)执法速度

执法速度(Enforcement Speed)是执法单位(通常是交通管理单位)正式举报驾驶人车速超过限速值的某一速度值,因此执法速度一定大于该道路的法定限速值。如图 5-25 所示,执法速度与法定限速值的差异值在道路交通工程领域中称为"执法容忍区间"(Enforcement Tolerance)。例如某高速公路的公示限速值如为 100km/h,但公路交通警察在民众驾驶速度为 110km/h 以上时才会正式开具罚单。

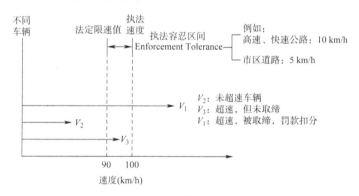

图 5-25 执法速度与超速的关系

各执法单位的执法容忍区间或有差异,全球无一定标准,不过最常见的是高速、快速公路约为 10km/h 左右,而市区与乡区道路则在 5km/h 上下。

(四)超速

"超速"(Speeding)对于一般驾驶人的固有认知为车速过快、"明显"超过法定限速值。事实上,这种认知并不完整。

依据美国国家公路交通安全署 NHTSA(National Highway Traffic Safety Administration),超速的定义为:

"The driver behavior of exceeding the posted speed limit(PSL) or driving too fast for conditions."(超过公示限速值的驾驶行为,或在道路当时环境下的驾驶速度太慢。)

根据欧洲经济合作与发展组织(Organization for Economics Cooperation and Development,简称 OECD)与欧洲运输部长会议(European Conference of Ministers of Transport,简称 ECMT),超速的定义为:

"Speeding encompasses excessive speed (driving above the speed limit) or inappropriate speed(driving too fast for the condition, but within the limits)."[驾驶速度太快(速度超过限速值)或速度不合宜(在道路某环境条件下,即使没有超过限速值,但驾驶速度不合宜)。]

综合前述内容,我们可知"超速"的完整意涵有两大项,即:

(1)驾驶人操控车辆的速度"明显"超过法律规定的法定限速值;

(2)在某些特定道路状况(例如路侧人群众多或车流拥堵时)下,驾驶人操控车辆的运行速度虽在法定限速值之内,但从道路交通安全的观点来看,此运行速度已明显不合理。

道路交通执法单位必须深入了解,治理超速的真正目的在于守护交通安全,降低交通事故伤亡率。此外,交通执法单位尤其应注意,超速执法具有浓厚的艺术性,在未影响道路交通实质安全的前提下,有时可以用劝导、警告代替罚款。且应注意,千万莫让民众认为政府在借助治理超速"抢钱",这明显有碍政府形象。

判断道路的限速值制定是否合理必须经过长期观察,且必须有大量交通数据支撑,以完整的工程研究(Engineering Study)作后盾,且制定限速值的逻辑可能无法放诸四海而皆准。以图 5-26 所示为例,瑞典为了推动道路交通零死亡愿景(Vision Zero),其制定限速值的指导思想也跟着年代背景改变,由最早期以速度为准则演变至 20 世纪 90 年代以伤亡的准则。

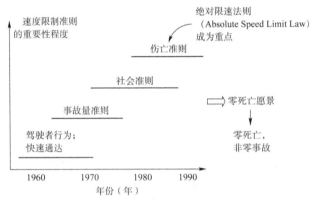

图 5-26 瑞典限速制定准则的演进

要治理车辆的超速,必须理解不同车种的超速思维,即不同车种可能的超速动机不同,如发生事故,其严重程度也截然不同,尤其应该注意营业用大型车的经营环境。世界卫生组织 WHO(World Health Organization)的研究报告《速度管理》(Speed Management)中明确指出:

"Commercial drivers pressured to speed and race."(商用车驾驶员被迫超速或竞速。)

指营业商用车的驾驶员可能为了增加个人收入而不自觉地超载又超速,其原因可能有人性深处的自私性,不过政府相关主管部门应从社会稳定、交通安全及人性特质各层面关注,充分了解运输企业的经营环境是否与道路交通安全的原理背离。

七、速度管理

速度管理(Speed Management)是道路完工通车后,道路交通主管部门必须严肃面对的重点工作之一。顾名思义,速度管理就是针对该道路或路网全线车流呈现复杂多变的速度环境进行系统化的专业化管理。

(一)速度管理的初步认知

由前述各章节描述,读者应已有翔实的认知,道路交通工程与管理的主体领域有"人""车""路""环境"四大主轴。

(1)"人":重点在于人因(Human Factors)与驾驶任务(Driving Task)。

(2)"车":传统车辆工程原理与近20年来世界各国大力投入研发的ITS车辆科技辅助系统,其中,ITS为Intelligent Transportation System(智能交通系统)的简称。

(3)"路":道路交通工程的规划设计必须有可依循的道路交通安全相关规范、准则、手册等。例如,以美国道路系统为例:

①道路几何设计可依循AASHTO绿皮书(《公路与城市道路几何设计政策》);

②交通控制工作可依循MUTCD(《统一交通控制设施手册》);

③路侧安全设计可参考"Roadside Design Guide"(《路侧设计指南》);

④道路容量分析可参照"Highway Capacity Manual"(《道路容量手册》);

⑤安全相关细节可参酌"Highway Safety Manual"(《道路安全手册》)。

(4)"环境":有四大方面,即执法环境、速度环境、驾驶环境与养护施工环境。

本节即将详述的"速度管理"为前述"环境"领域中的"执法环境""速度环境"及"驾驶环境"的综合。

道路网系统的速度管理是一个内容极宽广且专业度极高的领域,"速度管理"是一个统称,道路交通主管部门、执法单位可依其特定需求目标而将其细分为各特定议题,例如:

①传统道路网的速度管理策略;

②都会区路网的速度管理策略;

③乡区双车道的速度管理策略;

④山区道路、连续长下坡路段的速度管理;

⑤长隧道与隧道群的速度管理;

⑥高速、快速公路的匝道调节控制(Ramp Metering);

⑦针对天候异常情况的速度管理策略;

⑧速度管理数据库的构建与分析;

⑨交通宁静(Traffic Calming)区域的规划、设计;

⑩事故多发路段的速度管理策略;

⑪速度管理与零死亡愿景(Zero Death Vision)的关联性研究。

限于篇幅,本部分仅针对道路交通管理与执法单位应深入了解的重要内容进行系统化详述,不过因速度管理内涵极丰富,无法深入探讨上述各大议题的核心。

(二)为何必须进行速度管理?

道路完工通车后,为何必须进行速度管理?其原因可归纳如下:

(1)道路完工通车后的各种速度表现,即速度环境(Speed Environment)可能与当初设计时的预期有明显的差异。在设计时,各种交通工程设施皆是依据预期运行速度(Anticipated Operating Speed)而设计的,而此预期运行速度不见得符合道路完工通车后的实际状况。

(2) 在设计时预设的道路限速值不见得合理,诚如 AASHTO 绿皮书所言:"在设计过程中不一定知道速度限制。此外,应对已确定的速度限制进行审查与修正。"(Speed limits are not necessarily known during the design process. In addition, established speed limits are subjected to review and revision.)设计时预设的限速值是基于预期运行速度,在道路完工通车后必须通过速度管理工作验证,如有不符,甚至必须进行大规模修正。这就是 AASHTO 绿皮书强调的"Review and Revision"(审查与修正)。

(3) 道路是长距离的实体构造物,沿途的驾驶环境也不同,由于时空环境变化特性(含气候变化或其他异常状况),相对应的合宜运行速度也不同。因此,为保障道路交通安全,同时保障道路的易行性(Mobility)与运输效率(Efficiency),必须对道路系统进行速度管理。

如图 5-27 所示为典型的速度管理案例,沿某道路,由于环境、道路几何线形的变化,车辆的合宜运行速度不同,限速值自然不同。例如临近学校区、施工区等皆应提示、警告驾驶人,运行速度不可超过限速值。

图 5-27 道路沿线的各种限速变化值

综合前述内容,速度管理的定义可综合表述如下:

为保障道路交通安全,维持和谐有序的驾驶环境,同时兼顾道路的运输效能,在国家制定的法律、法规框架下,沿道路行进方向给予驾驶人合宜的强制性、警告性、提示性、建议性等各种信息。

我们必须注意,在生活区或特定地区的"交通宁静"(Traffic Calming)计划中,除了工程设施面与相关城乡规划配套之外,速度管理也是主要工作范畴之一。

由以上叙述可知,速度管理的完整内容涵盖法律、法规、监控、监测、管理及工程设施等多层面,工作内容非常广。

速度管理在部分发达国家和地区已被定位为道路交通管理的重点工作事项,尤其是高速、快速公路系统与车流量较大的大城市区路网。其终极目的在于增进道路交通的实质安全(Substantive Safety),同时兼顾道路的易行性(Mobility)。诚如欧洲道路安全观察组织(European Road Safety Observatory,简称 ERSO)的《速度与速度管理》(Speed and Speed Management)研究报告所言:

"Speed management principles and techniques can be applied to clarify and unify the information being provided to drivers and to balance safety and mobility objectives."(速度管理原则和技术可用于厘清和统一提供给驾驶人的信息,并平衡安全性和易行性。)

(三)速度管理的主要工作内容

1. 速度管理的工作进程

如图 5-28 所示是道路交通工程与管理领域中,速度管理的工作进程,由此图中可清楚看出,速度管理的真正工作是从道路完工通车后才正式开展,不过早在道路规划设计时便必须预先做好翔实的前置准备工作,例如拟定如何在道路沿线某地点安装何种形式的调查、检测、监控设备等细节。

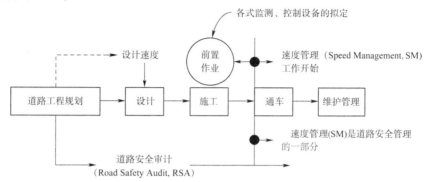

图 5-28 速度管理的工作进程

前述图 5-28 中:

(1) RSA = Road Safety Audit = 道路安全评价(估)、审计。

RSA 也有人称为 Road Safety Check(简称 RSC),或 Road Safety Inspections(简称 RSI),但是,道路交通工程界绝大部分人都采用 RSA 的名称。RSA 在道路交通工程的整个生命周期中都可适时介入,其主要目的在于随时纠错,避免任何错误被无意隐藏,以增强道路实质安全性。不过应注意,RSA 的团队成员必须是专业背景极深厚的第三方公正人士,须站在确保公众安全的角度开展工作。

(2) RSM = Road Safety Management = 道路安全管理。

道路交通主管部门对其辖区内的道路安全采用的严谨且全面的配套管理作法,皆可以 RSM 统称,而速度管理是 RSM 系统中应进行的工作重点之一。RSM 系统在世界各国中并无标准流程与做法,依各国的国情而异,不过追求道路交通安全应是共同目标。

如图 5-28 所示,我们应清楚了解,道路完工通车后须立即开展速度管理的工作,且必须长期持续,不可中断,其主要原因在于道路各式相关环境(含速度环境)随时空变化而不断变化。当然,笔者必须强调,理论上,任何道路完工通车后都必须有速度管理的工作,不过依道路等级、路网规格、服务质量的不同,速度管理的工作内容也差异极大,因此道路交通工程主管部门与执法单位应自有规划。

2. 速度管理必须收集的重要信息

如图 5-29 所示为道路交通规划设计时的设计速度与道路完工通车后的速度管理,两者之间具有不可分割的关系。

单一重要道路或路网的速度管理工作中必须进行的信息收集工作极为广泛,不过其中最重要的可归纳如下。

1) 各种速度相关信息

此处所谓的"各种速度相关信息"为图 5-29 中右侧所示的各种速度,即道路完工通车后,道路上车流的各种速度表征或现象,即前述已提及的"速度环境"(Speed Environment)。

依道路交通主管部门对速度管理的重视程度而异,各种速度相关信息的收集、分析、整理与利用的力度也差别很大,这与道路交通主管部门本身对道路交通安全的定位与投入经费多寡有关。

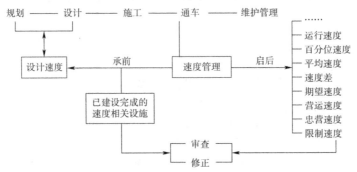

图 5-29　道路的速度管理与设计速度的关联

在道路系统的速度管理领域中,想要充分掌握完整的各种速度相关信息,必须在信息科技(Information Technology)的基础上建构公路数据管理(Highway Data Management,简称HDM)架构,对收集到的速度相关信息进行有效的分类、分析、统计、汇整、绘图,经过交通工程与管理专业人员的详细研讨后方可作为交通管理的决策依据。当然,笔者必须强调,HDM只是一种道路交通相关信息整合的应用概念,国际上并无一成不变的标准或流程。不同道路交通主管部门应依自身需求而建构 HDM 系统。

笔者也必须提醒读者,想要建构具有实用性的 HDM 系统,必须由深谙交通工程与管理的专业人员为主,辅以信息科技及其他相关专业领域的人员,形成专业的团队,才有可能达到目的。

2)与速度相关的事故(Speed-Related Crash)信息

造成道路交通事故的原因很多,不过将此议题核心缩小,与车辆速度相关的事故因素可归纳为以下两大区块:

(1)超速(Speeding):针对单一车辆。执法单位针对事故、超速等相关信息的采集必须与道路交通主管部门建构的 HDM 系统相联系,必须整合信息。

(2)速差(Speed Deviation):针对车流间不同形式的车辆。这种所谓的"速差"可分为相邻不同车辆或不同车种间的"车-车"速差与"车-路"之间的速度差不合宜现象。"车-路"互制的问题可通过工程设计手段解决,例如高速、快速公路的加速、减速车道及不同设计速度区段间的渐变段等。因此"速差"重点考虑车流间的不同车辆,尤其是大、小型车。

3)针对弱势道路使用者的调查

不论是新建还是既有路网,随着土地可达性的增加、商业活动开展、住宅小区开发等人类相关活动都会越来越密集,这些状况在道路当初规划设计时无法完全预料到,或者可预料到但准确性可能不高,因此必须对弱势道路使用者等进行调查、分析、整理,并拟定相关对策。

4)其他相关信息的采集

(1)交通警察对事故当事人采集的笔录:重点在于尝试了解事故发生时驾驶人的行为,并尝试了解是否有道路交通工程相关设施误导驾驶人的可能性。

(2)事故原因的分析与统整:如与超速、速差相关的应特别标记。

(3)路侧物理特性的变化性调查:例如主干线旁侧有新小区建成,民众对该主干线的利用程度必趋增加。

(4)道路沿线及邻近区域大型活动的调查:有大型活动就会有车流、人流增加的可能性,因此事先应有速度管理的相对配套措施。

(四)限速值的验证与重新制定

道路完工通车后,进行的速度管理工作中,针对限速值而言必须考虑两大重点:

(1)确认设计时预先设定的限速值是否合理;

(2)如设计时预设的限速值不合理,应如何制定新的合宜限速值。

1. 设计时预设限速值的确认

如前所述,道路在设计时必有一个根据设计速度而衍生的预期运行速度,这个预期运行速度值是设计者的主观认定值,作为道路交通工程相关设计的依据,不过此默认值是否合宜必须以速度管理的手段进行确认,这就是 AASHTO 绿皮书中强调的"Review"(审查)。

检核道路设计时的预设限速值是否合理,可根据多个相关数据判断。

1)判断超速的严重程度

依道路形态,定义低阶超速(Low-Level Speeding)、中阶超速(Medium-Level Speeding)与高阶超速(High-Level Speeding)。

低阶超速指速度值仅稍大于限速值,例如针对高速、快速公路而言,速度值高于限速值的量在 5km/h 之内可定义为低阶超速。同理,可定义 5~10km/h 为中阶超速,而大于 10km/h 则可定义为高阶超速。

然后,针对某一长路段或特定地段,由平时的速度监测信息便可建立如图 5-30 所示的超速车辆散点图。如绝大部分的超速均为低阶超速,代表设定的限速值尚属合理。同理,如大部分的超速为中阶超速,代表设定的限速值或应进行些微调升。如大部分超速均为高阶超速,极有可能代表设定的限速值不合理,必须准备进行更严谨的工程研究,决定是否要将原限速值明显提升,例如提升 10km/h。

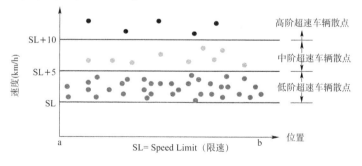

图 5-30 a—b 路段超速车辆散点示意图

在此,笔者必须强调,低阶、中阶、高阶超速的定义并未统一,以 3km/h、6km/h 或 4km/h、8km/h 或 5km/h、10km/h 哪个为分界更好并无唯一标准,但高速、快速公路应稍大于其他道路系统,这毋庸置疑。举例而言,在城市地区超速 10km/h,对车流运输与安全的影响一定明显大于高速、快速公路,其背后的原因为"速差现象"。

2)估算低阶超速车辆占所有车辆数的比例

低阶超速车辆或许对整体车流稳定性的影响甚微,对道路交通安全的威胁也可能微不足道,不过当低阶超速车辆数占所有量测车辆总数的比例在某一数值(例如10%)以上时,这种现象也值得深思,其原因如下:

①绝大部分驾驶人都能为了避免受罚扣分、损及个人利益,而控制车速不超过限速值;

②低阶超速车辆数的比例如果很低,可能是驾驶人短暂分心(Distraction)的无心过失,这样无伤大雅;

③低阶超速车辆数的比例如果很高,道路交通主管部门就应思考,该道路的限速值是否明显低于驾驶人的期望速度。当然,比例应为何值才算高?这可能就见仁见智了。

如图5-31所示,分析"低阶超速车辆数/所有量测车辆总数"的比例,定义5%为"警戒值",10%为"行动值",如果长期显示的结果皆为量测值a,即低于警戒值,这种现象意味着原限速值尚属可以接受。反之,如果长期显示的结果靠近量测值b(即介于警戒值与行动值之间)或量测值c(即大于行动值),这代表有必要重新检核原限速值。

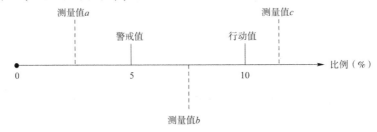

图5-31　低阶超速车辆比例的警戒值与行动值的概念

3)检核超速车辆的事故信息

利用事故统计分析结果,检核事故原因与超速是否有直接关联性。超速车辆如未发生事故,这种超速可单纯归类为驾驶人的个人不良驾驶行为。不过,当超速车辆数在交通事故中占明显比例时,道路交通主管部门便应特别谨慎,尝试更深入地收集多方数据,检核超速是否为突出的道路交通安全隐患。

2.限速值的修正与制定

在道路系统的速度管理工作中,如决定必须确定新的限速值,应严谨思考以下4个重点:

(1)如何建立符合安全要求且可为社会大众认可的限速值,这就是道路交通工程界熟知的安全可信限速(Safe and Credible Speed Limit,简称SCSL);

(2)如何将此限速值的信息正确传输给驾驶人;

(3)道路交通工程设施的相关配套措施;

(4)执法的相关配套措施。

被绝大部分驾驶人认可、值得信赖、驾驶人均无异议的限速值在道路交通工程界通常称为可信限速(Credible Speed Limit),其有两大重点,即:

(1)从行车安全的角度:该限速值在正常道路交通条件与交通控制状况下,可代表的最大且合理的车辆运行速度值。(Speed limits should reflect the maximum reasonable speed for normal conditions.)

(2)从人因理论的角度:此限速值应被绝大部分驾驶人认可,无争议空间。(Speed limits should be accepted as reasonable by most drivers.)

依速度管理工作的结果,新制定的限速值与原限速值比较,可能上升或下降。从驾驶人的角度而言,下降较易引致驾驶人反感,因此道路交通主管部门应谨慎为之,下调限速值必须有专业评估且必须有完整的数据作为支撑。此外,如确定必须下调限速值,最好有一段过渡期,例如3个月至6个月,以各类媒体告知民众,让驾驶人提前适应。尤其应注意,切勿今日不声不响下调限速,明日立即开罚扣分,这样会无端制造大量民怨。

反之,提高限速值可能广受驾驶人欢迎,不过道路交通主管部门应以行车安全为主,道路易行性为辅,进行长期、翔实的交通工程研究,才可做最后决定,绝不可为迎合民众而任意提高限速值。道路交通主管部门如有翔实的速度管理成果与数据,辅以严谨的交通工程研究,即使在强烈的民意压力之下,道路主管部门也应可以据理说明既有限速值不宜贸然上调的原因。

3. 标靶速度

制定限速值的终极目标在于设法找寻标靶速度(Target Speed)。标靶速度可解释为:在不同路段,自由车流或稳定车流情况下,最符合行车安全条件,且最符合易行性(Mobility)要求的驾驶速度,故交通工程界也有人称之为 Desired Operating Speed 或 Target Operating Speed。标靶速度的原理固然正确,但在工程实务上的可操作性很差,因标靶速度过于理想化,故道路交通工程相关规范、手册、准则几乎无人以标靶速度作为制定限速值的目标。

制定合理道路限速值,无一成不变的标准可循,重点在前述提及的安全可信限速(SCSL)。SCSL的设定可依循的主要准则很多,不过以道路设计速度(V_d)衍生的85百分位速度(V_{85})为基准考虑点是最常见的,尤其是高速、快速公路。但我们必须注意下列各重点,即:

(1)V_d 与 V_{85} 的关系:绝大部分高速、快速公路皆有 $V_{85} < V_d$ 的特性,但对较低等级道路而言,$V_{85} > V_d$ 的情况也很常见,如图5-32所示。因此必须有速度管理长期工作方可得知。

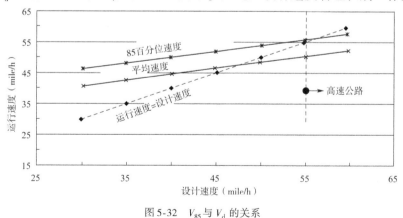

图5-32 V_{85} 与 V_d 的关系

(2)由道路交通工程原理而言,$V_{85} \neq 0.85V_d$,但对绝大部分的高速、快速公路而言,V_{85} 的值必然在 $0.85V_d$ 附近。

除参考前述的 V_{85} 之外,决定合理限速值时,下列诸项也应一并考虑:

①路侧发展状况(Roadside Development);

②事故记录(Crash History, Accident Experience);
③步距速度(Pace Speed),例如15km/h 步距或10mile/h 步距;
④道路几何线形(Roadway Geometrics);
⑤试运行速度平均值(Average Test Run Speed);
⑥行人流量(Pedestrian Volumes)。

如表5-2所示为美国的典型案例,由此表可清楚看出,V_{85}确定是决定速限值的主要依据,不过也应参考其他项目。

决定路段限速值的主要参考因素　　　　　表5-2

因素	影响因素考量权重	
	州政府道路主管部门	地方道路主管部门
85百分位速度	100	86
路侧发展情况	85	77
事故情况	79	81
10mile/h 步距速度	67	34
道路线形	67	57
试运行速度平均值	52	34
行人流量	40	50

表5-2中的试运行速度平均值(Average Test Run Speed)指利用实车在该道路上来回测试,以一合理的自由流车速通过研究路段,记录速度数据,并综合在该路段上采集到的其他车辆速度,作综合判定。不过应注意进行试跑的人数须合理,5~7人应属合理,7人以上更佳。当然,实车试运行的做法无法应用于设计中的道路,不过针对既有道路限速值的检核或修正是一个极为实用的方法。

基于合理限速值制定的困难度,美国的 MUTCD 建议,公示限速值(Posted Speed Limit, PSL)的最佳取值应为,在自由车流前提下,落在V_{85}的 ± 5mile/h(约合8km/h)之间,如图5-33所示。

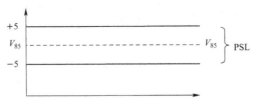

图5-33　MUTCD 对 PSL 的建议

如图5-34所示是针对新设计道路,依前述第四章的8阶道路交通功能,其可能的设计速度、预期V_{85}及可考虑的初始 PSL。当然,预期V_{85}与初始 PSL 可能无法与道路完工后的实际状况相匹配,故仍须对速度管理的工作成果进行审查(Review)或重新修正(Revision)。

(五)特殊状况下的交通管理辅助工作

特殊状况有些可预期,有些则完全不可预期,泛指下列情境,即:
(1)道路交通状况与平日有明显差别,且车流量大许多,例如连续多日的长假期;

(2) 因举办大型活动,例如举办国际赛事,预期车流量在某些时段或路段会特别高;
(3) 天候异常且明显影响行车安全时,例如暴风、暴雨、暴雪时;
(4) 某地点发生严重交通事故,且短时间内无法清理现场时。

图 5-34　设计速度、预期 V_{85}、PSL 的大致参考范围

对特殊状况的掌握与及时处置是速度管理的重点工作之一。为应对特殊状况,除平日正常的交通控制之外,诸如图 5-35 与图 5-36 的特殊设施(车流状态显示标志、路径导引标志、匝道信号控制设施等)与警力补充配置都必须事先布设妥当,以备不时之需。

图 5-35　车流状态显示标志

可变信息板

路径导引标志

匝道信号控制设施

图 5-36　特殊辅助交控设施

我们必须注意,针对特殊状况而配置的各特殊交通控制设施在平日可不开启,道路交通主管部门与执法单位应有细致的速度管理工作,决定何时何地应开启或关闭。

道路交通主管部门应该注意,遇特殊状况、交通拥堵时,道路上会有交通需求转移(Shift

of Demand)至他处的可能,即驾驶人为了逃避拥堵而临时改变行车路径转向至其他道路,车流可能由拥堵处转移至他处,因此,特殊状况下的应变可能由路段进而扩及路网。

结合前述第四章的8阶道路交通功能,如图5-37所示,可清楚看出,速度管理的工作重点依道路属性而有所差别。而需要进行特殊状况辅助工作的,通常是长距离道路与大城市路网。

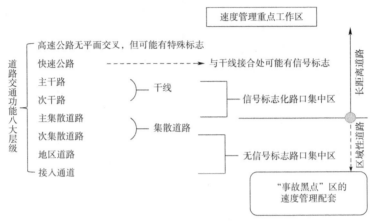

图5-37 不同层级道路的速度管理工作重点

八、速度差理论

(一)基本认知

道路交通的事故风险理论(Crash Risk Theory)是一个极专业的领域,它可以利用各种有效的统计、概率数据而分别应用于道路上的路段、路口、交织段、汇流区、分流区、圆环区等不同区域。

在速度管理领域中,与事故风险理论关系最大的莫过于速度差理论,即道路交通工程界熟知的Speed Variance Theory或Speed Deviation Theory。

单一车辆超速不见得有安全隐患,依超速程度与道路形态而异。不过,同一道路上的车流,同一道路区段前后左右不同相邻车辆的相对速度差,即某车辆的运行速度与车流平均行车速度之差,对道路交通安全的威胁却极为明显。

速度管理领域中的速度差值应由平日速度量测值综合分析、整理、分类、统计,长期论证方可得知,而且必须顾及以下各大层面,即:

(1)同一车道的前后车速差;
(2)不同车型车辆的速度差,尤其应注意大、小型车之间的速度差;
(3)同一道路不同路段的速度差,尤其应注意直线段与曲线段的速度差;
(4)同一道路同车种的最高、最低速度差;
(5)同一路段不同车型在不同车道的速度差;
(6)两不同道路交接处的速度差。

分析道路交通事故与速度差的因果关系,是速度管理领域的重要工作之一,特别是对于高速、快速公路本身及其与主次干线交会处。参考图 5-37,道路交通功能位阶越高,则道路交通主管部门或执法单位针对"速度差"的用心程度应越高。

典型的速度差理论与事故率间的关系是 1964 年所罗门(Solomon)提出的所罗门曲线,即道路交通工程界熟知的 Solomon Curve,参考图 5-38 与图 5-39 所示。必须注意,研读这些曲线时应有下列数项重点思维,即:

(1)在同一路段,同一时间车流的前提下,车辆速度差是构成事故风险的重要因素之一;

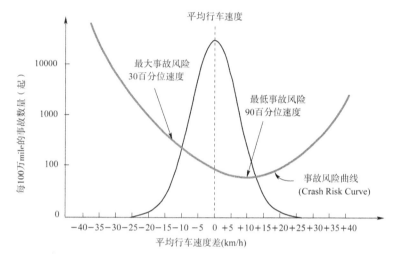

图 5-38 所罗门曲线(Solomon Curve)

(2)该曲线只适用于一定距离以上的连续性车流(无阻断性车流)路段,其中以高速、快速公路的基本路段为最典型的代表;

(3)不适用于阻断性车流,例如有交叉路口的道路;

(4)未考虑行人、自行车等弱势用路人;

(5)所罗门曲线仅针对同一车道内的速度差现象,并未考虑多车道时的车流变化现象,例如变换车道造成的影响。

由前述图 5-38 与图 5-39 所示,速度差理论与事故风险的关系可以一句话总结,即:"Larger Speed differences indicate more accidents."(速差越大事故越多。)这句话的意思是,车辆运行速度与车流的平均行车速度差值越大,则事故风险越高。而最安全的运行速度应比车流平均行车速度稍高一些。

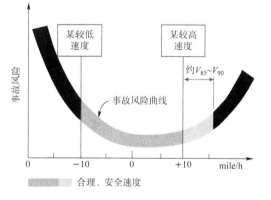

图 5-39 由所罗门曲线判定合理安全行车速度

如图 5-40 所示为参考文献[23-26]中数位作者针对市区、乡区道路的速度差与事故率关系的研究,其结果与 Soloman 的研究相同,即速度差越大,则事故率必越高。图 5-38 至图 5-40 的曲线形式在道路交通安全领域通称为"U-Curve Speed-Accident Relationship"(速度-事故 U 形曲线)。图 5-40 中,市区道路的事故率较高,其主因在于市区道路的转向交通量较大。

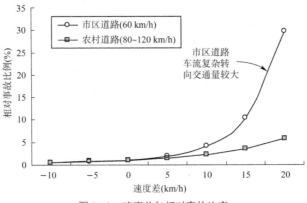

图 5-40 速度差与相对事故比率

(二)速度与事故风险

车辆运行速度与道路交通事故的相互关系可从如下 3 个层面分别探讨。

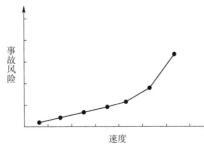

图 5-41 速度与事故风险的相互关系

(1)绝大部分的道路交通事故与车辆速度有关,即发生事故前的瞬间,绝大部分车辆处于运动状态,此乃不争的事实。车辆速度与事故概率(Accident Probability)之间是否存在某种特殊关系在道路交通安全领域中尚无定论,毋庸置疑的是,车速越高,则事故风险(Accident Risk,Crash Risk)越高,其概念如图 5-41 所示。其主要原因有二,即:

①车辆速度越快,遇到事先毫无预期的突发状况时,驾驶人需要越长的认知、反应时间(Perception-Reaction Time,简称 PRT)才有可能掌握状况而采取合宜的驾驶任务;

②车辆速度越快,遇到紧急状况需要的制动停车距离(Braking Distance)也越长,如图 5-42 所示,这是物理定律,无可争议。

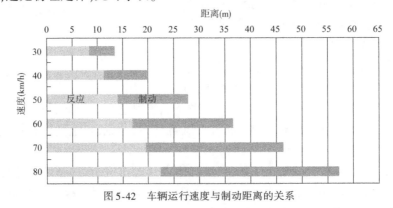

图 5-42 车辆运行速度与制动距离的关系

(2)车辆速度与事故严重性之间的关系:当事故发生时,撞击速度越大,则事故严重性越大,这是撞击动能(Principle of Kinetic Energy)的原理,如前所述,撞击能量与速度平方成正比,这也无可争议。

(3)车流中不同车辆的速度分布。

车辆速度差现象发生在不同车道尚属正常现象,如靠左车道的车辆以较高速度超越其右侧车道的较慢速车辆。不过当车流中同一车道前后车辆速度差较大时,则原来正常运行的车流便会瞬间出现以下两大现象,即:

①速度混扰(Speed Disturbance);
②换道扰流(Lane-Changing Turbulence)。

上述两种现象通常会同时出现,如图5-43的示意,前方大型车的车速慢,后方小型车的车速较快,小型车接近前方大型车之前便有减速动作,然后伺机加速变换至左侧车道,这两个动作对车道群的整体车流构成速度混扰与换道扰流的双重影响,使整个车道群的车流运输受干扰。

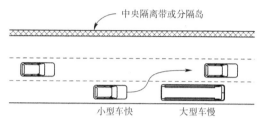

图5-43 车流中的速度混扰与换道扰流现象

针对同一道路的车流,速度混扰与换道扰流的现象越明显,则车辆的速差现象越突出,在无形中增加安全隐患。

(三)限速值改变的影响

由速度管理的长期工作结果便可清楚判定,有些路段可能有改变既有限速值的必要性。不过我们应深入思考,限速值改变后可能的正、负面效应。

如果想要修改既有限速值,提高或降低均有可能,提高限速对道路交通主管部门与执法单位的压力较大,但可能较受民众欢迎。不过无论如何,想要调整既有限速值,必须先完成以下3件工作。

(1)检核事故历史记录。往昔事故记录如为空白或极少,既有限速值易被普遍误认为有提高空间,这点宜加强研究论证,尤其针对高速、快速公路的限速值提高,更应谨慎行事。如前所述,车辆速度越高,事故风险也越高,且一旦发生事故,严重性也越高。

(2)依前述第四章的"道路8阶交通功能",限速值的提高或降低,其思考重点必然集中在较高位阶的道路,例如高速、快速公路或条件容许的主干线。

(3)进行交通工程研究(Traffic Engineering Study)。想要调整限速值必须进行的交通工程研究并无全球标准流程,只是内容仍应以安全为主、以易行性为辅,针对交叉路口较多的道路尤其应谨慎。

道路交通主管部门应该注意,调整限速值之后,应了解V_{50}与V_{85}的前后变化状况,如图5-44与图5-45所示。限速值如提高,理论上,V_{85}的值也可能相对提升,反之,限速值如降低,V_{85}也可能相对下降,不过因地区的交通特性差异,其规律性不见得明显。唯一的验证方法只有通过长期的速度管理分析限速值调整后的效果究竟如何。

限速值调整的另一重点是慎重考虑其调整值,如图5-46所示为文献[22]的研究结果,即为道路交通工程界熟知的"Power Model",指限速值调整后,平均行车速度变化与事故变化率的相互关系,其根源仍离不开"速度差现象"或"速度差理论"。

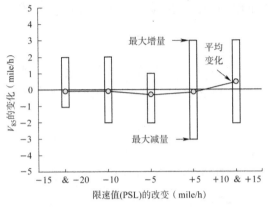

图 5-44 限速值改变对 V_{85} 的可能影响

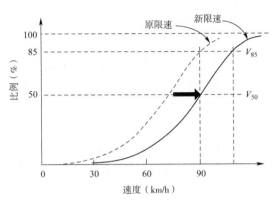

图 5-45 限速值改变前后的 V_{50} 与 V_{85}

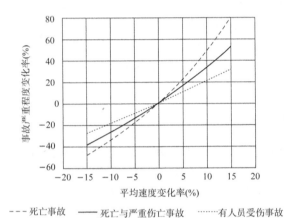

图 5-46 平均速度变化率与事故程度变化率的关系

图 5-47 为文献[27]的研究结果,限速值下降与事故伤残下降百分比之间的关系。由图 5-47 可清楚看出,限速下降值越大,则事故伤残率的下降越多。其主要原因在于,限速值下降后,绝大部分具有理性思维的驾驶人为避免受罚扣分,伤及自身利益,其驾驶速度也将跟着下降。

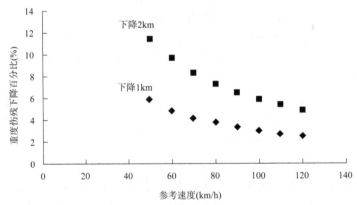

图 5-47 限速值下降与重伤残下降百分比

从道路交通工程原理来说,道路的容许车流运行速度(限速值),即易行性(Mobility)与安全性两者之间必然存在交易现象(Trade-off)。当道路交通主管部门与执法者更注重交通安全而不是道路的易行性或车辆的运行速度时,在有清晰的事故历史记录支撑的情况下,限速值的下降值通常较大,例如邻近住宅区或学校附近,安全性的重要性必远大于易行性。当然,这仍须加强研究论证,进行严谨的交通工程研究(Traffic Engineering Study)方可做最后决定。

不论限速值定得太高还是太低都有"后遗症",这些后遗症可能不会立即有危害,但是日久必定显现。因此,限速值定得是否合理,必须在有速度管理工作翔实记录的前提下,经过长期研究论证方可得知。

如图 5-48 与图 5-49 所示是限速值定得太低(例如远小于 V_{85})可能产生的结果,图中的 PSL 指公示限速值。如图 5-48 所示,执法速度如只稍高于限速值,即执法容忍区间(Enforcement Tolerance)不大,则违规超速的人数一定非常可观。这将造成大量民怨,徒然增加道路交通主管部门与执法单位的负担,对政府形象也不利。反之,如图 5-49 所示,如将执法速度大幅提升,即执法容忍区间加大,虽然被举报违规超速的人数比例降低,但此举似间接鼓励驾驶人超速行驶,势必大伤公权力威信,且有违道路设计时优先考虑交通安全的设计初衷。

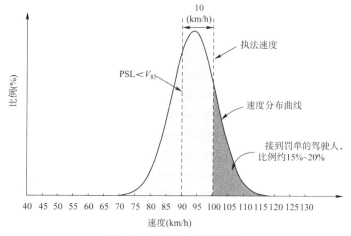

图 5-48 限速值太低的情况(1)

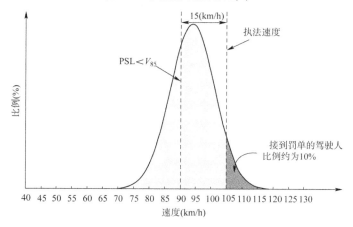

图 5-49 限速值太低的情况(2)

合理的限速值可能无法一次得到,不过针对高速、快速公路与主干线而言,由 V_{85} 开始试行,经长期观察,如有迹象证实该限速值太低,则可以 5km/h 或 10km/h 为单位,渐次提高。

如图 5-50 所示则是限速值定得较合理时,例如定在 $V_{85} \sim V_{95}$ 之间,如搭配合宜的执法速度,便可将违规超速的人数控制在合理的范围内。

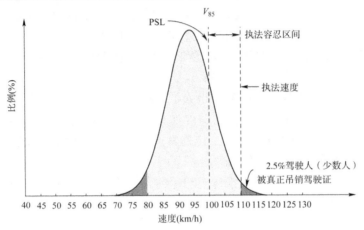

图 5-50　限速值搭配执法速度

执法速度与限速值之间的差值即为执法容忍区间,此区间究竟应取何值,可能见仁见智。但道路交通主管部门与执法单位应特别注意下列事项:

(1)执法速度太接近限速值,即执法容忍区间太小,极易招致民怨,例如只超速 1 ~ 2km/h 即被认为是超速,此举徒增争议;

(2)执法速度大于限速值太多,即执法容忍区间太大,有害公权力的威信,而且有纵容违规、间接鼓励驾驶人超速的嫌疑,对道路交通安全也有间接危害,应慎之再慎;

(3)依不同道路形态,执法容忍区间的速度值也不同,交通功能位阶越高的道路,其原有的限速值越大,则执法容忍区间的速度值必越大;

(4)路段的限速值一旦改变,不论提高或降低,仍应进行区域路网限速区段合理性的检核,不同限速区段之间应有合理的过渡段、渐变段或缓冲区段(Buffer Segment);

(5)不同道路形态的执法容忍区间究竟应为何值,需要道路交通主管部门与执法单位集思广益,以速度管理工作及事故历史记录为基础,长期论证,做智慧决策。

第六章　服务水平、容量与流量

一、概述

驾驶人操控车辆在道路上行进的特性,依道路状况、交通条件与交通控制设施而异。所谓的车流理论(Traffic Flow Theory,亦称 Traffic Flux Theory)即为描述众车辆在不同情境下的流动特性。不过深入了解车流理论之前,必须先行了解"服务水平""容量""流量"等内涵,为进入"车流理论"深水区之前,先行暖身,这也是本章的基本目的。(注:Traffic Flow Theory、Traffic Flux Theory 有时译为"交通流理论",本章称为"车流理论";Highway Capacity 有时译为"道路通行能力",本章称为"道路容量"。)

车流动态虽然复杂,但在正常情况(无事故、无施工等状况)下,车流的运行仍可适度"模型化",因此有必要建立车流理论。这对于道路交通管理或许不见得百分百有效,不过至少仍有大量的正面帮助。诚如美国《公路容量手册》(Highway Capacity Manual,简称 HCM)所言,道路交通规划设计与管理者皆有必要深入了解车流理论,其理由如下,即:

(1) For the design and operation of streets and highways.(公路与城市道路设计和运营的需要。)

(2) Predict performance of traffic on highways.(预测道路上交通运行情况的需要。)

(3) Develop general solutions for the associated traffic problems.(为相关的交通问题制定总体解决方案的需要。)

(4) Minimize and obviate costly field work.(减少和避免费用昂贵的现场工作的需要。)

二、车流的初步认知

(一)车流的地域特性

车流于道路网中具有地域特性,因此,探讨车流时必须先确定车流位于道路网中的何处,例如:

(1) 路段:高速公路基本路段、城市主干线路段、乡区道路路段等。

(2) 交叉路口:信号灯控制或非信号灯控制路口。

(3) 车辆动线交会处:例如出口、入口匝道与主线汇流区(合流区)、分流区、交织区、圆环区等。

在道路网中,不同区位的道路几何线形构型(Geometric Alignment Configuration)、交通控制方案不同,因此其车流特性分析的背景及逻辑也有明显差异。

(二)车流类别

想要了解车流理论的内涵,首先必须清楚地知道,描述车流形态必须具备四大车流参数(Traffic Flow Parameters,简称 Flow Parameters),即:

①速度(Speed);②容量(Capacity);③流量(Volume)或流率(Flow Rate);④密度(Density)。

这四大参数的内涵非常丰富,在本章后续将会详尽说明,在此仅强调四大参数间具有相互制约效应(Interaction Effect),即相互间必互有影响。从数学的角度说,这些参数间具有函数(Function)关系,而此函数可用来描述车流的时空变化特性(Spatio-Ttemporal Features)。

在道路交通规划设计与管理领域中,常见的车流形态有很多种,例如:

(1)微观车流(Microscopic Traffic Flow);
(2)宏观车流(Macroscopic Traffic Flow);
(3)自由车流、自由流(Free Flow);
(4)稳定车流(Steady Flow 或 Stable Flow);
(5)饱和车流(Saturated Flow);
(6)连续流(Continuous Flow);
(7)干扰性车流、阻断性车流(Interrupted Flow);
(8)间断流(Discrete Flow);
(9)高峰车流(Peak Flow);
(10)恒态性车流(Static Flow);
(11)依时性车流(Time-Varying Flow);
(12)强迫性车流(Forced Flow);
(13)拥堵车流(Congested Flow);
(14)等候车辆疏散流(Queue Discharge Flow);
(15)交织流(Weaving Flow);
(16)紊流(Turbulent Flow);
(17)同步流(Synchronized Flow);
(18)反弹性车流(Bound Flow);
(19)转堵车流(Breakdown Flow);
(20)宽移拥堵流(Wide Moving Jam)。

以下将解释上述各种车流的"基本概念"。基于条理分明的连贯性原则,未解释到的内容,将在本章后续及下一章(第七章)中详细说明。

(三)微观、宏观车流

1. 微观车流(Microscopic Traffic Flow)

微观的意义在于强调个别驾驶人的主观感受。因此,微观车流的意义可定义为:描述个别车辆在某时间-空间状态下,驾驶人对当时车流状态的主观认知与感受。

道路交通主管部门或研究单位如针对驾驶人进行道路交通各种状况的满意度调查,其立论的依据便是微观车流。

2. 宏观车流(Macroscopic Traffic Flow)

宏观亦称"巨观",其意义在于强调道路上众车辆形成的总体性车流状态。宏观车流也有人称为"巨观车流",两者名称不同,但意义完全相同。宏观车流可定义为:描述道路上车辆的流率、密度及速度3个参数间的相互关系,观测重点是以某一时间段内或某一路段、区域内的车流总体或平均的车流状态。

前一节中提到4个车流参数,为何此处提及的宏观车流中只有3个车流参数? 其原因后续会清楚解释。

我们必须注意,道路交通主管部门更在意的一定是宏观车流,因为宏观车流的状态,例如延误时间(Delay)长短、拥堵程度等,均直接与出行者整体感受及社会成本的耗损量有关。

(四)自由车流、稳定车流

前述第五章已稍微解释过自由流速度(Free Flow Speed,简称FFS)的意义,顾名思义,与自由流速度对应的车流状态是自由车流,不同车辆之间无车辆互制现象(No Interaction Between Vehicles)。如图6-1所示为典型的自由流速度特征曲线,在某一流量以内,车流平均速度是近乎固定值的自由流速度。不过当流量超过某一值以上,则车流速度必随之下降,此即为自由流速度的转折点(Breakpoint)。

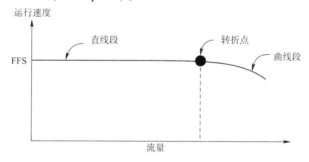

图6-1 典型的自由流速度特征曲线

稳定车流在英文中有两种常见表示,即Stable Flow或Steady Flow。稳定车流的平均速度稍低于自由车流,不过整体车流的运行顺畅,尚无造成拥堵的迹象。不稳定车流则是稳定车流的反义词,是车流进入拥堵状态的前奏。

(五)阻断与无阻断性车流

道路处于正常状况及正常交通控制条件下时,车流可分为无阻断性车流(Uninterrupted Flow),也称无干扰性车流,指车流可持续前进,不受固定延滞(Fixed Delay)阻断且无造成车流被阻断的外部因素,最典型案例为高速、快速公路的基本路段,车流只能依序前行。反之,阻断性车流(Interrupted Flow),也称干扰性车流,指在某交通控制条件下,车辆必须减速、停车或转向,即车流受外部因素阻断,最典型案例为信号灯控制(以下简称"灯控")路口,车辆进入路口前遇红灯,则车辆必须减速制动,于停止线前停车。

基于前述内容,根据车流是否被阻断,道路设施也可分为:

（1）无阻断性设施（Uninterrupted Flow Facilities）；
（2）阻断性设施（Interrupted Flow Facilities）。

如表 6-1 所示为常见以阻断、无阻断性车流为判定基准的各道路设施。

阻断与无阻断性设施　　　　　　　　　　　　　　表 6-1

设施形式	道路设施名称		
	高速、快速公路	一般郊区公路	市区道路
无阻断性设施	基本路段、匝道、交织区段	多车道郊区公路、双车道郊区公路	市区高架道路及匝道、地下道
阻断性设施	人工收费站	—	灯控交叉路口； 无灯控交叉路口； 市区干道； 环岛； 公交车设施； 自行车专用道； 行人交通设施

由表 6-1 可清楚看出，对于无人工收费站、全线皆是电子不停车收费系统（Electric Toll Collection，简称 ETC）的高速、快速公路而言，其全线皆可定位为无阻断性设施。此外，道路的阻断性设施集中在市区道路中人、车密度较高的区域。

我们必须注意，针对无阻断性设施，其重点在于强调此设施中的车流在正常状况下，具有无阻断性车流的特性。例如某高速公路路段拥堵极严重时，此高速公路路段仍属于无阻断设施，因为造成拥堵的成因乃是内在因素（Internal Factor），即车流量太庞大，车辆互制现象（Interaction between Vehicles）严重，与外在因素（External Factor）无关，如本身既已形成的硬件建设、几何线形等外在因素。

（六）恒态性、依时性车流

在观察车流运输的某一时间段内：
（1）如果车流状态保持不变，称为恒态性车流，简称恒态流（Static Flow）；
（2）如果车流状态随时间改变，称为依时性车流，简称依时流（Time-Varying Flow）。
由依时流的定义可清楚了解为何车流状态具有"动态"的特性，即其并非一成不变。

（七）强迫、拥堵车流

强迫车流（Forced Flow）与拥堵车流（Congested Flow）意义类似，不过在车流理论中称为强迫车流比较合宜，因为拥堵是交通流呈现的状况，并非车流形态。强迫车流指驾驶人操控车辆进行其驾驶任务（Driving Task）时已毫无自由感，处于"被强迫"的状态，换言之，车流已明显处于拥堵（Congestion）或超拥堵（Hyper-Congestion）状态，如图 6-2 所示即是典型的超拥堵状态。

道路上同一区域可能有两种完全不同的车流形态出现，如图 6-3 所示，高速公路主线处于自由流或稳定流的形态，而高速公路的出口匝道则出现强迫性车流。

图 6-2　典型的超拥堵状态

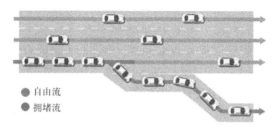

图 6-3　同一区域两种不同车流形态同时存在的例子

(八)饱和车流

"饱和"一词指流量已接近道路容量,因此饱和车流状态下的流量称为饱和流量,对交通需求量(V)、道路供给量(C)而言,其 $V/C \approx 1$。因此,在道路交通规划设计领域中,V/C 的值也可以称为"饱和度"(Degree of Saturation)。

车流状态比饱和车流更佳的可以称为未饱和车流(Undersaturated Flow);反之,车流状态比饱和车流更拥挤的可以称为过饱和车流(Oversaturated Flow)。

(九)连续流、间断流、紊流

连续流(Continuous Flow)、间断流(Discrete Flow)在车流理论中用来描述车流的运动状态。车流如持续保持流动或运行状态则称为连续流,如车流运行一段距离之后停止又行进,这种车流称为间断流。前述无阻断性车流在正常情况下皆为连续流,而阻断性车流受信号灯制约时也可归为间断流。

紊流(Turbulent Flow)并非车流理论中的专业名词,指道路上的交通控制措施已全然失效,驾驶人仅能见机行事、各凭经验进行驾驶,例如某一灯控路口在停电时所有信号灯均失效,无法工作,此时交叉路口的车流状态即为紊流。

(十)交织流

当两车流动线必须共享道路某一长度时便会产生交织车流,简称交织流(Weaving Flow)。典型交织区(Weaving Area)中的交织流如图 6-4 所示。交织流的分析在道路交通工程原理中明显较其他车流种类复杂许多,将在本丛书其他专门章节中再详述。

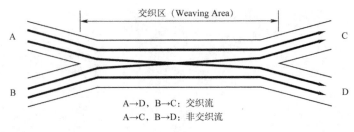

图 6-4 典型的交织区与交织流

三、服务水平

(一)基本思维

道路交通规划设计与管理领域中所谓的"服务水平"(Level of Service,简称 LOS),其基本定义是:道路使用者对道路服务质量(Quality of Service,简称 QOS)的感受。

依据美国 TRB Highway Capacity Manual(HCM,2016),其将道路服务水平分为 6 个位阶,即 A、B、C、D、E、F。其中,A 级最佳,F 级最差。大陆规定的服务水平分为一、二、三、四级。同理,一级最佳,四级最差。不同服务水平时的车流状态也差别甚大,可定性描述如下。

1) LOS A:自由车流

(1)行驶中个别车辆的运行不受其他车辆影响。但仍可能受道路几何线形制约,例如小半径弯道。

(2)驾驶人有高度的行动自由,可以自由加减速、变换车道等。

(3)对驾驶人而言,此乃最佳状况,驾驶任务的困难度极低,可依驾驶人的意志自由选择运行速度。

(4)道路使用者的舒适感最佳。

2) LOS B:稳定车流

(1)行进中,驾驶人已开始注意到其视距、视区内有其他车辆存在。

(2)虽然驾驶人仍可自由选择运行速度,但已开始感受到在车流中的自由度比 LOS A 稍差。

(3)道路使用者的舒适感已比 LOS A 稍差。

3) LOS C:稳定车流

(1)个别车辆的驾驶人开始明显感受到其他车辆的影响。

(2)驾驶人必须慎选驾驶速度,已稍觉约束感。

(3)驾驶人完成驾驶任务的困难度已明显提升。

(4)道路使用者的舒适感已明显下降。

4) LOS D:高密度(Density)但尚较稳定的车流

(1)驾驶速度与移动的自由度已明显受其他车辆限制。

(2)车辆间的互制现象已非常明显。

(3)道路使用者已开始感到不舒适。

5) LOS E:已接近道路设计容量的车流

(1)车流量已极接近道路的设计容量(Design Capacity)。

(2) 车流的速度已降至某一均匀较慢速度,相邻车辆的速度差明显缩小。

(3) 车辆只能跟随车队行进,变换车道的困难度已明显提高。

6) LOS F:强迫性车流

(1) 道路已不堪车流负荷,即饱和度大于1。

(2) 等候车队缓慢排队前进。

(3) 车队呈现"停与进"(Stop and Go)的波浪形前进模式。

(4) 车辆可能在前进一段距离后,突然受困停止。

(5) 驾驶人已几乎无自由意志,处于"被强迫"的状态。

(6) 道路使用者已无舒适感可言。

不同服务水平对应的各种不同交通状况见表6-2,由此表可清楚看出,不同车流状态对应不同服务水平,驾驶人的满意度、舒适感与车辆相互影响程度等均截然不同。

服务水平与其对应的交通状况　　　　　　　　　表6-2

HCM 服务水平	车 流 状 态	舒适程度	平均行车速度	车辆相互影响程度
A	自由车流	最佳	最高	最低
B	稳定车流	↓	↓	↓
C	稳定车流			
D	高密度但尚且稳定的车流(已接近不稳定车流)			
E	已接近或达到公路设计容量的车流(不稳定车流)			
F	已超过公路设计容量的车流(强迫性车流,已拥堵)	恶劣	最低	最高

表6-2中的"车辆相互影响程度",即为道路交通工程与管理领域中常见的"车辆间互制"(Interaction between Vehicles),指驾驶人进行其驾驶任务时会受到其他车辆直接或间接的影响或干扰。如图6-5所示则是某高速公路路段在不同时段呈现的LOS,其主因是内在车流量变化明显,即交通需求量改变而致道路呈现的LOS不同。

图6-5　某高速公路路段于不同时间的LOS

我们应该注意,道路规划设计时建构的几何线形如有瑕疵,例如曲率半径太小或纵坡太大,在道路完工通车后将对该道路的服务水平间接产生影响,如图6-6的示意。

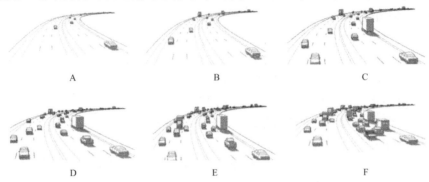

图6-6 几何线形间接影响 LOS 的示意

同时也应该注意,道路几何线形瑕疵导致的不只是 LOS 降低,同时还产生"速度差"带来的潜在安全隐患。

(二)绩效衡量指标、服务质量与 LOS

道路容量分析原理中,绩效衡量指标(Performance Measure)、服务质量(Quality of Service,简称 QOS)与服务水平(Level of Service,简称 LOS)三者具有先后关系,其推演逻辑关系如图6-7所示。针对不同道路设施,必先有绩效衡量指标才可明确其服务质量,最后才能利用容量分析理论鉴别该道路在该状况下的 LOS。

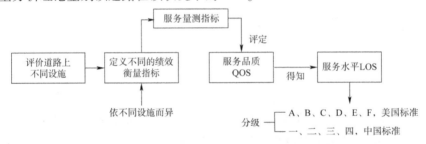

图6-7 服务水平的推演逻辑

由图6-7可清楚看出,不同道路设施必有不同的绩效衡量指标,由这些衡量指标便可得知其服务质量,最后方可求得其相应的 LOS。诚如 TRB HCM 2016 所言:"LOS is simply a quantitative breakdown from transportation user's perspective of transportation QOS."(服务水平只是道路使用者对运输服务质量看法的量化分析。)

不同车流状态下的道路服务水平虽有 A、B、C、D、E、F 共6个层级,但想要确切知晓某道路的服务水平,必须事先确立多项绩效衡量指标,其决定因素含定性及定量两大层面,例如:
①旅行速度与旅行时间;②须等待的时间;③车流密度;④驾驶人花费时间多寡;⑤车流延误状况;⑥道路服务设施的可利用程度;⑦驾驶车辆的自由度;⑧道路服务设施的美观性;⑨驾驶舒适度及方便性;⑩沿途道路信息的清晰程度;⑪行车安全性、潜在危险程度;⑫道路网的合理性。

因此，评估某道路的服务水平时，最好能同时考虑绩效衡量指标中的各因素。不过，由于信息、数据取得不易，且各绩效衡量指标并不见得同时存在，因此决定道路的服务水平时，必须以某些较重要的绩效衡量指标为主，其他次要指标则为辅。

世界各主要国家和地区均有道路容量分析的相关规范、手册或准则等可用来判定 LOS，不过其思维模式、分析方式与评估准则略有差异。表 6-3 ~ 表 6-5 显示了不同道路形态在评定 LOS 时较常用的绩效衡量指标。

道路服务水平的主要绩效衡量指标　　　　　　表 6-3

道路交通设施名称	衡 量 项 目
高速公路	
基本路段	密度，V/C，速度差
匝道路段	流率，V/C
交织区段	平均速度，V/C
一般郊区公路	
多车道郊区公路	密度，V/C
双车道郊区公路	延滞时间百分比，平均旅行速度
市区道路	
非信号灯控制交叉路口	平均每车延误(Delay)
信号灯控制交叉路口	容量，饱和度
市区干道	平均行车速度
公交车设施	负载因子
行人交通设施	空间

LOS 与相对应的 V/C 值（TRB HCM 2016）　　表 6-4

服务水平	V/C 值	前后等级的 V/C 差值
A	$V/C \leq 0.32$	—
B	$0.32 < V/C \leq 0.53$	0.21
C	$0.53 < V/C \leq 0.74$	0.21
D	$0.74 < V/C \leq 0.90$	0.16
E	$0.90 < V/C \leq 1$	0.1
F	$V/C > 1$	—

LOS 与相对应的 V/C 值（台湾地区公路容量手册）　　表 6-5

服务水平	V/C 值	前后等级的 V/C 差值
A	$V/C \leq 0.35$	—
B	$0.35 < V/C \leq 0.60$	0.25
C	$0.60 < V/C \leq 0.85$	0.25
D	$0.85 < V/C \leq 0.95$	0.10
E	$0.95 < V/C \leq 1$	0.05
F	$V/C > 1$	—

道路的 LOS 具有阶梯函数(Step Function)的特性,其理由如下:

(1)道路交通主管部门的领导阶层或决策者可能不具备道路交通管理专业背景,或有此背景但不甚专精,故只需要掌握 6 个位阶的服务水平,便可迅速做出合宜的应对决策。

(2)车流理论必须通过复杂的数值分析方可得知结果,如将分析结果简化成 A、B、C、D、E、F 这 6 个阶层,便可快速得知道路使用者对道路服务质量的直接感受(Traveler-Perceivable Conditions)。

前述两表中,V/C 与 LOS 的关系对应差别极小,不过共同点是凡 $V/C > 1$ 时,必是 LOS F,这毋庸置疑。

(三)设计服务水平

道路在规划设计时必须先行确立的两大设计参数(Design Parameter)有二,即:

(1)设计速度(Design Speed);

(2)设计服务水平(Design LOS,也称 Target LOS)。

如未事先选定这两个设计参数,则后续的设计工作将无法继续。其中选定设计速度重点考虑搭配几何设计的行车安全性,同时符合道路交通功能。而选定设计服务水平则主要考虑兼顾该道路的易行性(Mobility)或运输效能。

如表 6-6 所示乃各式道路于初规划时可考虑选定的设计服务水平,有 LOS B、C、D 这 3 种,在综合衡量预测交通需求量与工程建设经费等各因素后,方可决定选取何种 LOS。

不同道路的设计服务水平 表 6-6

道 路 种 类	地形类别及其服务水平			
	平原区	丘陵区	山岭区	市区
高速公路	B	B	B	C
快速公路 干线道路	B	B	C	C
集散道路	C	C	D	D
地区道路	D	D	D	D

从表 6-6 中,可清楚看出下列重点,即:

(1)针对处于规划设计阶段的道路,可选定的服务水平必是 LOS B、C、D 之一。其主要原因在于我们期望此道路在预测最大交通需求量的前提下,完工通车后的车流绝大部分时间可保持在稳定车流的状态。可参考表 6-2,道路在 LOS B、C、D 3 种服务水平状况下,其对应的车流形态主要为稳定车流,当然,LOS B 已极接近自由流,而 LOS D 则已接近不稳定车流。

(2)道路在规划设计时预先选定的设计服务水平如为 LOS A,代表此道路的设计过于保守,有过度设计的疑虑,即该道路完工通车后,道路空间将有不少时段处于大量闲置状态,形成巨大浪费。同理,设计 LOS 不可能选定 LOS F,因为这意味着此道路完工通车伊始即将经常出现拥堵状况的强迫性车流,这与道路设计的初衷明显不符。

(3)道路规划设计时如预先选定 LOS E,则代表此道路完工通车后,在短时间内将经常出现饱和车流,该道路势必在短期内面临拓宽、改建的命运,这也与公共工程建设的全生命

第六章 服务水平、容量与流量

周期(Life Cycle)长远理念完全不符。

(4)道路的设计服务水平越高,代表所承担的预期交通流量应越大,所以工程建设经费必然相对提升。在经费不足或预期未来交通量会大增的情况下,可先预选次一级的LOS,不过应预留道路两旁的空地,先行以景观植栽处置,待日后想要拓建时便有可利用的空间,这符合道路规划设计时常见的分段施工(Construction Staging)理念。例如,针对尚在发展中的地区,可先以 LOS D 进行设计,待日后交通量明显增加,且建设经费已充足的情况下再进行扩建。

道路在设计时预先设定的 LOS 级别称为设计服务水平,而当道路完工通车后,由于车流量变化导致车流形态跟着变化,其呈现的服务水平可能是 A、B、C、D、E、F 这 6 种之一,这是实际服务水平。实际服务水平变异程度越大,代表车流形态变化的程度越高。因此,设计服务水平与实际服务水平之间并无直接关联性,可参考图6-8。

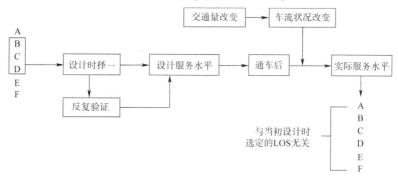

图 6-8 设计服务水平与实际服务水平

例如针对设计服务水平 B、C、D 级的任何道路,在深更半夜时,车流量极稀少,此时的实际服务水平便上升为 A 级。同理,遇到节假日车流量特别庞大、道路上有严重事故或道路上有施工区,此时的实际服务水平可能剧降至 E 或 F 级。

道路的服务水平呈现 E 级时,车流已开始有不稳定的明显迹象,如进一步恶化至 F 级时,代表车流更不稳定,将呈现明显拥堵交通状况(Congested Traffic),甚至超拥堵(Hyper-congestion)状况。造成 LOS F 的原因可能有很多种,例如:

(1)道路上有偶发交通事故,到达事故点的车辆数远多于离开事故点的车辆数,事故越严重或介入事故的车辆数越多,则拥堵长度越长,拥堵时间必越久;

(2)需求量远大于供给量,车流量远超过道路设计容量($V/C>1$),即饱和度大于1;

(3)道路上有故障车辆(Disabled Vehicle)也可能造成道路在短时间内呈现 LOS F 的情况;

(4)道路上有施工区域,大部分车辆快速抵达施工区,而皆缓速经过施工点,致上游产生长距离拥堵。

针对道路的车流呈现 LOS F 的情况,我们可深入思考,道路是否绝不容许 LOS F 存在?答案是否定的。任何一条道路,不论其设计服务水平、设计容量为何,经年累月之下从不出现 LOS F 的情况是绝对不可能的。何况有些突发状况是规划设计时完全无法预期的。因此,针对道路车流 LOS F 的情况,应重点思考以下方面。

（1）LOS F 产生的原因是否合理。

（2）LOS F 发生的频率（Frequency of Congestion）。数周才发生一次与每天发生多次，其原因大不相同，后续影响也差别极大。

（3）LOS F 持续存在的时间长短（Duration of Congestion），极短暂时间的拥堵在很多情境下并无损于道路原先预期的交通功能，对车流运行的影响微不足道。

（4）LOS F 影响的范围（Extension of Congestion）。等候车队短与等候车队很长，代表的意义差别极大。小范围的拥堵无可厚非，但如拥堵易扩散至相邻交叉路口，甚至区域路网，便应深思其中的原因。应以分析道路网结构组成是否合理为基础，然后借助交通工程原理找出病根。

道路在不同 LOS 状况下对应的不同交通情境见表 6-7，由此表可更清楚看出 LOS、交通状况、平均行车速度、车流形态、流量等的明显互制效应（Interaction Effect），即各因素之间皆会互相影响。

不同 LOS 对应的交通情境　　　　　　　　表 6-7

LOS	交通状况	平均行车速度	车流形态	流量
A	不拥堵	高	自由车流	低
B	↓	高	稳定车流	低
C		中		中
D	↓	中	↓	中
E	拥堵	低	饱和车流	高
F	拥堵	低	超饱和车流	高
	↓	↓	↓	
	超拥堵	0	强迫车流	太高

四、容量

想要深入了解车流理论的内涵，必须先明白容量分析（Capacity Analysis）与服务水平（LOS）的相关性。其理由如下：

（1）车流状态极多样化，且具时空变化特性，而道路容量只是车流可能显示的特性之一，其中，当道路呈现 LOS E 时，V/C 值或饱和度值已趋近于 1；

（2）道路规划、设计、运转（Operation）时，某道路设施的服务水平是道路容量分析必须掌握的重点；

（3）服务水平隐含影响各项车流特性的各种因子；

（4）服务水平的评定或鉴别实为道路容量分析的实质含义。

一）初步认知

（一）容量分析的对象

根据美国 TRB HCM 2016，道路容量分析的对象共计有 6 种，如表 6-8 所示。

第六章 服务水平、容量与流量

道路容量分析的 6 种对象 表6-8

分析对象	维度	路网概念	涵盖面
点（Points）	0	最低	最小
路段（Segments）	1	↓	↓
设施（Facilities）	2	↓	↓
廊道（Corridors）	3	↓	↓
区域（Areas）	3	↓	↓
系统（Systems）	3	最高	最大

不过我们必须深入了解，TRB HCM 2016 的容量分析理论偏重在前 3 项，后 3 项则须整合前 3 项的分析结果，之后再进行综合评估。

如表 6-8 中所示，容量分析的最小对象是"点"，最大是"系统"，即由无维度的"点"延伸至线条状的"路段"，然后再扩大至"设施"，之后可扩大至"廊道"，再进阶至"区域"，然后才是整个"系统"，如图 6-9 与图 6-10 所示。

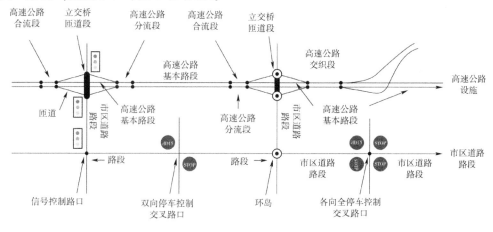

图 6-9 容量分析对象中的点、路段、设施及廊道

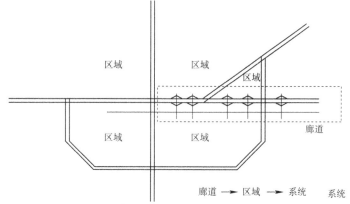

图 6-10 容量分析对象中的廊道、区域与系统

1. 道路容量分析中的"点"(Point)

"点"意指道路容量有明显变化之处,例如:

(1)平面交叉路口;

(2)入口匝道与主线交汇处;

(3)出口匝道与主线分流处;

(4)车道数变化处;

(5)窄桥处;

(6)平坡变急陡纵坡处。

"点"的交通特性、速度环境、车流特性等皆与路段明显不同,故车流运输条件也与路段截然不同,因此,容量分析的理论思维也完全不同。

2. 道路容量分析中的"路段"(Segment)

凡两端有"点",且形成具连续性的一段长度的道路,皆可视为"路段"。依不同道路形态,路段可再细分为以下几种。

(1)高速公路上的5种路段:基本路段(Basic Segment)、汇流路段(Merge Segment)、分流路段(Diverge Segment)、交织路段(Weaving Segment)、重叠路段(Overlap Segment),如图6-11与图6-12所示。

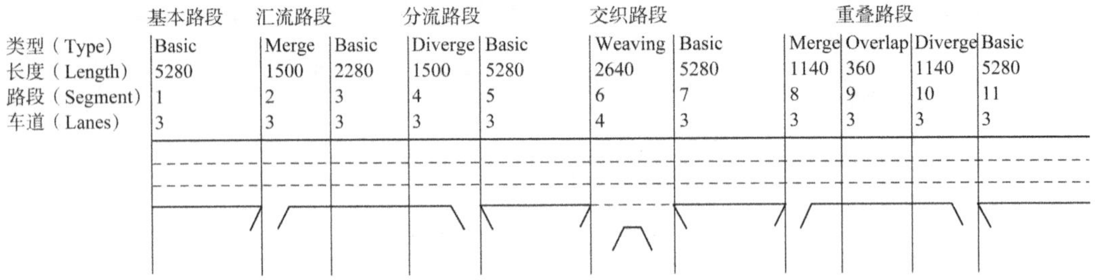

类型(Type)	Basic	Merge	Basic	Diverge	Basic	Weaving	Basic	Merge	Overlap	Diverge	Basic
长度(Length)	5280	1500	2280	1500	5280	2640	5280	1140	360	1140	5280
路段(Segment)	1	2	3	4	5	6	7	8	9	10	11
车道(Lanes)	3	3	3	3	3	4	3	3	3	3	3

图6-11 高速公路5种不同形式的路段

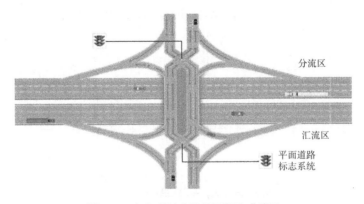

图6-12 高速、快速公路的汇流区、分流区

(2)市区道路路段(Urban Road Segment)。

(3)乡区道路路段(Rural Road Segment)。

3. 道路容量分析中的"设施"(Facility)

道路设施的位阶在"点"与"路段"之上，涵盖所考虑各"点""路段"长度内的各种道路交通工程设施，例如：

(1) 高速、快速公路设施；
(2) 多车道公路设施；
(3) 乡区双车道公路设施；
(4) 市区道路设施；
(5) 行人与自行车设施。

4. 道路容量分析中的"廊道"(Corridor)

凡连通两地之间，具平行特性的所有交通运输设施，皆可称之为"廊道"(Corridor)。例如某一高速公路，旁边为区域性干道[参考图6-13a)]，或例如某一高架快速公路，下方为区域性干道。

廊道提供的运输服务除了传统道路交通服务之外，可能另外包含轨道运输、公交车系统等，如图6-13b)所示。

a)   b)

图 6-13 道路容量分析中典型的廊道

5. 道路容量分析中的"区域"(Area)

某地理范围内，所有不同道路交通设施的共同组合，可归类为"区域"。"区域"的划分并无一成不变的标准，政府主管部门可依需要而专业判定，例如美国佛罗里达州分为4种区域，如图6-14所示。

6. 道路容量分析中的"系统"(System)

涵盖数个不同"区域""廊道"者便可划分为某"系统"。"系统"亦可依据道路交通功能而分为：

(1) 高速公路子系统；
(2) 快速公路子系统；
(3) 干线道路子系统；
(4) 集散道路子系统；
(5) 市区道路子系统；
(6) 乡区道路子系统。

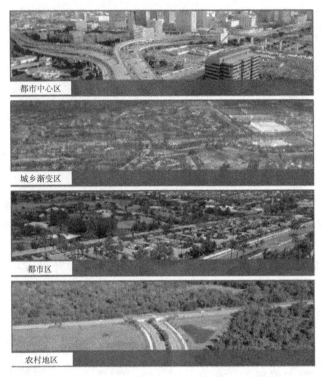

图 6-14 典型的不同区域

(二)容量的基本概念

参考经济学的供需平衡原理(Supply-Demand Balance Theory):道路的容量(Capacity)是供给量(Supply),这个供给量由道路建设部门提供,因道路属公共财产,所以道路容量为政府主管部门提供。交通量(车流量)则是需求量(Demand),这个需求量由道路上所有车辆共同构成,这些车辆的驾驶人互不认识,独立意志进行其驾驶行为,不过其有共同期待,即能安全、舒适,且可快速行驶往目的地方向行进。

道路容量的单位,有以下两大类,即:

(1)针对单一车道:pcu/(h·ln)、pc/(h·ln)、veh/(h·ln)。

(2)针对该道路的所有车道,即车道群:pcu/h、pc/h、veh/h。

前文中,pc 表示一部小汽车(Passenger Car);pcu 表示小汽车当量总数(passenger car unit),见后续详述;h 表示小时(Hour);Veh 表示车辆(Vehicle);ln 表示车道(Lane)。

道路供给量与交通需求量两者之间的不平衡,是道路车流运输的常态,即供给与需求间有不可分割的关系,两者互制,相互影响消长,其与车流形态的关系可概念性地以图 6-15 表示。

$$\frac{需求量}{供给量} = \frac{\text{Volume}}{\text{Capacity}} = \frac{V}{C} \quad \genfrac{}{}{0pt}{}{\xrightarrow{相互牵制}}{\xleftarrow{相互影响}} \quad 车流形态$$

图 6-15 道路供给量、交通需求量与车流形态的关系

想要充分了解道路容量的内涵,首先必须建立下列基本观念。

(1)道路容量绝不是体积,也不是单纯的道路面积。

第六章 服务水平、容量与流量

（2）道路容量的基本定义为：针对某车道或道路车道群，在单位时间内，可持续且合理通过的车辆数或人数。故道路容量具有"动态"（即依时空环境特性而改变）的特质。读者应注意"可持续"及"合理通过"两个重点。所谓"可持续"代表车辆可一辆接一辆依序通过，而"合理通过"含有安全考虑的意味在内。指在既有已知条件下，道路容量值必有某一极限值，不可能无上限。

（3）在所有条件均相同的前提下，道路的车道数越多，则其容量必越大，不过容量并非决定车道数多寡的唯一因素。

（4）任何道路在已知条件（Prevailing Condition）下，其容量大小可视为一已知值或至少为某一近似值，即可利用交通工程相关理论而预知其能够承载的车流量究竟在何范围之内。

（5）针对不同的道路设施，容量分析的逻辑与方法也有差异。

综合前述，道路容量可大致理解为：道路在每单位时间内，可容纳的合理交通流量。

以表6-9为例，假设仅观察一车道，由不同时间长度内通过检测点的所有车辆数，便可粗估此车道的容量。

道路某一车道容量的概念说明　　　　　　　　　　　表6-9

平均车头时距 (s)	每小时通过车辆数 (辆)	驾驶任务困难度	设计容量 [pc/(h·ln)]/评价
1	3600	极高	3600/不合理
1.5	2400	尚可	2400/可能
2	1800	正常	1800/可能
3	1200	正常	1200/低
4	900	低	900/低
5	720	尚低	720/很低
6	600	极低	600/极低

描述至此，我们应该知道，单一车道设计容量如果太高，代表驾驶人进行驾驶任务的困难度太高，安全上有疑虑。如表6-9中，每车道的设计容量3600pc/(h·ln)在道路交通工程实务中不可能存在，即任何车道（即使是高速公路）均不可能承载每小时3600辆小型汽车的超高车流量。反之，每一车道的设计容量如果太低，代表道路空间未被善尽利用，有浪费之嫌，这明显与道路交通工程设计理念不符。因此道路设计容量太高或太低皆属不合理。

参考表6-9，再参考 TRB HCM 2016 的内容：

"Reasonable expectancy is the basis for defining capacity."（合理期望是确定容量的基础。）

此段文字的重点在于"Reasonable expectancy"（合理期望），道路的设计容量应合理且可预期地在交通工程实务中确定，不可能单纯靠想象。

二）PCE 与 pcu

道路交通工程与管理领域中，容量分析或其他很多分析工具皆必须考虑交通流量，但道路上车种非常多，如果考虑每一不同车种，分析方法将极其复杂，不易应用。为简化各分析方法的复杂度，针对小型汽车以外的其他不同车种，可利用小型汽车当量（Passenger Car Equivalent）的观念，将该车种转换成对等的小型汽车数量。依此作法，分析方法将可大为简化。采用此作法的主要原因是小型汽车数量占所有不同车种总数量的最大部分。小型汽车当量,英文名称为 Passenger Car Equivalent,简称 PCE。一辆小型汽车即为1PCE。

针对其他比小型汽车尺度大的车辆,例如货车或大型客车,可利用交通等值因子(Traffic Equivalent Factor)的观念,将大型车转换为大于一辆小型汽车的数值,即大于1PCE,如表6-10所示即为货车与大型客车在多车道道路的 PCE 值。

大型车在多车道道路的 PCE 值　　表6-10

车辆种类	交通指数		
	平原区	丘陵区	山岭区
货车	2	4	8
大型客车	1.6	3	5

由表6-10可知,应用 PCE 观念的交通指派(Traffic Assignment)或前述的交通等值因子,除车辆本身之外,也与地形及区域因素有关。此表中,指平原区一辆货车对道路交通的影响如同2辆小型汽车。同理,丘陵区的大型客车对道路交通的影响相当于3辆小型汽车。

同理,针对比小型汽车尺寸小、机动性大的双轮摩托车,也可经研究分析后,决定合宜的 PCE 值。当然,摩托车的 PCE 值必定小于1,通常在0.3~0.5之间,依不同地区特性而稍有不同。

如果将某道路上各车种数量以 PCE 的概念换算,则其总和便为小型汽车当量总数(Passenger Car Unit,简称 pcu)。

例如某丘陵区的多车道公路,经车流量调查后得知,每小时有小型汽车1000辆、货车30辆、大型客车40辆、摩托车120辆,假设摩托车的 PCE 值为0.3,则其交通量为 $1000 \times 1 + 30 \times 4 + 40 \times 3 + 120 \times 0.3 = 1276$ pcu/h,即此处所有车辆每小时对道路交通的影响可视同1276辆小型汽车。

三)道路容量的种类

道路交通规划设计与管理领域中,常用的道路容量有以下4大类,参考图6-16,即:
①基准容量(Base Capacity);②修正容量(Adjusted Capacity);③实际容量(Actual Capacity);④设计容量(Design Capacity)。

前述4种不同容量中,全部可用于规划设计中的道路,而仅前3者可用于既有道路的容量分析。

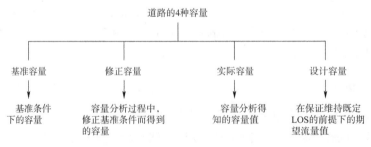

图6-16　道路路段中的4种不同容量

(一)基准容量

由道路容量的定义可知,各道路交通设施的容量均指在目前的道路条件及交通状况下的值(Prevailing Condition),但各种不同道路交通设施均有其不同的道路条件及交通状况。为解决此难题,必须另行定义"基准容量"(Base Capacity)作为容量分析的基础,即在容量分析时,基准容量可视为"初始参照值""初始基准值"。

基准容量指在基准条件(Basic Condition)下的容量。基准条件则是指此道路在"理想"的道路条件及交通状况下。将基准容量定义为在理想的道路条件及交通状况下,其余各道路交通设施的容量,便可依该道路本身"实质"条件与理想条件的差异,掌握该修正的各项影响因子,对基准容量作适当的修正。然后,在进行翔实的容量分析后,方可得知实际容量。各不同容量的相互关系如图6-17所示。

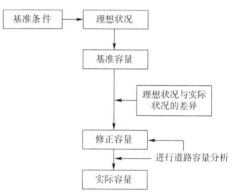

图6-17 基准容量、修正容量与实际容量的关系

道路交通设施的种类非常多样,其基准条件不同,基准容量也不同。例如表6-11中即是各不同公路路段单一车道的基准容量。

不同设计速度的公路路段车道基准容量(TRB HCM 2016)　　　表6-11

路　段	汽车模态	
	设计速度(mile/h)	基准容量[pc/(h·ln)]
高速公路基本路段	70~75	2400
	65	2300
多车道公路	60	2200
	55	2100
乡区双车道公路	—	1700

表6-11中,各不同道路形态的基准容量差异的主要原因是设计速度与基准条件不同。我们必须注意,道路容量分析有数项共同的基准条件或理想状态:①天气状况良好;②路面干燥、铺面良好;③驾驶人对此道路很熟悉;④车流运输正常、无障碍。

除了共同的基准条件之外,其他不同道路设施各有其相对应的基准条件,以无阻断性设施(例如高、快速公路的基本路段,连续流)为例,其相对应的基准条件为:

①车道宽3.75m;
②行车道边线的右侧净距1.75m,左侧净距0.75m;
③多车道公路的设计速度≥100km/h;
④车流中只有小型汽车,无其他车种,车流量以pcu表示;
⑤平原地形;
⑥双车道公路中无禁止超车区段;
⑦无行人、自行车的干扰;

⑧直行车流的运行不受交通控制设施或转弯车辆的影响。

针对阻断性设施(例如交叉路口),其相对应的基准条件为:

①车道宽 3.75m;

②引道(Approach,进路口前的路段)无纵坡;

③引道上无路边停车;

④车流中只有小型汽车;

⑤车流动线完全遵循交通控制的路权分配规则;

⑥车流运输不受行人、自行车的干扰。

在工程实务上,进行容量分析的任何道路设施,其实际条件必不可能与具有理想色彩的基准条件完全相同。世界各主要国家和地区均有道路容量分析手册、指南或规则等,但基于国情差异,针对各不同道路设施的假设基准条件也略有差异。

(二)设计容量

全新道路在设计时必有一个预先选定的 LOS,即 Design LOS 或 Target LOS,同时,此道路必有与设计 LOS 对应的预期设计容量。设计容量指在道路规划设计时,在道路处于理想状况、车流为自由流或稳定流、保持设计 LOS 的前提下,每一车道或车道群(单向)能提供的容量。

(三)修正容量

自由流速度是影响道路实际容量值的众多因素之一。以高速公路基本路段为例,影响自由流速度的外在因素有3个,即:

(1)车道宽度:车道宽度减小,则自由流速度必随之减小,其主要原因是驾驶人的直觉反应,属于人因(Human Factors)的范畴。

(2)侧向净距(Lateral Clearance):侧向净距意指行车道路面边线至外侧障碍物表面(例如路侧护栏)的距离。依行车方向,可分为右侧净距及左侧净距。净距越小,驾驶人的心理压力越大。

(3)匝道密度(Total Ramp Density,简称TRD):由于入口、出口匝道与主线车流的互制现象,匝道密度越高,则主线自由流速度必定越小。一般而言,城市地区高速、快速公路的 TRD 明显比乡村地区高速、快速公路高。

依美国 TRB HCM 2016,高速公路基本路段自由流速度(Free Flow Speed,简称FFS)可依下式估算:

$$FFS = 75.4 - f_{LW} - f_{LC} - 3.22 TRD^{0.84} \tag{6-1}$$

式中:FFS——高速公路基本路段经修正后的实际自由流速度(mile/h);

f_{LW}——车道宽的自由流速度折减值(mile/h),Adjustment for Lane Width;

f_{LC}——含车道数考虑与侧向净距的自由流速度折减值(mile/h),Adjustment for Lateral Clearance;

TRD——匝道密度(条/mile),Total Ramp Density。

表6-12 显示了 TRB HCM 2016 建议的车道宽的自由流速度折减值,从中可清楚看出,当

车道宽小于 12ft(注:1ft 约合 0.3m)时,由于人因(Human Factor)特性,驾驶人操控的车辆车速必下降,当车道宽大于或等于 12ft 时,FFS 便不须折减。

车道宽的自由流速度折减值　　　　　　　　　　　　　　　　　　　表 6-12

车道宽 (ft)	自由流速折减值 f_{LW} (mile/h)
≥12	0.0
≥11~12	1.9
≥10~11	6.6

表 6-13 则是 TRB HCM 2016 建议,依不同车道数,不同右侧向净距针对自由流速度的折减值,净距值越小,则折减值越大。

侧向净距的自由流速度折减值　　　　　　　　　　　　　　　　　　表 6-13

右侧向净距 (ft)	自由流速度折减值 f_{LC} (mile/h)			
	车道			
	2	3	4	≥5
≥6	0.0	0.0	0.0	0.0
5	0.6	0.4	0.2	0.1
4	1.2	0.8	0.4	0.2
3	1.8	1.2	0.6	0.3
2	2.4	1.6	0.8	0.4
1	3.0	2.0	1.0	0.5
0	3.6	2.4	1.2	0.6

如图 6-18 所示为匝道密度对自由流速度的影响,其假设的车道宽 12ft,右侧向净距 6 ft。即在自由流速度不须考虑车道宽与右侧向净距的折减情况下,则式(6-1)便可简化成式(6-2)。

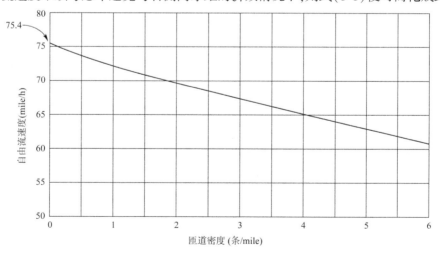

图 6-18　匝道密度对自由流速度的影响

$$FFS = 75.4 - 3.22 TRD^{0.84} \tag{6-2}$$

如图 6-19 所示是高速公路匝道密度对高速公路基本路段基准容量的影响,此考虑与高速公路两座互通式立交桥相邻间距必须在某一长度以上息息相关,即保证高速公路主线车流运输不会受到入口、出口匝道汇流分流区与交织区的影响。换言之,两座互通式立交桥相邻间距与换道扰流(Lane-Changing Turbulence)对主线车流影响程度有直接关联。

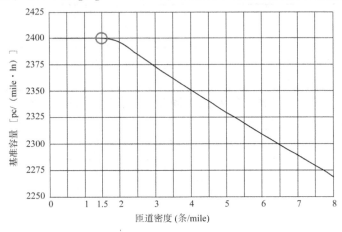

图 6-19 匝道密度对基准容量的影响

由图 6-19 所示可清楚看出,当 $TRD > 1.5$ 条/mile 时,高速公路基本路段的基准容量将急速下降。针对 TRD 对容量的影响,下列重点也应确实注意,即:

(1)在容量分析路段前后各 3 miles 范围内无匝道,则 $TRD = 0$,这种状况通常发生在乡区高速公路,前后两座互通式立交桥可能相隔甚远。

(2)TRD 值较大者通常在市区,但 $TRD > 6$ 条/mile 的情况在乡区或人烟稀少处则非常少。

(3)匝道数目只需要考虑容量分析行车方向的入口、出口匝道,另一侧行车方向的匝道不计入。

(4)不同互通式立交桥形式,则考虑 TRD 的匝道数目不同。例如钻石形互通式立交桥[Diamond Interchange,如图 6-20a)],则匝道数目 =2,即考虑上下各一匝道。如为苜蓿叶形互通式立交桥[Cloverleaf Interchange,如图 6-20b)],则匝道数目 =4,即考虑上下各 2 条匝道。

a) 钻石型

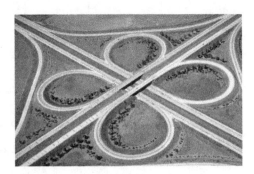

b) 苜蓿叶型

图 6-20 典型的钻石型与苜蓿叶型互通式立交桥

(四)实际容量

道路完工通车后,其实际容量可能无法达到当初预期的设计容量,可能原因包括市区道路的违规停车、路侧干扰、道路瓶颈而致车流速度下降等诸多无法预期的情况。道路的实际容量通常受制于很多外在干扰因素,致使实际容量小于设计容量,车流状态与 LOS 也因此而改变。

道路的实际容量随着交通状况或速度环境(Speed Environment)而持续变化。影响道路实际容量的主要因素有如下 3 个。

1. 道路条件(Roadway Conditions):"供给面"

影响道路实际容量的道路条件主要有下列 5 项。

(1)道路几何线形。

①平面线形,须检核曲线半径。

②纵断线形,须检核纵坡度,尤其是上坡。

(2)道路横断面,例如车道配置与车道宽度。

(3)路侧设施,例如侧向净距、路肩宽。

(4)中央分向设施,例如实体的混凝土护栏、缘石分向带及非实体的中央分向限制黄标线。

(5)路网结构组成的优劣:不合理的路网结构会妨碍道路发挥其应有的交通功能,势必间接造成道路的实际容量降低。

2. 交通条件(Traffic Conditions):"需求面"

影响道路实际容量的交通条件主要有以下 2 项。

(1)交通组成(Traffic Composition)。不同车辆的尺度(长、宽、高、轮距、轴距等)有差异,其行驶轨迹不同,容量分析时必须将各种车辆转换为小型汽车为基准的小型汽车当量(Passenger Car Equivalent,简称 PCE)。例如某一车道只有小型汽车时,容量可达 1800 pc/ln/h,但在有大型车混行的情况下,其容量仅有 1300 veh/ln/h。

(2)交通流量变化情况。车流量具有时空变化特性,其中必须掌握的是高峰小时交通量(Peak Hourly Volume,简称 PHV)及高峰小时系数(Peak Hour Factor,简称 PHF)。

3. 控制条件(Control Conditions):"交通控制面"

影响道路实际容量的控制条件主要有以下两项。

(1)交通控制设施:标志、标线、信号灯乃道路交通控制设施的 3 大主体。

(2)交通管理手段,例如限速措施与执法力度等。

实际容量的值必须使用容量分析方法方可得知,例如参考 TRB HCM 2016、公路通行能力手册、台湾地区公路容量手册等,此为道路实际可提供的供给量(C)。然后再与交通需求量(V)比较,便可得知其饱和度(V/C):

$V/C > 1 \rightarrow$ LOS F;

$V/C \approx 1 \rightarrow$ LOS E;

$V/C < 1 \rightarrow$ LOS A、B、C 或 D。

四)瓶颈

在道路交通工程与管理领域中,凡容量突然明显降低之处皆称为瓶颈(Bottleneck)。以车流理论来看,凡车辆行进过程中,因前方状况而必须减速甚至停车的现象,皆可视为瓶颈效应(Bottleneck Effect)。造成道路瓶颈效应的现象可归纳为以下3种主要原因。

1. 道路固定瓶颈(Road Fixed Bottleneck)

例如高速、快速公路主线与入口、出口匝道交会的汇流区、分流区及交织区。平面线形的急弯处、纵断线形的陡纵坡处、车道数变化处等均属于道路固定瓶颈。这种类型的瓶颈效应,有些是自然存在,有些是设计结果,靠工程手段无法完全克服,而且车流量越大,瓶颈效应越明显。

2. 移动式瓶颈(Moving Bottleneck)

车流中大部分车辆以平均行车速度前进,不过少部分明显较慢速移动的车辆会破坏车流的原本顺畅程度,致使车道群中产生速度混扰(Speed Disturbance)与换道扰流(Lane-Changing Turbulence)现象,造成车道群整体车流速度变慢,间接造成道路容量降低。移动式瓶颈现象可以与前述第五章中提及的"速差现象"共同对比思考。

如图6-21所示即是典型的路段速度混扰现象,伴随着换道扰流,速度混扰现象更明显。当车流量更大时,蝴蝶效应(Butterfly Effect)也将产生,造成整体车流的速度明显急速下降。如图6-22所示即为典型的蝴蝶效应示意图。

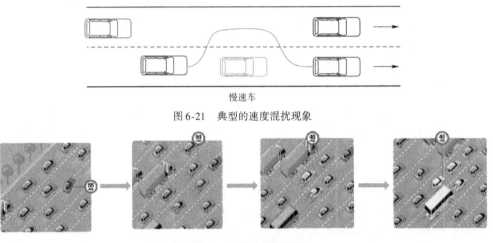

慢速车

图6-21 典型的速度混扰现象

图6-22 蝴蝶效应示意图

蝴蝶效应可视为由某车辆或少数车辆的不良驾驶行为引起,致使正常车流受到小规模干扰,此干扰在车流量大时会有扩大现象,甚至造成道路横断面上所有车道的车流速度越来越低。

3. 不可预测和可预测的瓶颈(Unpredictable and Predictable Bottleneck)

道路上的交通事故具突发性,不可预测。交通事故易导致车流拥堵。越严重的事故,拥堵长度越长,拥堵时间越久。故障车辆也是造成不可预测瓶颈的原因之一,不过其影响程度通常不及交通事故。不可预测的瓶颈效应造成道路容量降低、平均行车速度降低甚至完全拥堵的现象。与不可预测瓶颈相比较,道路施工区则属于可预测式瓶颈,不过施工区如有完整的交通维持计划搭配适宜的指挥人员或执法人员,其对车流的影响可降至最低,且影响时间较短。

五、流量

判定道路交通需求(Demand)程度的两个主要变量是流量(Volume)与流率(Flow

Rate),这两者的内涵有实质差异,读者应先确实明白"流量"的种类与内涵,而后再深入了解"流率"的意义。

(一)对流量的基本认知

道路交通车流理论分析中的流量(Volume),对其的基本认知可归纳为下列几点,即:

(1)流量,顾名思义,即"流动之量",对道路交通来说,流量可理解为交通量,为车流理论分析中的需求量,可能是车流量、人流量。

(2)流量的定义:在一定时间段内,通过某车道或车道群上某测量点的总车辆数或总人数。

(3)车流量可依交通组成(Traffic Composition)而细分为小型客车、大型客车、货车等机动车及非机动车的流量。

(4)根据高峰、非高峰小时可分为以下两大类,即:
①高峰小时流量(Peak Hour Volume,简称 PHV);②非高峰小时流量(Off Peak Hour Volume,简称 OPHV)。

(5)根据量测时间长短而得的流量。

量测流量可根据关注的时间长短而分为以下数种,即:
①年流量(Annual Volume);②季流量(Seasonal Volume);③月流量(Monthly Volume);④周流量(Weekly Volume);⑤日流量(Daily Volume);⑥小时流量(Hourly Volume);⑦低于 1h 的各种流量(Subhourly Volume)。

(6)根据流量数据的来源可分为以下几类,即:
①预测流量(Predicted Volume);②量测流量,或实测流量、观测流量(Measured Volume);③需求流量(Demand Volume);④抵达流量(Arrival Volume);⑤驶离流量(Departure Volume);⑥等候车辆疏散流量(Queue Discharge Volume)。

(二)高流量、中流量、低流量

为了描述道路上车流量对车流状态的影响,可将车流量粗分为高流量、中流量、低流量,这 3 种流量对平均行车速度的影响如下。

(1)高流量:道路的交通流量已接近道路的设计容量(Design Capacity)时,车辆间距减小,拥堵现象产生,行车速度(Running Speed)将大为降低,此时的交通流量称为高流量,对应的服务水平可能是 E 级甚至是 F 级。

(2)中流量:道路车流的流量接近(但未超过)道路当初的设计服务水平(Design LOS),行车速度因受车辆间的相互干扰而明显减低,此时的交通流量称为中流量,对应的服务水平可能是 C 级或 D 级。

(3)低流量:车辆的行车速度只受道路几何因素(例如平曲线、视距等)影响,不受其他行驶车辆(同向或对向)干扰,此时的交通流量称为低流量。我们应注意,对一般低设计标准的道路,车辆行驶至平曲线时,则行车速率有时会超过设计速度,在高设计标准的道路上,这类现象反而减少。此时对应的服务水平可能是 B 级或接近 A 级,甚至已达到 A 级。

如表 6-14 与图 6-23 所示为不同设计速度下,与高流量、中流量、低流量对应的平均行车速度。流量对平均行车速度的影响,清晰可见。

道路交通工程设计理论基础

不同设计速度下,流量与平均行车速度的关系　　　　　　表 6-14

设计速度 (km/h)	平均行车速度(km/h)		
	低流量	中流量	高流量
120	97	89	60
110	91	84	60
100	85	78	60
90	78	72	58
80	70	66	56
70	62	59	53
60	54	51	48
50	46	43	41
40	38	35	33
30	29	27	25
25	25	23	21
20	20	19	17

来源:台湾地区,公路路线设计规范,2011;ASSHTO,2011。

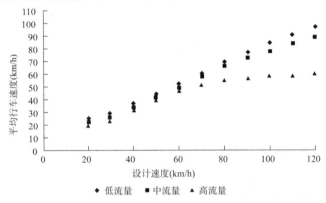

图 6-23　流量、设计速度、平均行车速度的相互关系

针对图 6-23,我们必须注意下列几个重点,即:

(1)高设计速度道路上车流量对平均行车速度的影响,明显大于低设计速度道路,即在高设计速度道路上,平均行车速度对车流量的变化明显较敏感。

(2)对具有任何设计速度的道路而言,车流量越高,平均行车速度必越低,其主要原因是车辆互制(Interaction between Vehicles)的现象随车流量增加而更明显。

(3)设计速度为 70km/h 以下的道路系统,流量对平均行车速度的影响不太大。即平均行车速度 70km/h 以下,则交通安全应置于首位,易行性则已居于次要地位。70km/h 约为 45mile/h,在道路交通工程设计领域中,具有指标性的意义,例如 AASHTO 绿皮书建议,凡设计速度在 45mile/h 以上的道路,宜采用实体中央分向设施,例如混凝土护栏(Concrete Barrier)或混凝土分向带。

(三)流量的时空分布特性

车流量具有时空分布(Spatiotemporal Distribution)特性,即某时间、某空间下的车流量分

布特性可能不同。例如:

(1)考虑有两行车方向的道路,则两方向的车流量分布比例可能不同,此即为方向分布(Directional Distribution)的特性。

(2)同一道路上多个车道,各车道的流量可能不同,此即为车道车流量分布特性(Lane Distribution 或 Volume Distribution by Lane)的特性。

(3)沿某道路的长度方向,不同路段的车流量可能不同。

1. 流量的方向分布

为了解同一道路的双向车流量分布比例,我们必须了解方向分配系数的意义。方向分配系数(Directional Distribution Factor)简称 D 系数(D Factor)。应特别注意,方向分配系数的应用只有针对高峰小时流量时才有意义,故 D 系数可定义为:

在高峰小时流量时,道路两行车方向中,较大车流量占总车流量的比例(Proportion of Peak-Hour Traffic in the Peak Direction)。

车流量较大的方向称为高峰方向(Peak Direction)。D 值越大,代表潮汐车道的现象越明显,如图 6-24 所示。

图 6-24 典型的潮汐车道现象

不同道路网的形式对 D 值也有直接影响。美国加州运输厅(Caltrans)2007 年的数据显示,针对高速公路,不同的路网格局,其 D 值也稍有差异,如表 6-15 所示。在此笔者必须强调,D 值具有区域特性,必须长期监测方可得知。

典型的 D 系数   表6-15

公 路 类 型	D 系 数
乡区市区联络道(Rural-intercity)	0.59
乡间旅游区与市区(Rural-recreational and intercity)	0.64
圆环状郊区(Suburban circumferential)	0.52
辐射状郊区(Suburban radial)	0.60
辐射状城市(Urban radial)	0.70
市区内(Intraurban)	0.51

经长期的交通流量监测,当 D 值偏大(例如大于 0.6 或 0.65)时,则此道路便可确定有明显方向分布不均衡(Directional Imbalance,简称 DI)现象,也是 D 值偏大的意思。DI 现象越突出,代表潮汐车道现象越突出,如图 6-25 所示即为典型案例。

图 6-25　高峰交通需求同时伴随 DI 现象

2. 流量的车道分布

车流量的车道分布(Lane Distribution),并无固定准则,依道路形态、各地区交通法规、交通组成(Traffic Composition)、有无接入口(Access)及路侧条件而异。事实上,车流量的车道分布特性在道路容量分析中并不具有重要地位,但针对大型交叉路口的转向交通量分布则极关键,尤其是大型交叉路口的信号灯时制设计。

对道路流量时空分布特性与"速度管理"(Speed Management)的掌握是第五章中提及的公路数据管理(Highway Data Management,简称 HDM)系统的重要工作内容,道路的交通功能位阶越高或车流量越大,则 HDM 的重要性越高,工作内容量越大。

(四)流量数据的来源

道路交通规划设计与管理领域中,流量数据使用正确与否攸关分析结果是否正确。流量的来源有下列数种,即:

(1)预测流量(Predicted Volume 或 Estimated Volume);

(2)量测流量,也称实测流量或观测流量(Observed Volume 或 Measured Volume);

(3)需求流量(Demand Volume);

(4)其他流量,以到达、驶离某定点而言,可分为 3 种,即抵达流量(Arrival Volume)、驶离流量(Departure Volume)及等候车辆疏散流量(Queue Discharge Volume)。

上述数种流量各有不同用途。

(1)针对规划设计中的欲新建道路,必须事先具备的流量数据为:预测流量与需求流量。

(2)针对既有道路的分析,必须有 3 种流量数据,即:量测流量、预测流量、需求流量。

(3)针对道路瓶颈处的分析,必须有 3 种流量数据,即:抵达流量、驶离流量、等候车辆疏散流量。

1. 预测流量

凡新建道路、拓建道路或探求道路网的车流量分布等,均必须有预测流量才可以确定设计容量。在英文中,预测流量通常有两种说法,即 Predicted Volume 或 Estimated Volume。预测流量必须依据翔实的交通流量预测研究,其属于运输规划的范畴,可利用的分析模型

(Model)很多,不过限于篇幅,在此不拟赘述。

2. 量测流量

量测流量(Observed Volume, Measured Volume)也称实测流量或观测流量,这种流量仅适用于既有道路系统,也是前述第五章中提及"速度管理"中的工作重点之一。

道路的容量为供给量,交通量为需求量。正常情况下,供给量的变化性很小,不过需求量的变异性很大,因此道路交通主管部门须充分掌握交通需求变异量(Variations in Demand)。

交通需求变异量有以下 7 大类,即:

①年变化(Annual Variations);②季变化(Seasonal Variations);③月变化(Monthly Variations);④周变化(Weekly Variations);⑤日变化(Daily Variations);⑥小时变化(Hourly Variations);⑦小于 1h 的变化(Subhourly Variations)。

充分掌握交通需求变异量有助于道路交通主管部门与执法部门正确应对道路交通状况的变化趋势。例如:通过年变化量可预知此道路是否在未来数年内即必须拓建或是否需要及早进行区域路网规划,以分散车流量;与旅游、观光相关的道路系统可能有特殊的季节性或月变化量,掌握这些趋势对交通管理的工作与执法、救护警力的调配均有正面帮助。

道路交通主管部门应针对前述各种不同流量进行长期的监测、采集,并做整合分析,最后便可得到此道路的流量特征(Traffic Volume Characteristics)。"流量特征"与"速度环境"两者共同构成公路数据管理(Highway Data Management,简称 HDM)的主要核心。

量测流量可能因上下游有瓶颈存在而失准,故应以需求流量为依据。如图 6-26 所示。

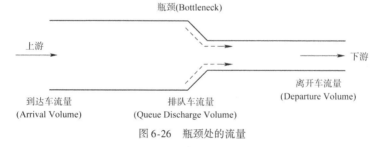

图 6-26 瓶颈处的流量

3. 需求流量

需求流量(Demand Volume),代表想解决某道路交通问题而必须事先知道的可能流量值。例如针对规划设计中的道路,利用需求流量与预先选定的设计 LOS(即 Target LOS),便可得知所需的车道数。

需求流量可以按天计,其单位为 veh/day,也可能以小时计,单位为 veh/h。不过,在道路交通工程实务上,以小时为准者比较普遍。

此外,需求流量可能针对当前的需求,也可能针对数年甚至 10 余年后的需求,故平时的各式流量收集、整理、分析,对掌握交通量的变化趋势有极正面的帮助。

(五)日交通量

1. ADT 与 AADT

日交通量(Daily Traffic)也称日流量(Daily Volume)。在道路交通工程与管理领域中,与日交通量有关系的数据中,以平均每日交通量(Average Daily Traffic,简称 ADT)及年平均每日交通量(Annually Average Daily Traffic,简称 AADT)两者最为重要。

(1)平均每日交通量(ADT):调查实际流量的天数多于 1 天(当然天数不能太少,天数越多则样本数越充足),少于一年而平均得知的交通量。

(2)年平均每日交通量(AADT):调查实际交通量的天数为一整年的 365 天,平均得知的交通量便为年平均每日交通量。

ADT、AADT 两者的共同点和差异如下:

(1)ADT 与 AADT 在道路交通规划设计与管理领域中的应用可谓完全相同,只是交通量数值或许有差异;

(2)人工进行日交通量调查时,则 ADT 明显比 AADT 具有优势,主因在于测量时间较短,不至于旷日废时;

(3)对全线皆为 ETC 的道路,AADT 的信息很容易从交通数据库(例如 Highway Data Management,简称 HDM)中得知。

ADT 或 AADT 在道路交通管理中的功能可谓完全相同,例如:

(1)可评定(Rating)该道路的服务水平;

(2)可显示该道路的交通量变化趋势,作为预测未来交通量的参考;

(3)可作为道路拓建或分散交通流量的参考;

(4)可判定该道路的经济效益;

(5)可用作设计道路结构物的参考依据,例如桥梁、休息区、服务区规模等。

我们也应该注意到,ADT 是交通量的日平均值,其仅能反应某一时段(如每月、每周等)的日交通量变化,故 ADT 不可作为道路几何线形设计的依据。如采用 ADT 设计道路,则交通量超过 ADT 的日期将出现道路拥堵或道路交通负荷过大的现象。

2. ADTT

除了前述的 ADT 及 AADT 之外,每日平均货车交通量(Average Daily Truck Traffic,简称 ADTT)也是道路交通主管部门应掌握的日交通量之一。ADTT 在道路交通管理中的重要性可归纳为:

(1)估算货车所占交通量的比例,这与交通组成(Traffic Composition)中的 T 系数(T Factor)有关。交通组成则是指车流中各类型车辆数量的比例分布,其中最重要的则是要充分掌握重型车辆的比例。

(2)ADTT 与桥梁设计、养护(尤其是疲劳,Fatigue)的内容有重要关系,疲劳是造成桥梁结构损坏的重要成因之一,尤其是对于钢桥结构。而疲劳的主要成因则是因为重型车辆对桥梁结构造成的挠度(Deflection)较明显。

(3)可用以决定是否必须兴建重型车辆爬坡道(Climbing Lane)与紧急出口匝道(Emergency Escape Ramp)的参考。

(六)小时交通量

道路交通工程与管理领域中,小时交通量也称小时流量(Hourly Volume,简称 HV)。小时交通量在道路交通工程与管理领域中,最重要的有两种,即:

(1)高峰小时交通量(Peak Hourly Volume,简称 PHV)

(2)设计小时交通量(Design Hourly Volume,简称 DHV)

1. 高峰小时交通量

每天都有 24h,每小时都各有交通量,不过,高峰小时交通量(Peak Hourly Volume,简称 PHV)最为重要。高峰小时交通量是道路交通规划设计与管理领域中最需要掌握的小时交通量。如图 6-27 所示为小时交通量的各分析时段。其中高峰时段的早高峰、晚高峰可能因不同城市或地域特性而稍有差异。

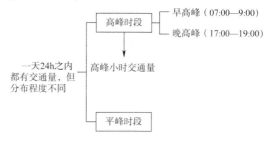

图 6-27 小时交通量各分析时段

高峰小时交通量可能有区域特性,同一路段、同一地点,PHV 可能每天变化,每季度不同,因此必须长期交通监测方可得知。且乡区、旅游区差异可能很大,市区差异通常较小。

在道路容量分析与交通管理实务中,为何有必要掌握高峰小时交通量? 其主要原因如下:

(1)高峰交通量产生时,代表驾驶人对道路容量有最高需求,道路容量如不足,服务水平必下降,甚至产生拥堵;

(2)从道路设计容量的角度来说,道路容量如能应对高峰小时交通量的需求,则可从容应对其他的小时交通量;

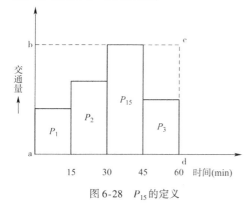

图 6-28 P_{15} 的定义

(3)高峰小时的交通控制工作(主要是信号灯系统的时制与路段、路网的信号系统联控)的难度最大。

高峰小时流量之值必然小于 ADT,且可视为 4 个 15min 不同流量的组合,如图 6-28 所示,则:

$$PHV = P_1 + P_2 + P_{15} + P_3 \quad (6-3)$$

图 6-28 中,定义 P_{15} 为 PHV 中交通量最集中(车流量最大)的 15min 交通量,其余 P_1、P_2、P_3 则是 P_{15} 之外的 3 个 15min 的交通量,则可定义高峰小时因子(Peak Hourly Factor,简称 PHF)为:

$$PHF = \frac{PHV}{4 \times P_{15}} \quad (6-4)$$

PHF 用于衡量高峰小时内,交通量在某一最高 15min 内的集中程度。

由前述定义与图 6-28 可知,矩形 abcd 的面积 S_{abcd} 为:

$$S_{abcd} = 4 \times P_{15} \quad (6-5)$$

当高峰小时交通量集中在某 15min,而 P_1、P_2、P_3 为 0 时,如图 6-29 所示,此为极端状况,则:

$$PHF = \frac{PHV}{4 \times P_{15}} = 0.25 \quad (6-6)$$

由式(6-4)与式(6-6)可清楚看出,PHF 值越小时,代表高峰现象越明显、突出。PHF 值也可由 HDM 系统中清楚得知。

PHF 值的另一极端状况是高峰小时交通量平均分配于 4 个 P_{15}，如图 6-30 所示，则：

$$PHF = \frac{PHV}{4 \times P_{15}} = 1.0 \tag{6-7}$$

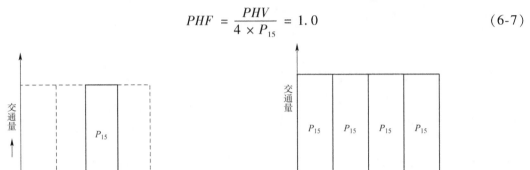

图 6-29　$PHV = P_{15}$ 的极端状况　　　　图 6-30　$PHV = 4 \times P_{15}$ 的极端状况

综合前述讨论，我们可知 PHF 的值介于 0.25 与 1.0 两极端状况之间。在道路交通工程实务上，前述 PHF 的极端状况不太可能出现，最常见的 PHF 值约为 0.80~0.95。凡 PHF 值小于 0.8 时，代表高峰需求已极明显，例如学校、大型工业区附近。

2. 设计小时交通量

任何道路的小时流量皆具有时间变化特性，不同时间量测的流量也不同，如将某流量量测站的高峰小时流量量测值依大小排列，由 HV_1、HV_2、…、HV_{25}、HV_{30}、HV_{35}、…、HV_{100}、…、HV_{150}，则其必如图 6-31 所示。

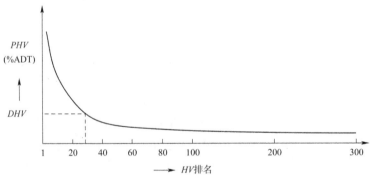

图 6-31　典型的 HV 排名曲线

典型的 HV 排名曲线必可分为 3 段观察，即：

① $HV_1 \rightarrow HV_{15}$：急降段。

② $HV_{15} \rightarrow HV_{40}$：缓降段。

③ $HV_{40} \rightarrow HV_{100}$、$HV_{150}$：平直段。

设计小时交通量(Design Hourly Volume，简称 DHV)。顾名思义，是用来作为设计用途的小时交通量，因此不可能采用流量低的小时交通量，而应采用高峰小时交通量。因为道路容量必须能合理应对高峰小时的需求才有实质意义。

美国的 AASHTO 绿皮书建议用 HV_{30} 作为设计小时交通量的依据，位于 HV 排名曲线缓降段的中间处，即：

$$DHV = HV_{30} \tag{6-8}$$

我们必须深刻了解,AASHTO 绿皮书建议以 HV_{30} 作为设计小时交通量(DHV)是基于以下两大理由。

(1) 以排名高的 HV,例如 HV_5 值作为 DHV,则此道路完工通车后必有下列后遗症,即:

①不符道路设计的经济原则,或者道路的设计容量偏高;

②此道路完工通车后,道路空间将无法完全被利用,即道路的利用率偏低,长期的 V/C 比值必普遍偏低。

(2) 以低排名 HV 值(例如 HV_{120})作为 DHV,则:

①此道路完工通车后的易行性必较差,车流运输必不顺畅,不符合道路设计交通功能的初衷。

②道路设计容量偏低,长期的 V/C 比值都将偏高,道路拥堵现象必然频繁出现。

我们必须强调,高峰小时交通量分布具有极明显的区域特性,道路交通规划设计者也可依专业判断而将 DHV 定在 $HV_{25} \sim HV_{35}$ 之间。

当要将所预测的设计年限平均每日交通量(ADT)转化为高峰时段的设计小时交通量时,利用 K 值便可轻易得知 DHV:

$$DHV = ADT \times K \tag{6-9}$$

式中:ADT——设计年限(例如 20 年后)的预测平均每日交通量;

K——设计高峰小时交通量系数,简称设计小时系数(K Factor),道路交通工程界通常称为 K 系数。K 系数的值因地区特性而异,指一天的交通量在某高峰小时的集中程度,其值约在 0.08 与 0.18 之间,典型的 K 系数如表 6-16 ~ 表 6-18 所示。

典型的 K 系数(%)(大陆) 表 6-16

地区		华北 京、津、冀、晋、内蒙古	东北 辽、吉、黑	华东 沪、苏、浙、皖、闽、赣、鲁	中南 豫、湘、鄂、粤、桂、琼	西南 川、滇、黔、藏	西北 陕、甘、青、宁、新
城市近郊	高速公路	8.0	9.5	8.5	8.5	9.0	9.5
	一级公路	9.5	11.0	10.0	10.0	10.5	11.0
	二、三级公路	11.5	13.5	12.0	12.5	13.0	13.5
公路	高速公路	12.0	13.5	12.5	12.5	13.0	13.5
	一级公路	13.5	15.0	14.0	14.0	14.5	15.0
	二、三级公路	15.5	17.5	16.0	16.5	17.0	17.5

典型的 K 系数(%)(台湾地区) 表 6-17

地 区	K 系 数
市郊区	12 ~ 15
平原区	9 ~ 12
丘陵区与山岭区	7 ~ 10

典型的 K 系数(%)(美国)　　　　　　　　表 6-18

地区	市区	郊区	乡村
K 系数	8～12	8～12	12～18

绝大部分道路皆具双向交通功能,故针对流量特性也应双向独立掌握,其原因是:
(1)双向交通系独立运行;
(2)道路双向的几何线形不见得相同,例如纵坡较明显之处,一个方向如为下坡,另一个方向为上坡。

由前述的设计小时交通量(DHV)引申至高峰方向,则可得下式:

$$DDHV = AADT \times K \times D \tag{6-10}$$

式中:$DDHV$——高峰方向设计小时交通量,Directional Design Hourly Volume,单位为 veh/h;

　　　$AADT$——年平均每日交通量,Annually Average Daily Traffic,如无可以利用的数据,也可以用平均每日交通量(ADT)取代。

我们必须注意,设计小时交通量(DHV)通常是指单向双车道的设计小时交通量,应包括目前至设计年限间的预测交通量,含既有与日后可能诱导的交通量,加上其他所有可能增加的交通量。

(七)低于 1h 的交通量

低于 1h 的交通量即为英文中的 Subhourly Volume,例如 5min、15min、30min 交通量等,不过一般以 15min 为主。

从道路交通工程与管理的角度而言,我们必须确实掌握 Subhourly Variations,即充分掌握低于 1h 内的交通量变化,其中最重要的是前述已提及的 P_{15},其定义为:高峰小时流量中,交通量最集中的 15min 交通量,单位为 veh/15min。

六、流率

一)流率与流量的差异

流量(Volume)与流率(Flow Rate)的差异可归纳为下列各项。

(1)流量与流率都是用于描述某车道或车道群在单位时间内通过某定点的车辆数或人数参数。针对车辆而言,是车流量或车流率;针对行人而言,则是人流量或人流率。

(2)道路交通量的实质需求要从两层面来看,即较长时间段内的总体需求与短时间段内的急切性大量需求。此观念如同前述平均每日交通量(ADT)与高峰小时交通量(PHV),道路容量不只要能容纳长时间段(例如一天)的 ADT,且必须能够应对短时间段(如某高峰小时)内有急切性需求的 PHV。

(3)由本章前述内容可知,流量是指单位时间内通过某车道或车道群的交通量。可是,此定义无法明确辨别长时间段的总体需求与短时段的急切性大量需求,基于此,另定义流率为:单位时间内通过道路一定点的交通量,且通常以 15min 计,然后将其放大成相当于 1h 的需求流量值。故流率等于等值小时流量(Equivalent Hourly Rate)。诚如 TRB HCM 2016 对流率的定义:

"The equivalent hourly rate at which vehicles pass over a given point or section of a lane or roadway during a given time interval of less than 1 hour, usually 15 min."(在给定的小于1h的时间间隔里,通常为15min,车辆通过车道或道路的给定点、单车道或路段的等值小时流量。)

(4)流量、流率两者并用,则针对道路长时间段的总量负荷与短时间段的高峰需求便皆可应对。因此,道路设计同时考虑需求流量及需求流率,也代表该道路可同时应对车流的时间、空间需求,如图6-32所示,即所有时间段内皆可应对车流,且该道路的空间也是如此。

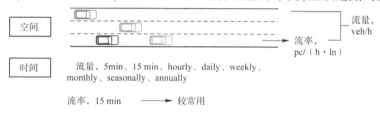

图 6-32 流量、流率的时空思维

再以表6-19说明流率与等值小时流量的相互关系及其代表的含义。表6-18显示了某路段于下午17:00—18:00的15min流率调查信息。

某路段的 15min 流率与等值小时流量　　　　　表 6-19

时　间　段	15min 流率(veh/15min)	等值小时流量(veh/h)
17:00—17:15	1000	4000
17:15—17:30	1150	4600
17:30—17:45	1300	5200
17:45—18:00	1200	4800
17:00—18:00(1h)	4650(小时车流量)	5200(最大等值小时流量)

表6-18中,每小时有4个15min,每15min的流率值乘以4便是等值小时流量(Equivalent Hourly Rate),故每个15min流率便有一个相对应的等值小时流量。表6-15中,5200 veh/h 并非实际值,而是由时间17:30~17:45的15min流率获得的放大值(即1300×4),此值为4个15min的最大等值小时流量,也等同于需求小时流量(Demand Hourly Volume)。这与前述设计小时交通量(DHV)的概念完全契合,道路的容量如果可以应付某15min高峰时段,则在其他非高峰时段更可从容应对。

紧接着,不妨再深度思考,道路容量分析理论中,为何有由流量演进至流率的思维？理由如下:

(1)流量是较长时间段的总需求量,而流率则是较短时间内具集中性质的需求量;

(2)利用流率的思维方可将车流理论精细化,故流率通常以15min的需求流量为主;

(3)有了精密的流率信息,我们可确定,车流理论中的流率可取代流量,基于此,描述车流状态的四大变量(流率、速度、流量、密度)便可浓缩至三大变量,即流率、速度与密度。

接下来思考为何流率的量测以15min为基准,其主因乃是1min太细,车流分析工作量太大,60min可能又太粗糙,故取中庸的15min较恰当,且与前述PHF的定义契合。对于服务水平与车流状态保持固定的概率而言,15min必然比1h大许多,例如车流LOS保持在C级,如有拥堵,则拥堵15min的概率必然比拥堵1h的概率大许多。

流量、流率调查时如以低于 15min 为量测循环,例如 5 min,也可将其调整分摊(Rolling)至每 15min 一个流率值,如图 6-33 所示。

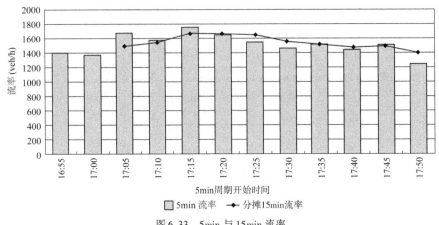

图 6-33　5min 与 15min 流率

二) 流率的种类

在道路交通规划与设计领域中,常用的流率,除前述以时间段为衡量基准之外,还有其他 6 种,即:

(1) 单一车道的最大服务流率(Maximum Service Flow Rate);
(2) 单向车道群的服务流率(Service Flow Rate);
(3) 需求流率(Demand Flow Rate);
(4) 实际流率(Actual Flow Rate);
(5) 高峰流率(Peak Flow Rate);
(6) 自由流率(Free Flow Rate)。

(一) 单一车道的最大服务流率

单一车道的最大服务流率(Maximum Service Flow Rate,简称 MSFR)指:

在特定自由流速度(Free Flow Speed,简称 FFS)与满足某 LOS 的前提下,单一车道可提供的最大流率。

以高速公路基本路段为例,根据 TRB HCM 2016,自由流速度为 55～75mile/h 时,其相对应单一车道的最大服务流率如表 6-20 所示。

高速公路基本路段单一车道的最大服务流率(MSFR)　　　　表 6-20

FFS (mile/h)	服务水平(LOS)				
	A	B	C	D	E
75	820	1310	1750	2110	2400
70	770	1250	1690	2080	2400
65	710	1170	1630	2030	2350
60	660	1080	1560	2010	2300
55	600	990	1430	1900	2250

由表 6-20 可看出下列重点,即:

(1)对同一 LOS 而言,自由流速度(FFS)越高,则最大服务流率(MSFR)越大,主因在于平均车速越快,道路容量值越大;

(2)对同一自由流速度而言,LOS 越低,则其最大服务流率(MSFR)越大,其主因在于当流率越大时,车辆的速度差越小,即相邻车辆的间距越小;

(3)FFS = 70mile/h 以上,2400pc/(h·ln),即每 1 车道、每 1h 可负荷 2400 辆小型汽车的流率已是道路设计可考虑的单一车道容量极限值;

(4)某 LOS 时的最大服务流率(MSFR),事实上即是单一车道在基准条件下(Base Condition)的基准容量(Base Capacity)。

如图 6-34 所示是与表 6-16 对应的自由流速度特征曲线,从图中可清楚看出实心圆点左侧为直线,右侧是曲线。这个曲线方程必须长期收集交通信息方可求得,可参考 TRB HCM 2016。

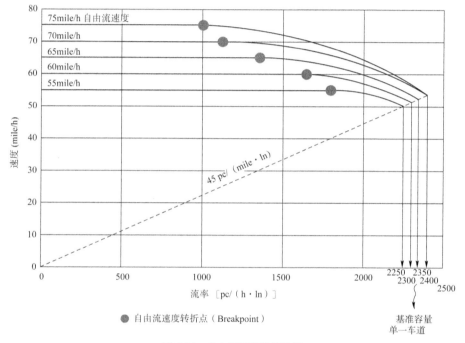

图 6-34　自由流速度特征曲线

结合图 6-34 与表 6-20,我们可观察出下列重点,即:

(1)针对任一自由流速度(FFS),当流率增加至某一程度时,(图中圆点处),则自由流速度将开始下降,这就是道路交通工程界通称的自由流速度转折点(Free Flow Speed Breakpoint);

(2)由自由流速度转折点开始,随着流率值持续增加,则车流平均行车速度将持续下降,直至达到道路的基准容量值;

(3)美国 TRB HCM 2016 设定车流密度值为 45pc/(mile·ln)(意为每 1mile 每 1 车道 45 辆小型汽车)时即为基准容量值;

(4)图 6-34 所示的自由流速度特征曲线,应由道路交通主管部门长期收集交通数据方可得知其确切的曲线方程。

今假设 V_d 为道路单向的需求流量(Demand Volume),$MSFR_i$ 为 i 级服务水平的最大服

务流率,则理想状况下,道路设计所需的初估(规划开始时的粗估)车道数 N,便可表示成:

$$N = V_d / MSFR_i \tag{6-11}$$

车道数必为整数值,故 N 值如为非整数,应向上取整。

如考虑高峰小时的交通状况、大型车与驾驶人等综合因素,则式(6-11)应修正为式(6-12),即:

$$N = \frac{V_d}{MSFR_i \times PHF \times f_{HV} \times f_p} \tag{6-12}$$

式中:N——道路单向车道数;

f_{HV}——大型车调整系数(Heavy–Vehicle Adjustment Factor);

f_p——驾驶人熟悉度修正系数(Driver Population Factor 或 Adjustment Factor for Unfamiliar Driver Populations)。

式(6-12)中修正系数 f_{HV}、f_p 的含义详见后文。

(二)单向全车道的服务流率

服务流率(Service Flow Rate,简称 SFR),是与服务水平有直接关联的流率,以高速公路基本路段为例,其意义可描述成:

在满足既定的 LOS 前提下,道路在正常情况下,某道路可持续通过的最大方向流率(某道路单向所有车道),且通常以 15min 为准。

如依 TRB HCM 2016,针对路段 SFR 的定义:

"The maximum directional rate of flow that can be sustained in a given segment under prevailing roadway, traffic, and control conditions without violating the criteria for LOS i."(在满足既有服务水平的前提下,道路正常运作状况下,某道路横断面上车辆可持续通行的最大方向服务流率。)

在 i 级 LOS 前提下,单一车道的最大服务流率如为 $MSFR_i$,则在有 N 个车道的道路上,在理想状况(即基准条件)下,其基准容量为 $MSFR_i \times N$。即在理想状况的基准条件下,满足 LOS 为 i 级时,单向车道群的服务流率 SFR_i 可表示成:

$$SFR_i = MSFR_i \times N \tag{6-13}$$

不过在既有道路状况、交通与控制条件下,考虑大型车对道路交通车流的影响与驾驶人对道路熟悉度的因素,则其服务流率 SFR_i 便应修正为:

$$SFR_i = MSFR_i \times N \times f_{HV} \times f_p \tag{6-14}$$

道路单向交通的服务流率已知为 SFR_i,再考虑高峰小时流量最集中于某 15min 的影响,则 LOS_i 时的服务流量(Service Volume,简称 SV)SV_i 便可表示成:

$$SV_i = SFR_i \times PHF \tag{6-15}$$

在满足既定 LOS_i 的前提下,道路单向交通的服务流量 SV_i 已知之后,再考虑高峰设计小时系数(K 系数)与方向分布因子(D 系数)的影响,针对道路双向交通的日服务流量(Daily Service Volume,简称 DSV)便可表示成:

$$DSV_i = SV_i / (K \times D) \tag{6-16}$$

(三)需求流率

1. 需求流量与需求流率

如前所述,在道路交通工程与管理领域中,需求(Demand)的意义包含两个层面,即:

(1)需求流量(Demand Volume,用 V_d 表示)。此为总量性需求的层面。

(2)需求流率(Demand Flow Rate,用 FR_d 表示)。此为高峰时段性需求的层面。

诚如 TRB HCM 2016 所述,需求流率的定义为:

"The number of vehicles desiring to use a given system element during a specific time period, typically 1 hour or 15 min."(在特定时间段内使用某运输系统设施的车辆数量,特定时间通常为 1h 或 15min。)

上述的需求流量(V_d)与需求流率(FR_d)具有相关性。不过我们应特别注意,在设计实务上,道路单向所有车道需求流量必须转换为针对每一车道的需求流率,且必须考虑大型车、休旅车对车流运输的影响、同时考虑驾驶人是否经验充足、对此道路是否熟悉,故需求流率(FR_d)可表示成:

$$FR_d = \frac{V_d}{PHF \times N \times f_{HV} \times f_p} \tag{6-17}$$

式中:PHF——高峰小时系数(Peak Hour Factor);

N——车道数;

f_{HV}——大型车调整系数,大型车指货车或休旅车;

f_p——驾驶人熟悉度修正系数。

依 TRB HCM 2016,针对大型车修正系数,f_{HV} 的定义如下:

$$f_{HV} = \frac{1}{1 + P_T(E_T - 1) + P_R(E_R - 1)} \leq 1.0 \tag{6-18}$$

式中:P_T——大型车在车流中的比例;

P_R——休旅车(Recreational Vehicles)在车流中的比例;

E_T——大型车的 PCE 值,必大于 1;

E_R——休旅车的 PCE 值,必大于 1。

前述 P_T 与 P_R 的值均为小于 1.0 的值,应由交通组成(Traffic Composition)的数据得知。如表 6-21 所示是 TRB HCM 2016 的建议,在不同地形状态下,大型车与休旅车的典型 PCE 值。

不同地区大型车、休旅车的 PCE 值   表 6-21

车 型	不同地区 PCE 值		
	平原	丘陵	山区
货车和大客车	1.5	2.5	4.5
休旅车	1.2	2.0	4.0

表 6-21 显示的值是针对道路纵坡(Grade)≤2% 的,如果大于 2%,应将纵坡的影响另行修正。由此表亦可清楚看出,针对同一种车辆,PCE 的值以山区最大,其次为丘陵区,其次才是平原区。针对同一地形区,大型车(含货车、大客车)的 PCE 值大于休旅车。

考虑驾驶人熟悉度修正系数的主要原因在于：驾驶人技术越熟练、越熟悉所行驶的路段，则较容易以较高且一致的速度行驶；反之，则会使车流的平均行车速度降低，同时导致车流理论三大参数关系，即速度-流率-密度（Speed-Flow Rate-Density）关系发生变化，以及使道路容量降低。

一般而言，驾驶人熟悉度修正系数的考虑重点可总结如下，即：

(1) 驾驶人对该道路设施的熟悉程度；

(2) 驾驶人对道路熟悉度对道路容量的影响，以修正系数 f_p 表示；

(3) 驾驶人熟悉度修正系数的使用应谨慎，可以通过调查工作日和休息日的流率和速度来确定该修正系数的取值；

(4) 可以通过专家对交通状况的综合分析，提出合理的修正系数；

(5) 除非有严谨调研，驾驶人熟悉度修正系数通常可取 1.0；

(6) 当分析有旅游功能的高速公路时，f_p 可取 0.90，甚至 0.80，因可能有较多驾驶人是第一次经此路线至旅游景点。

紧接着，我们应深度思考，为何车道群的需求流量必须转换为单一车道的需求流率。这有两大原因，即：

(1) 车道群的需求流量乃总量需求的层面，而单一车道的需求流率则属于高峰需求的层面；

(2) 在单一车道可应对高峰车流的前提下，方可保证车道群的容量可从容应对总量性的需求流量。

从道路交通工程设计的观点来说，我们期待道路能合理甚至从容应对交通需求流率，即想通过道路的车辆皆可顺利通过。

2. 需求流率与实际流率

需求流率（Demand Flow Rate，用 FR_d 表示）为想通过道路某点的所有车辆数。实际流率（Actual Flow Rate，用 FR_a 表示）为既有道路现场实际量测而得知的流率，即实际观测到通过道路某点的所有车辆数。故将 FR_a 与需求流率（FR_d）两者比较，有以下 3 种可能性。

(1) $FR_a = FR_d$：道路上的车流运输尚属正常，每辆车皆可通过。

(2) $FR_a > FR_d$：此时的 FR_d 实际等同于 FR_a，每辆车皆可快速通过。

(3) $FR_a < FR_d$：有部分车辆想通过却过不去，则该道路设施可能有服务水平下降的迹象，例如道路转趋拥堵。

(四)高峰流率

高峰流率（Peak Flow Rate，简称 PFR）为高峰小时流率的简称，不过更精准来说，应是高峰小时交通量（PHV）中，交通量最大的 15min 时间段内的流率，即：

$$PFR = \frac{PHV}{PHF} \tag{6-19}$$

由此式可看出，高峰小时因子（PHF）越小，则高峰流率必然越大，即高峰现象越明显突出。

如本章前述，设计小时交通量（DHV）可表示成：

$$DHV = ADT \times K \tag{6-20}$$

式中：ADT——平均每日交通量；

K——设计小时交通量系数。

不过我们关注的设计小时交通量应是针对高峰小时的高峰设计小时交通量（PHV）而言的，而言的故式（6-20）应修正为：

$$PHV = ADT \times K \tag{6-21}$$

高峰设计小时流量中，考虑高峰方向 15min 的需求流率 FR_{15}，则 FR_{15} 便可表示成：

$$FR_{15} = \frac{ADT \times K \times D}{PHF} = \frac{PHV \times D}{PHF} = PFR \times D \tag{6-22}$$

式中：D——方向分布系数；

PFR——高峰流率。

三）容量与流率的关系

容量与流率具有不可分割的供给-需求相对关系，对既有道路而言，容量并非最高的流率观测值，而是经常通过的最大流率。换言之，道路容量值乃是最大流率期望值（Expected Value），故道路容量值必须由有充分需求流率时段（即高峰时段）观测到的多个最大流率样本估算得到。

TRB HCM 2016 对道路容量的叙述为：

"The stated capacity of a given system element is a flow rate that can be achieved repeatedly for peak periods of sufficient demand, as opposed to being the maximum flow rate that might ever be observed."（道路容量实为最大流率期望值，亦是该道路横断面高峰时段车流经常可通过的最大流率。）

此文句的重点在于："经常可达到的高峰时段流率，才可确定此设施具有稳定服务功能的容量。"

因此，对既有道路而言，道路交通主管部门可充分利用前述第五章提及的 HDM 操作系统，取多个有高度需求流率时段的数据，然后由平均值便可约略得知其最大流率（Maximum Flow Rate），此最大流率值事实上即是（或已非常接近）该道路的容量。

道路容量值与最大小时流率（Maximum Hourly Flow Rate）的关系诚如 TRB HCM 2016 所言：

"Capacity represents the maximum hourly flow rate at which persons or vehicles reasonably can be expected to traverse a point or a uniform section of a lane or roadway during a given time period under prevailing roadway, environmental, traffic, and control conditions."（在正常道路状况和交通控制条件下，道路容量即是最大小时服务流率。）

此文句的重点与本章前述立论完全一致，是说道路可经常达到的最大小时流率（高峰流率，Peak Flow Rate）即是此道路的容量值。

紧接着，我们必须了解需求流率（FR_d）、实际流率（FR_a）与容量（C）三者的关系。现定义如下：

FR_d：指需求流率，指欲通过道路某点的所有车辆数；

FR_a：指实际流率，指实际观测通过道路某点的车辆数；

C:容量,已知道路条件时,容量应为固定且已知的值。

则 FR_d、FR_a、与 C 三者之间的关系可能存在下列3种情况,即:

情况1:想通过道路某一定点的车辆,可刚好全部通过。

$FR_d = FR_a = C$:无交通故障(即 LOS F)现象。

$FR_d/C = 1.0$:饱和车流(Saturated Flow)。

此时的服务水平为 LOS E,亦为道路容量值清晰呈现之时。

情况2:想通过道路某一定点的车辆,皆可顺利从容通过。

$FR_d = FR_a < C$:无交通故障现象。

$FR_d/C < 1.0$:未饱和车流(Undersaturated Flow)。

此时的服务水平为 LOS A、B、C 或 D。

情况3:想通过道路某点的车辆,有部分无法通过。

$FR_d > FR_a = C$:有交通故障现象。

$FR_a = C$。

$FR_d/C > 1.0$:过饱和车流(Oversaturated Flow)。

此时的服务水平为 LOS F。

描述至此,我们应已清晰了解,道路容量、流率、服务水平、速度、车流形态等皆相关,遵循数学理论中典型的链式法则(Chain Rule),即具有链接关系,牵一发而动全身。

道路容量、交通需求流率与道路瓶颈(Bottleneck)三者也息息相关。道路上的瓶颈实为道路上需求流率大于道路容量之处。如 TRB HCM 2016 所言,道路固定瓶颈位置乃位于"a roadway system element on which demand exceeds capacity"(需求超过容量的道路系统基本段)。

七、密度

(一)密度与占有率

道路交通规划设计与管理领域中,密度(Density)是建构车流理论必备的三大主要参数(流率、速度、密度)之一,是描述车辆在车流中运行自由度的重要指标。然而我们应清楚了解,密度的主要应用仅局限在无阻断性车流(Uninterrupted Flow),例如高速公路的基本路段,不适用于阻断性车流,例如交叉路口。

密度的定义可简述为:某车道或道路长度内的车辆数(针对车流)或某单位面积内的人数(针对人流)。

如仅针对车流,则密度是:某一长度的行车道或道路车道群内所有车辆数的比例。

故密度也可理解为车辆在道路中的"空间集中程度",道路交通工程界也有人称为集中度(Concentration),不过道路交通工程界大部分称之为"密度"。车流密度越大,即空间集中程度越高,前后车辆间的距离(车间距)越小,则车流运行速度必下降,如图6-35所示。

车流密度 D_s 可利用车流理论(详见第七章)公式得知,即:

$$D_s = \frac{FR}{S} \tag{6-23}$$

式中:FR——流率(veh/h 或 veh/15min);

S——宏观车流中的平均行车速度(mile/h 或 km/h);
D_s——密度(veh/mile 或 veh/km)。

a) 低密度　　　　　　　　　　　　b) 高密度

图 6-35　车流密度比较

例如:某路段的流率 1200veh/h,平均行车速度 80 km/h,则有:$D_s = FR/S = 1200/80 = 15$veh/km。这代表 1km 的道路上有 15 辆车辆正在行驶中。

车流密度越高,车流平均行车速度越低,当车流产生拥堵(即 LOS F)的现象时,密度(D_s)将越发增大,车流平均行车速度将剧降,甚至为 0 或几乎为 0。假设一辆小型汽车的平均车长为 5m,当产生超拥堵(Hypercongestion)时,前后两车的净距(前车后端与后车前端之间的距离)假设为 1m,则每 1km 的小型汽车数目约为 143(1000/7)辆,这里取 145 辆,意味着当道路超拥堵时,约 145 辆小型汽车即可塞满 1km 的单一车道,如为 3 车道路段,$3 \times 145 = 435$,即 400 多辆小汽车足可塞满 1km 的 3 车道。比较微观车流与宏观车流,1km 长的拥堵对微观车流而言已很严重,驾驶人已然觉得是"大堵",心浮气躁;然而对宏观车流而言,数十甚至上百 km 的路段有 1km 的路段拥堵仅是"小堵"。因此,从微观车流与宏观车流角度对密度的认知实有天壤之别。

车流的密度无法靠定点测量得到,因此密度必须针对相当长度的路段才有交通工程实用价值。此外,由于车流密度不易在道路现场测量取得,故较实际且有意义的做法是利用感应线圈检测器(Loop Detector)估计占有率(Roadway Occupancy)以取代密度。

交通调查与监测等议题属另一专业领域,限于篇幅,本书不拟着墨,读者可参考其他专业书籍或研究报告。

(二)密度与服务水平

车流密度亦可作为 LOS 的衡量指标,例如表 6-22 中即是 TRB HCM 2016 针对高速公路设施,以车流密度为依据的 LOS 分级。

高速公路以密度决定 LOS 示例　　　　　　　　　　　　　　　表 6-22

LOS	密度(Density)[pc/(mile·ln)]	LOS	密度(Density)[pc/(mile·ln)]
A	≤11	D	26~35
B	11~18	E	35~45
C	18~26	F	>45 或任何部分 $V_d/C > 1.0$

如图 6-36 所示是自由流速度特征曲线与密度、LOS 结合案例,由此图可清楚看出下列重点,即:

(1)如已得知车流密度,则也可间接得知 LOS;

(2)当交通需求量与道路供给量的比值 $V_d/C > 1.0$,则交通拥堵现象发生,即车流进入 LOS F 的状态。如以车流密度来看,根据 TRB HCM 2016 的建议,车流密度 $D_s > 45$ 代表处于 LOS F 的状态。

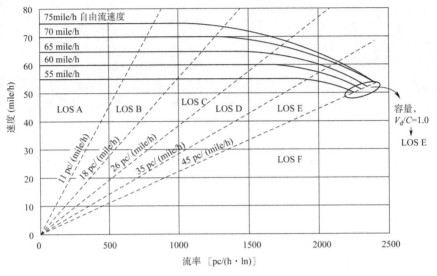

图 6-36　自由流速度特征曲线与密度、LOS 结合

(三)车辆间距

车流密度与前后相邻车辆的距离(车辆间距)有关,其与车流密度相关的专业名词尚有下列四者。

(1)Headway:时间车距。

(2)Spacing:距离车距。

(3)Gap:时间车净距。

(4)Clearance:距离车净距。

如图 6-37 与图 6-38 所示,以前后相邻车辆的前端为准,由车辆通过同一定点的时间差得到的车辆间距称为"时间车距"(Headway,也称车头时距),由距离测量得到的车辆间距则是"距离车距"(Spacing)。

图 6-37　与密度相关的 4 种车辆间距

如对前后相邻车辆的净距而言,由测量时间而得的车辆间距称为"时间车净距"(Gap),由测量距离而得到的车辆间距称为"距离车净距"(Clearance)。

第六章 服务水平、容量与流量

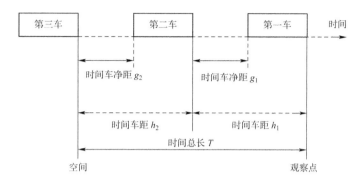

图 6-38 时间车净距(Gap)与时间车距(Headway)

第七章 车流理论

一、概述

在道路交通工程与管理领域中,较有实用价值的车流理论有如下两种:
(1)古典车流理论(Classical Traffic Flow Theory);
(2)三相车流理论(Three-Phase Traffic Flow Theory)。

古典车流理论在20世纪30年代就已萌芽,在道路交通工程界也有人称之为传统车流理论或基础车流理论(Fundamental Traffic Flow Theory)。

三相车流理论是进入21世纪后才出现的新型车流理论,其描述车流变化的内涵明显比古典车流理论更细致化。但其最大缺点是除非有信息科技的辅助,以实时方式处理,否则便无法精准模型化,无法应用。因此,现今的道路交通管理中,例如TRB HCM 2016,仍是以古典车流理论为根基。

建立车流理论的主要目的在于与容量分析结合,共同进行车流特性分析。此分析结果便可用来建立各种道路交通设施的交通绩效衡量(Traffic Performance Measure)指标,进而得知其服务水平,作为道路交通管理的决策依据,其逻辑如图7-1所示。

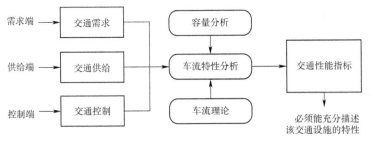

图7-1 道路交通绩效衡量指标的由来

道路上常见的各种交通流状况极为复杂多样,不同车种混合程度越高,则车流形态越难以捉摸,如图7-2所示为道路路段上常见的不同车流形态,即:
(1)正常跟车(Normal Car Following);
(2)小车间距跟车(Shorter Headway);
(3)尾随跟车(Tailgating);
(4)偏离车道行驶(Swerving);
(5)虚拟车道行驶(Virtual Lane Driving);
(6)并排行驶(Traveling Abreast);
(7)群聚行驶(Vehicle Grouping)。

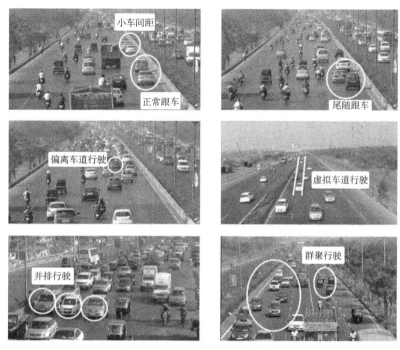

图 7-2 道路路段上的各种车流形式

我们必须注意,不是任何车流形态都可以用车流理论模拟。前述 7 种车流形态中,除第 1 种"正常跟车"可利用车流理论模型进行分析之外,其余 6 种皆为具有某种程度安全隐患的不良驾驶行为所衍生的变异性车流形态,这些与正常驾驶任务(Driving Task)相违背的不良驾驶行为,其所衍生的任何车流形态皆不在车流理论分析的架构中。

二、车辆运行的时空轨迹

为描述车辆的移动状态,最简易的是利用时间-距离的相互关系,图 7-3 针对单一车辆,图 7-4 则针对车流中的所有车辆,每一车辆各有其独立的时间-距离曲线(简称时距线),且不同车辆的时距线必然独立,不可能交错。因为两车辆的时距线如有交错现象,则表明有碰撞的情况发生。

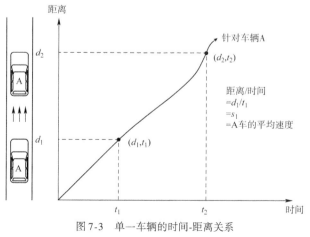

图 7-3 单一车辆的时间-距离关系

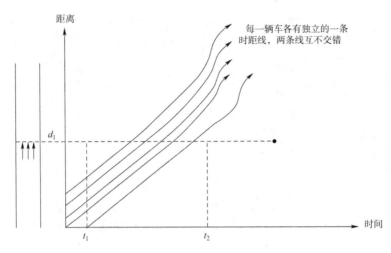

图 7-4 车流中各车辆的时间-距离关系

如将时间、距离、速度三者一起考虑,亦可建构车辆的时空运行轨迹,这将在后续详述。

三、车流理论分类

前文已提及,在道路交通工程与管理领域中,较有实用价值的车流理论有两种:古典车流理论和三相车流理论。研究车流理论的主要目的在于探讨、分析及模拟车流运输的行为。车流理论的种类很复杂,不过严格而论,车流理论可依其探讨的对象与车流长度大小而分为3大类,即:

(1) 微观车流理论(Microscopic Traffic Flow Theory);
(2) 中观车流理论(Mesoscopic Traffic Flow Theory);
(3) 宏观车流理论(macroscopic Traffic Flow Theory)。

在车流特性分析实务中,必须将服务水平、流率、速度、密度及车流形态全部纳入综合考虑,故宏观车流理论在道路交通规划与设计领域中的实用性较高,基于此,本章探讨的车流理论仅局限于宏观或巨观车流理论。

宏观车流理论可依所含分析阶段而分为以下两类。

1. 单一阶段车流模型(Single-Regime Traffic Flow Models)

以单一函数表达不同交通状况(例如拥堵或不拥堵)下车流参数间的相互关系,此即为古典车流理论。

2. 多阶段车流模型(Multi-Regime Traffic Flow Models)

针对自由流阶段、转换车流阶段及拥堵状况下的强迫性车流阶段,每个阶段的车流模型都互为独立,需要分开考虑。

上述两者之中,多阶段车流模型的理论虽更严谨,学术论文也不少,但可操作性却比较差,不易落实在工程应用中。故迄今为止,在道路交通工程与管理实务中,仍以单一阶段车流模型为主,TRB HCM 2016 即是以单一阶段车流模型为其立论基础。

当然,笔者必须强调,学术论文中有关各式车流理论的研究可谓汗牛充栋,它们的确有一定学术价值,但普遍实用性不高,故本章未将其纳入考虑。

四、古典车流理论

古典车流理论计有6种分析模型较为人熟知。首先定义六大变量(详细内涵见后续详述)如下。

S 为速度;S_f 为自由流速度;S_{cap} 为临界速度(Critical Speed);D_s 为密度(Density);D_{cap} 为临界密度(Critical Density);D_j 为阻塞密度(Jam Density)。

依年代顺序,古典车流理论中的六大模型可分别表示成以下公式。

(1)1935年,格林希尔治(Greenshields)的线性模型,即道路交通工程界熟知的Greenshields Linear Model(格林希尔治线性模型):

$$S = S_f \left(1 - \frac{D_s}{D_j}\right) \tag{7-1}$$

(2)1959年,格林伯格(Greenberg)的对数模型,即道路交通工程界熟知的Greenberg Logarithmic Model(格林伯格对数模型):

$$S = S_{cap} \times \ln \frac{D_j}{D_s} \tag{7-2}$$

(3)1961年,安德伍德(Underwood)的指数模型,即Underwood's Exponential Model(安德伍德指数模型):

$$S = S_f \cdot e^{-(D_s/D_{cap})} \tag{7-3}$$

(4)1967年,美国西北大学的研究者建立的车流分析模型:

$$S = S_f \cdot e^{-\frac{1}{2}(D_s/D_{cap})^2} \tag{7-4}$$

(5)1967年,Pipes(派皮斯)研发的车流分析模型:

$$S = S_f [1 - (D_s/D_j)^n] \tag{7-5}$$

(6)1968年,Drew(德鲁)发表的车流分析模型:

$$S = S_f [1 - (D_s/D_j)^{n+1/2}] \tag{7-6}$$

这6种车流理论模型中,前面3种较常用。

图7-5与图7-6比较了上述3种模型,可看出其量测结果极为接近。不过因线性模型的可操作性较强,故 TRB HCM 2016 仍坚持采用 Greenshields 线性模型。

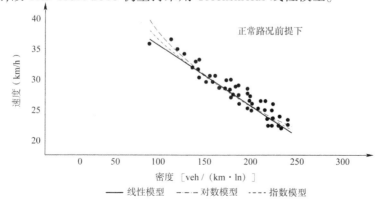

图7-5 线性、对数、指数3种模型的比较(1)

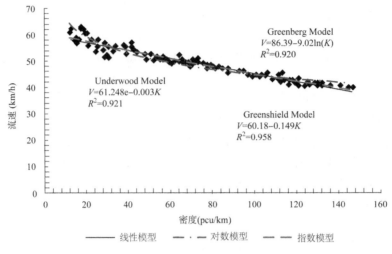

图 7-6　线性、对数、指数 3 种模型的比较（2）

五、格林希尔治线性车流理论

（一）速度与密度的线性关系

图 7-7 的主要目的在于解释 Greenshields 线性车流理论方程如何推导。由图 7-7 可清楚看出，速度与密度呈现反比的关系。图 7-7 中的两个主要变量是速度与密度，因此，道路交通工程界也有人称之为 Greenshields Speed-Density Linear Model（格林希尔治速度-密度线性模型）。

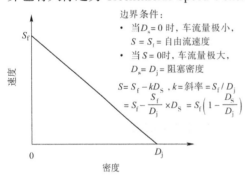

图 7-7　Greenshields 线性公式的推导说明

阻塞密度（Jam Density）D_j 指车流密度已极高，致使车流的平均行车速度已为 0 或几近为 0。依 TRB HCM 2016，在道路路段的阻塞密度可定义为：

"The maximum density that can be achieved on a segment. It occurs when speed is zero, i.e., when there is no movement of vehicles."（阻塞密度指路段上可以达到的最大密度。当速度为 0 时，即当车辆不移动时，就会发生这种情况。）

图 7-8 为阻塞密度 D_j 与拥堵长度（Jam Length）的示意。以某长路段为例，当产生超拥堵（Hypercongestion）现象时，拥堵长度的呈现必极明显，此时拥堵段的车流速度已为 0 或几近为 0，而拥堵段呈现的密度便是阻塞密度，前后相邻车辆的间距非常小。此时，拥堵长度上、下游端的车辆必将出现下列两大现象。

（1）下游端（Downstream Front）：车辆由静止或极低速状态开始加速，往稳定流速度渐增加，且需行驶一段距离方可能达到自由流状态。

（2）上游端（Upstream Front）：上游端车辆的速度由稳定流明显渐减，直至接触到拥堵段上游端前方，造成拥堵路段往上游端持续延伸。这种现象称为拥堵扩散效应（Jam Propagation Effect）。

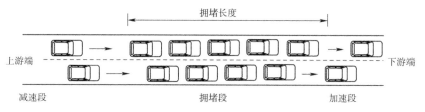

图 7-8 阻塞密度 D_j 与拥堵长度的示意

拥堵扩散效应与前述第六章提到的蝴蝶效应(Butterfly Effect)有本质上的不同,即:

(1)蝴蝶效应是针对原运行正常的车流,由于少数驾驶人的驾驶行为不良,以致造成整体车流速度下降,甚至造成短暂拥堵的现象;

(2)拥堵扩散现象绝大部分是由道路瓶颈所引起的,拥堵的范围持续往上游扩大的现象,与驾驶人的驾驶行为无关。

图 7-9 也可说明车流速度与密度的反比关系,车流密度越高,则车流平均行车速度越低。

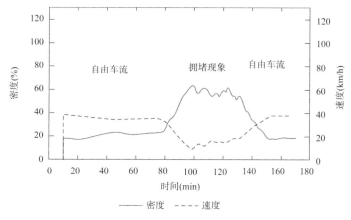

图 7-9 速度与密度的反比关系

图 7-10 的主要目的在于根据 Greenshields 线性模型(Speed-Density Linear Model)说明车流临界速度(Critical Speed) S_{cap} 与临界密度(Critical Density) D_{cap} 的意义。

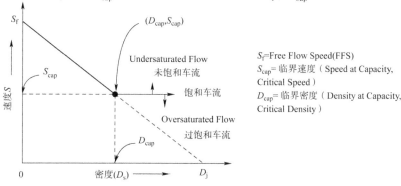

S_f=Free Flow Speed(FFS)
S_{cap}= 临界速度(Speed at Capacity, Critical Speed)
D_{cap}= 临界密度(Density at Capacity, Critical Density)

$D_s=0$ 表示无车辆或车辆稀少,速度为自由流速度(S_f) D_j 表示阻塞密度,此时速度=0

图 7-10 临界速度、临界密度的意义

"临界"指"临近容量的界限",当车流密度持续增加,则车流平均行车速度必然下降,直至点(D_{cap},S_{cap})之时,车流形态由原先的未饱和车流转变成饱和车流,此时道路交通需求量(V_d)与道路供给量(C)的比值,即饱和度为1.0,道路容量值在此时便会清晰呈现,而此时的车流平均行车速度即是S_{cap}(临界速度);而道路上车流呈现的密度即是D_{cap}(临界密度)。

当车流密度由临界密度再持续增加时,车流平均行车速度将持续下降,车流形态也恶化为"过饱和车流",直到车流密度达到阻塞密度时,车流平均行车速度剧降为0。

针对既有道路,不同时段的交通数据量测结果必会有一些差异,密度越低,离散值越大,但变化总在离散区(Stray Area)之内,如图7-11所示。不过平均值也应极接近线性,这也是TRB HCM2016仍坚持采用Greenshields线性模型的主要原因,因为它简易且可操作性强。

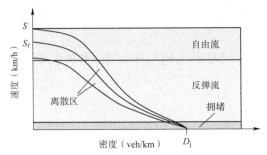

图7-11 具离散区特性的速度-密度曲线

前述图7-11中所示的反弹流,亦称"转换流",意指车流于自由流与拥堵现象中的车流变化(反弹、转换)现象。长路段上有反弹流是极为正常的现象,重点是反弹流必有渐变特性,不可能有跳跃现象,且在某一小时间段内,发生频率应越低越好。

(二)速度与流率的相互关系

由古典车流理论的基本恒等公式,即:

$$FR = S \cdot D_s \tag{7-7}$$

可知流率FR(Flow Rate)为车流平均行车速度(S)与车流密度(D_s)的乘积,故由图7-12a)便可绘制如图7-12b)所示的抛物线。

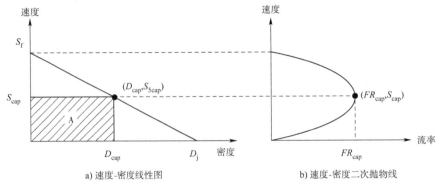

a) 速度-密度线性图　　b) 速度-密度二次抛物线

图7-12 S-D_s与S-FR关系图

前述图7-12中,D_{cap}为临界密度,S_{cap}为临界速度,FR_{cap}为饱和流率。

利用图7-12 a)中已知的各边界条件,图7-12 b)中的抛物线方程便可推导表示成:

$$FR = D_j\left(S - \frac{S^2}{S_f}\right) \tag{7-8}$$

由第六章可知,可经常观察到的流率最大值为容量值,故综合前述图7-12 a)所示与式(7-7),可知下式成立:

$$S_A = S_{cap} \cdot D_{cap} = FR_{cap} \tag{7-9}$$

式中:S_A——图7-12中阴影区域的面积,即容量。

如图7-13所示为Greenshields模型中流率与车流平均行车速度的关系。由此图可清晰看出下列重点。

(1)在某流率值之内,车流均可保持在自由流状态,这个流率值称为自由流率FFR(Free Flow Rate)。自由流状态下的车流平均速度即为自由流速度(Free Flow Speed,简称FFS,即图中的S_f),简称自由速度,可视为某固定值。

(2)自由流速度转折点乃是自由流与稳定流的分界点。即当流率值大于FFR时,车流平均行车速度必开始由自由流速度缓缓下降,车流形态由自由流转为稳定流的形态。反之,当流率小于FFR时,车流必处于自由流的状态。

(3)自由流速度转折点与点(FR_{cap}, S_{cap})间的曲线段必须通过长期交通调查、测量方可建立可资参考的曲线方程。

(4)当流率由FFR继续增加,车流平均行车速度下降的幅度必持续增加,且速度-流率曲线的斜率急速增大,直至点(FR_{cap}, S_{cap}),其中S_{cap} = 临界速度,FR_{cap} = 饱和流率。饱和流率指车流量已达道路容量值,车流形态为不稳定的饱和车流。由于道路已趋于饱和状态,道路能承受的流率开始下降,虽仍有车辆进入车流之中,但车流的平均行车速度也将明显下降,此时的车流形态为过饱和车流。即饱和度(Degree of Saturation)大于1.0。

(5)速度-流率曲线过了点(FR_{cap}, S_{cap})之后,由于车辆间的互制现象(Interaction between Vehicles)明显提高,故车流的平均行车速度将逐渐降低,车流拥堵现象开始产生,形成过饱和车流的状态,其相对应的服务水平为LOS F,饱和度大于1.0。

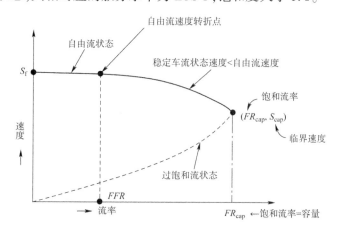

图7-13 流率与速度的关系

如图 7-14 与图 7-15 所示为道路车流平均行车速度、流率与车流形态相互变化的示意。

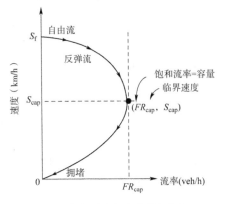

图 7-14 速度、流率与车流形态变化(1)

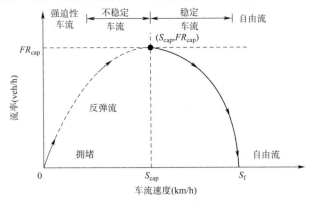

图 7-15 速度、流率与车流形态变化(2)

如图 7-14 与图 7-15 所示,可看出下列重点,即:

(1)道路上从无一车辆至满布车辆,或由满布车辆至车辆极稀少,甚至没有车辆,其间必有渐进过程,这个过程中车流平均行车速度、流率与车流形态也在渐进变化。

(2)车流平均行车速度的变化是由流率与车流形态改变而导致的,反之亦然,这三者随时保持相互影响的互制关系。

(3)不同车流形态的变化现象称为反弹流(Bound Flow)。这是一种车流改变的现象,例如拥堵在瓶颈处的车流一旦被释放(Bottleneck Release),则车流形态便由等候车辆疏散流(Queue Discharge Flow)渐转变为稳定流,再经过一段距离或可能变成自由流。反弹流的重点是车流形态改变是逐渐发生的,不可能突然改变。例如自由流可能因流率增加而变成稳定流,然后才可能因流率继续增加而进入不稳定车流乃至强迫性车流形态,即车流形态不可能由自由流而突然变成强迫性车流,反之亦然。

如图 7-16 与图 7-17 所示为美国加利福尼亚州某高速公路的速度-流率实际量测散点图。

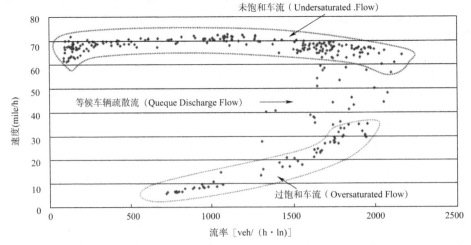

来源:1. California Department of Transportation,2008。
　　　2. TRB HCM,2016。

图 7-16 美国加利福尼亚州某高速公路实际量测散点图(1)

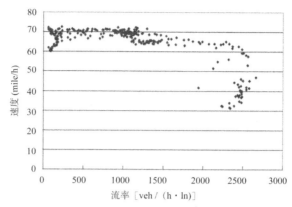

来源：1.California Department of Transportation,2008。
2.TRB HCM 2016。

图 7-17 美国加州某高速公路实际量测散点图(2)

极为明显,图 7-16 中可明显看出的车流形态有 3 种,即：
① 未饱和车流(Undersaturated Flow)；
② 等候车辆疏散流(Queue Discharge Flow)；
③ 过饱和车流(Oversaturated Flow)。

仔细观察,如图 7-17 所示的车流形态与图 7-16 中的稍有不同。图 7-17 中明显只有前两种,无过饱和车流。这种差异现象的主要原因在于车流数据量测的位置不同而造成速度-流率曲线的外观明显不同。下面以图 7-18 中的高速公路为例说明。

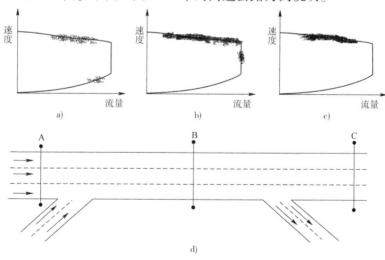

图 7-18 3 个不同区位的速度-流率曲线差异性

由图 7-18 可看出下列重点,即：

(1)图中 A、B、C 位于某高速公路的 3 个不同区位,其中 A 位于入口匝道前方的主线上游路段,B 位于入口、出口匝道间的路段,C 位于高速公路基本路段(Basic Segment)；

(2)图中 A 路段的速度-流率曲线中,只包含未饱和车流[图 7-18a)上方]与过饱和车流[图 7-18a)下方],图中 B 路段则有未饱和车流[图 7-18b)上方]与少量的等候车队疏散流

[图 7-18b)右侧],而图中 C 路段却只有未饱和车流[图 7-18c)上方];

(3)由于大量车流从入口匝道进入高速公路主线,致使 B 处车流量已达容量值,因主线车流平均行车速度减缓,而使主线车流的车辆拥堵至 A 处,纵然 A 处车流尚未达容量值,但却已形成强迫性车流的拥堵状况,故有图 7-18a)下方的过饱和车流存在;

(4)位于 B、C 中间的出口匝道处如有大量车流量由主线分流出去,主线车流量将大量减少,则 C 处的车流将形成未饱和状态,即散点均集中在图 7-18c)的上方;

(5)由于高速公路入口和出口匝道与主线交会处均为道路固定瓶颈(Road Fixed Bottleneck),故其速度-流率曲线与基本路段(Basic Segment)比较有明显差异。

基于此,美国 TRB HCM 2016 仅采用饱和流率值、临界速度值(FR_{cap}、S_{cap})以内的速度-流率曲线作为高速公路基本路段容量分析的依据,如图 7-19 所示即为典型的高速公路基本路段自由流速度特征曲线。至于入口、出口匝道与交织路段影响区,其容量分析必须与基本路段共同考虑,然后根据相关条件做适度修正。

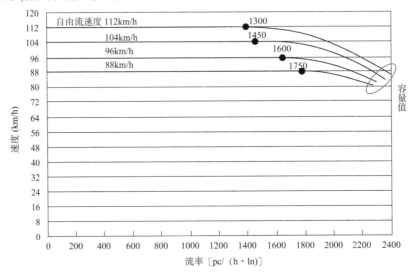

图 7-19 路段的自由流速度特征曲线、速度-流率曲线

(三)密度与流率的关系

如图 7-20 所示为根据 Greenshields 车流理论而绘制的密度-流率曲线。利用恒等式 $FR = S \cdot D_s$ 及相关边界条件便可得:

$$FR = S_f \left(D_s - \frac{D_s^2}{D_j} \right) \tag{7-10}$$

由图 7-20 可看出下列重点,即:

(1)当路段无车辆时,$D_s = 0$,则 $FR = 0$;

(2)当路段车流量极大时,FR_{cap} 为达到道路容量时的流率,即饱和流率,也即容量值,此时饱和度 $=1.0$;

(3)在流率达到饱和状态下,其对应的密度为临界密度 D_{cap};

(4) 在临界密度 D_{cap} 时的车流为饱和车流，车流密度小于 D_{cap} 时便是未饱和车流，反之，大于 D_{cap} 时便是过饱和车流；

(5) 当交通需求超过道路设计容量时，车流平均行车速度下降，直至 $S=0$，且 $FR=0$，因车流已全然停止不移动，此时的密度为即阻塞密度(Jam Density)D_j。

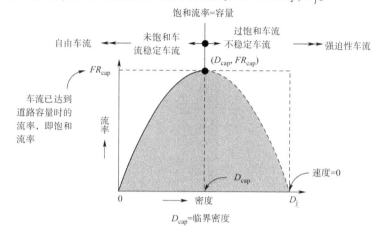

图 7-20　流率与密度的关系

图 7-21 表明了如何由流率-密度曲线值观察车流的平均行车速度值 S。由古典车流理论恒等式：

$$FR = S \cdot D_s \tag{7-11}$$

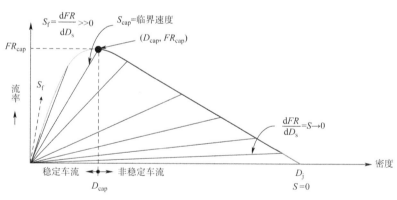

图 7-21　由流率-密度曲线观察车流平均速度

以数学微分理论来看，速度 S 是流率-密度曲线的斜率，即：

$$\frac{dFR}{dD_s} = \Delta S \tag{7-12}$$

在密度 $D_s=0$ 或 D_s 值极小之处，S_f（自由流速度）的值较大，而密度接近阻塞密度时，速度值极小，甚至为 0。

（四）速度、密度、流率的综合关系

根据 Greenshields 车流理论，速度-密度(S-D_s)为直线反比关系，速度-流率(S-FR)与流率-密度(FR-D_s)关系则为具有对称性的抛物线。如将前述的速度-密度,速度-流率与流率-密度关系曲线三者综合,便可绘制如图 7-22 所示的三者互通关系。由此可清楚看出,速度(S)、流率(FR)与密度(D_s)三者间的关系明显符合链式法则(Chain Rule)。

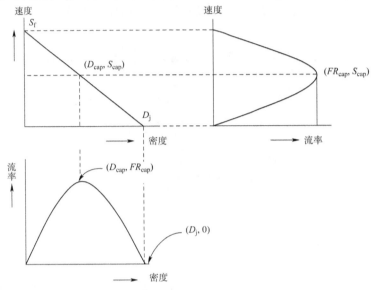

图 7-22 速度、密度、流率三者之间的链接关系(链式法则)

紧接着,我们再思考,在流率-密度曲线中,临界密度(D_{cap})与阻塞密度(D_j)之间有什么样的关系?

由前述流率-密度的曲线方程,即式(7-10),因为点(D_{cap},FR_{cap})位于曲线顶点,此处的斜率应为 0(参照图 7-20),故:

$$\frac{dFR}{dD_s} = S_f - 2S_f \frac{D_s}{D_j} = 0 \tag{7-13}$$

$$1 - 2\frac{D_s}{D_j} = 0 \tag{7-14}$$

则可得知:

$$D_s = D_{cap} = \frac{D_j}{2} \tag{7-15}$$

由式(7-15)配合图 7-20 与图 7-22,可清楚看出,临界密度为阻塞密度的一半。

同理,可再思考临界速度(S_{cap})与自由流速度(S_f)的关系。

由前述 S-FR 的曲线方程,即式(7-8),因为点(FR_{cap},S_{cap})位于抛物线顶点,此处的斜率应为 0[参照图 7-12b)],故:

$$\frac{dFR}{ds} = D_j - 2D_j \frac{S}{S_f} = 0 \tag{7-16}$$

$$1 - 2\frac{S}{S_f} = 0 \tag{7-17}$$

则可得知：

$$S = S_{cap} = \frac{S_f}{2} \tag{7-18}$$

在古典车流理论中，临界速度为自由流速度的一半。基于此，如道路交通主管部门开展严谨的速度管理工作(参见前述第五章)，则由车流平均行车速度的信息便可大致判定车流形态。

由前述，饱和流率事实上即是道路容量值，已知：

$$FR_{cap} = S_{cap} \cdot D_{cap} \tag{7-19}$$

结合式(7-15)、式(7-18)与式(7-19)，则可得知：

$$FR_{cap} = S_{cap} \cdot D_{cap} = \frac{S_f}{2} \cdot \frac{D_j}{2} = \frac{S_f \cdot D_j}{4} \tag{7-20}$$

由此式与图 7-10 与图 7-22，可清楚看出，饱和流率即为道路容量值，为速度-密度三角形面积的一半。

(五) Greenshields 模型的争议与价值

Greenshields 车流理论模型在 1935 年即已出现，距今已 80 余年，它在 21 世纪是否适用在道路交通工程界曾引起多方争论。不过美国公路通行能力手册(TRB HCM 2016)又为何仍以 Greenshields 车流理论模型为其研发基础？这确实有深层缘由。

翔实比较单车道与多车道的车流特性差异性，可归纳如下。

(1) 对单车道而言，行驶在这种路段的车辆只有单纯跟车行为(Car Following Behavior)，后方车辆完全无法通过合法、合规的方式超越前车。无法变换车道(例如以中央实标线绘制的长隧道)的多车道路段也可视同单车道。

(2) 多车道与单车道的车流形态有极大差异，其中最大的特点在于车辆在多车道处可适时变换车道，产生前述章节提过的换道扰流(Lane-Changing Turbulence)。

(3) Greenshields 车流模型是通过收集某特定路段的单车道车流特性数据，绘制出速度-流率曲线与流率-密度曲线。应由此引申思考由单车道研究得知的车流特性曲线，即 Greenshields 的单车道车流模型是否可直接应用至多车道？这的确值得深思。

(4) 早期的道路交通工程界对 Greenshields 车流理论能否适用于多车道均持普遍怀疑的态度。后来经多方调查研究结果证实(例如文献[42])，Greenshields 车流理论应用在多车道时，虽然变换车道时可能由于"换道扰流"而造成些许误差。不过从道路交通工程实务应用的角度而言，无论单车道还是多车道，Greenshields 车流理论均适用，不过针对多车道时的道路容量计算，须考虑一些修正系数，例如前述的大型车修正系数、驾驶人熟悉度系数、车道数及侧向净距修正系数等。这也是美国 TRB HCM 2016 的做法，其容量分析中的车流理论背景全然以 Greenshields 车流理论为基准，然后依道路所处不同区位(例如基本路段、入口和出口匝道区、交织区等)而做适度修正。

如图 7-23 至图 7-28 所示即是文献[42]针对多车道(单向双车道、单向 3 车道)的现场实际量测车流特性曲线，由这些图可看出其车流特性曲线与针对单车道的 Greenshields 模型的曲线高度相似。

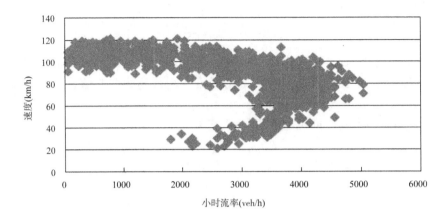

图 7-23 双车道车流速度-流率散点图

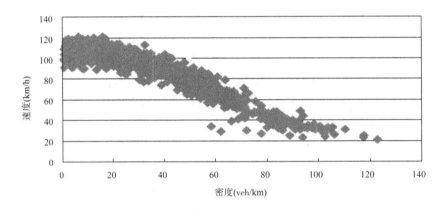

图 7-24 双车道车流速度-密度散点图

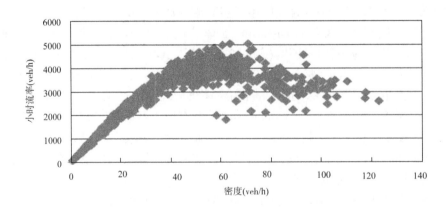

图 7-25 双车道流率-密度散点图

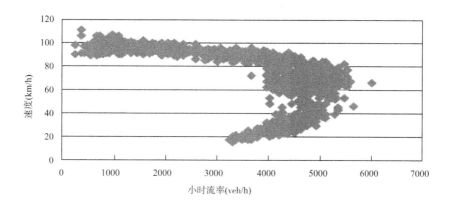

图 7-26 三车道车流速度-流率散点图

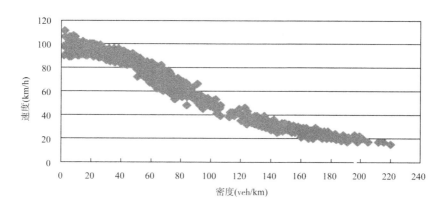

图 7-27 三车道车流速度-密度散点图

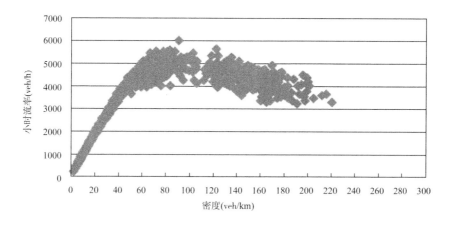

图 7-28 三车道流率-密度散点图

六、三相车流理论

以 TRB HCM 2016 为依据,分析道路容量、判别饱和度与服务水平等方法,均以最古典(1935 年)的 Greenshields 单车道车流理论作基础,针对多车道的车流特性做适度修正,这已广泛应用于道路交通工程实务界。虽然 TRB HCM 2016 中未参考三相车流理论,不过我们深信,深入了解三相车流理论(Three Phase Traffic Flow Theory)中的诸多车流特性对道路交通工程的规划与设计也有极大帮助。

(一)基本观念

2004 年,德国物理学家鲍里斯·科纳(Boris Kerner)出版《交通物理》(The Physics of Traffic)一书,提出交通界极负盛名的三相车流理论。该理论是以物理学的时间、空间、速度三者间动态观点探究车流特性的变化,且仅局限于无阻断性车流的路段,例如高速、快速公路的基本路段与主干线上的多车道路段。

传统车流理论中有很多种车流形态,例如自由流、稳定流、饱和车流、强迫性车流等,但在三相车流理论中,科纳仅将车流形态分为两大类,如图 7-29 所示,即:

(1)自由流(Free Flow);

(2)拥堵交通(Congested Traffic)。

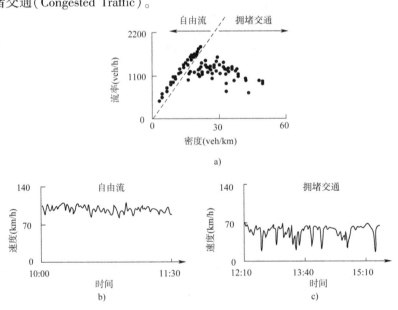

图 7-29 自由流与拥堵交通状况

在三相车流理论中,凡是不属于自由流的车流都可视为已开始进入拥堵交通状态。

与古典车流理论比较,参考图 7-22,则稳定流、饱和车流的状态皆可归纳为拥堵交通状况。由 TRB HCM 2016 的服务水平来看,LOS A 对应自由流,这无疑义,不过自 LOS B 的尾端(即已接近 LOS C)至 LOS E、LOS F 皆是拥堵交通状况。因此三相车流理论对"拥堵"的定位明显与古典车流理论有巨大差别。

拥堵交通(Congested Traffic)状态的车流已完全无自由流的特性,其可再细分为以下两

类,即:
(1)同步流(Synchronized Flow);
(2)宽移拥堵流(Wide Moving Jam)。

综合前述,三相车流理论中的"三相"指以下3类车流,即:
(1)自由流(Free Flow,F Phase,简称F);
(2)同步流(Synchronized Flow,S Phase,简称S);
(3)宽移拥堵流(Wide Moving Jam,J Phase,简称J)。

因此,三相车流理论也称为F-S-J车流理论(F-S-J Flow Theory),根据道路交通状况的变化,路段上的车流形态会在此三相中发生变化。如图7-30所示,在某8km长的路段内,车流形态,由自由流开始,依序为:F→S→J→S→J→S→F。

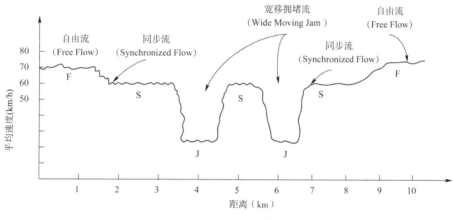

图7-30 F-S-J三相车流变化

如图7-30所示的速度历程曲线(Speed Profile)可清楚看出,对同一路段的车流平均速度而言,自由流最高,其次是同步流,宽移拥堵流最低。

表7-1所示为传统古典车流理论与三相车流理论的基本比较,可清楚看出,两者用来描述车流特性的三大参数相同,均为速度(Speed)、流率(Flow Rate)与密度(Density)。

古典车流理论与三相车流理论的基本比较　　　　表7-1

理　　论	相　同　点	差　异　点
古典车流理论	针对路段,宏观车流状态分析	车流参数间的相互关系明确,可确实模型化,较易与交通工程与管理实务结合
三相车流理论	描述车流的三大变量相同	较贴近车流实际状态,学术价值较高,但实务操作性较差

(二)同步流

同步流(Synchronized Flow)是三相车流理论中独有的车流形态名词。车流量小,密度低,车流很明显处于自由流形态。随着流率增加,密度也逐渐增加,不过自由流形态不可能不受密度制约而无限延伸,自由流形态必定终止于某流率值与密度值,这就是自由流速度转折点(Free Flow Speed Breakpoint),即位于图 7-31 中的点(D_f, FR_f)处。当车流密度超过 D_f 之后,车流平均行车速度势必下降,进入同步流的阶段。此时车流平均行车速度已明显低于自由流,且车辆以同一速度前进。

当车流形态由自由流进入同步流之后,车流平均行车速度与自由流相比明显下降,这就是三相车流理论中通称的流降现象(Breakdown Phenomenon),如图 7-31 所示。对比古典车流理论,交通流降指车流已进入拥堵状态,服务水平为 F 级,且饱和度(V/C)大于 1。由此可清楚看出,古典车流理论与三相车流理论,对交通流降的定义有明显差异。

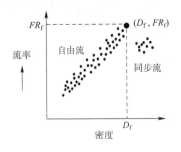 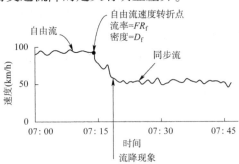

图 7-31　同步流的观念

根据三相车流理论,路段上的车流由自由流转换成同步流的地点最常发生在道路固定瓶颈(Road Fixed Bottleneck)处,常为道路容量值明显减小或车流平均行车速度下降之处,例如:

(1)高速公路的入口、出口匝道与交织路段;

(2)路段上车道数减少之处(Lane Drop off);

(3)急弯曲线路段;

(4)陡上坡路段。

自由流状态下,车流无拥堵,不过当车流形态进入同步流之后,拥堵现象必然发生。拥堵现象的严重程度则与拥堵长度(Jam Length)直接相关。依三相车流理论,根据车流拥堵长度上下游端的状况,参考图 7-32,同步流可分为以下 3 种。

(1)局部性同步流(Localized Synchronized Flow):拥堵路段下游端的道路瓶颈固定,上游端虽已开始受影响,但多车道的车流拥堵长度并无明显改变,即拥堵现象只存在于局部,车流平均速度虽明显低于自由流,不过尚无拥堵长度延伸现象。这种现象在道路交通中极为常见,如图 7-32a)所示。

(2)展宽式同步流(Widening Synchronized Flow):拥堵路段下游端的道路瓶颈固定,且车流已往上游端持续回堵延伸,但尚未触及上游端的道路瓶颈,即拥堵长度已有明显往上游端延伸的趋势。拥堵现象已非局部性,而是已具有明显展宽延伸现象。此处所谓的"展宽"是指车流方向,不是指道路宽度方向,或者说拥堵长度已明显成长,如图 7-32b)所示。

(3)移动性同步流(Moving Synchronized Flow):由前述展宽式同步流开始,拥堵现象持续扩大,快速往上游发展,且拥堵长度已接触到上游端固定道路瓶颈处的车流,此现象称为拥堵展触效应(Catch Effect)。如图 7-32c)所示,道路拥堵由某一固定道路瓶颈延伸扩展至上游的固定道路瓶颈。

如图 7-32 c)所示,移动性同步流的拥堵展触效应(Catch Effect)在高速、快速公路规划设计时必须严谨考虑,两座相邻互通式立交桥的间距必须在某一最小长度以上的原因之一。

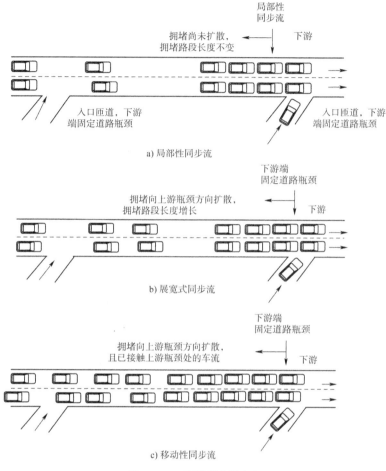

图 7-32 三不同种类的同步流

(三)宽移拥堵流

处于同步流状态的车流,当车流密度剧增或车流遇到瓶颈,则原本已呈现不稳定现象的车流,车流平均行车速度将明显剧降,形成宽移拥堵流(Wide Moving Jam),此状况有如古典车流理论中的强迫性车流,车流呈现"停与进"(Stop and Go)的状态。

宽移拥堵流最容易在原已不稳定的车流中自然产生,如图 7-33 所示,无论从流率还是车流速度来看,两者呈现的宽移拥堵现象皆相似。

宽移拥堵流一旦产生,车流必有下列明显现象,即:

(1)车流移动速度明显剧降,例如降至 15～20km/h,甚至更低;

(2)拥堵路段长度较长,车流可能缓慢前进一小段后骤然停止,这与古典车流理论中的"停与进"相似;

(3)道路容量必大幅下降,例如下降 40%～50%,甚至更多;

(4) 容易发生后车追撞前车的追尾事故,尤其在拥堵长度上游端。

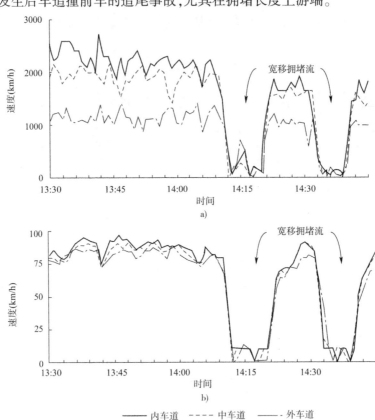

图 7-33 三车道路段不同车道的宽移拥堵流

(四) 拥堵长度与流率

路段车流特性随流率变化而变化,车流形态具有下列特质,即:
(1) 复杂性 (Complex);
(2) 非线性 (Nonlinear);
(3) 动态变化性 (Dynamic Process);
(4) 时空变异特性 (Spatiotemporal)。
针对上述车流特性,古典车流理论无法具体描述,不过利用三相车流理论却可具体描绘。
如图 7-34 所示,道路上一旦有拥堵现象产生,拥堵路段长度也将随车流状态而改变。如以流率来看,现在假设拥堵路段下游端的流率为 FR_{out}(车辆驶离拥堵路段下游端的流率),上游端的流率为 FR_{in}(车辆进入拥堵路段上游端的流率),则拥堵路段长度的变化趋势将与 FR_{in} 与 FR_{out} 两者的大小增减有关,其情况可能有以下 3 种:
(1) 当 $FR_{in} = FR_{out}$,则原拥堵路段长度将保持不变,拥堵现象毫无改变;
(2) 当 $FR_{in} < FR_{out}$,则原拥堵路段长度将渐缩短,持续一段时间后,拥堵路段便消失,即拥堵现象将不复存在;
(3) 当 $FR_{in} > FR_{out}$,则原拥堵路段长度将日益增长,时间持续越长,拥堵路段长度也逐渐拉长,甚至产生拥堵展触效应(Catch Effect)。

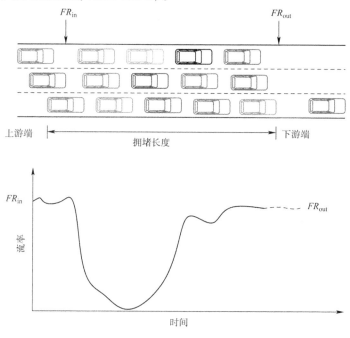

图 7-34　拥堵长度与流率的相关性

(五)流相转移

如前所述,在古典车流理论与三相车流理论中,描述车流的三大参数皆为速度、流率与密度。

在三相车流理论中,自由流、同步流、宽移拥堵流三者的车流参数,即速度、流率与密度的相对性比较见表 7-2。

三相车流形态的速度、流率、密度比较　　　　　　　　　　　　表 7-2

车流形态	速度(Speed)	流率(Flow Rate)	密度(Density)
自由流	最高	低	低
同步流	中等	高于自由流	高于自由流
宽移拥堵流	最低	最高	最高

由于路段上车流的速度、流率与密度的改变,导致车流形态随之改变的现象称为流相转移(Phase Transition),此为三相车流理论中特有的名词,如图 7-35 所示,即车流形态在 F-S-J 三相之间变换转移。

仔细比较可发现,三相车流理论中的"流相转移"类似于古典车流理论中的反弹流或转换流现象,即 Bound Flow。

如图 7-35 所示,自由流不能直接转移至宽移拥堵流,即 F→J 不可能发生,同理,宽移拥堵流也不能直接转移为自由流,即 J→F 也不可能发生。故流相转移不可能有跳跃式转移,只有下列 2 种可能的情况。

(1)当车流密度持续增加时,车流平均速度持续下降。车流变化趋势:F→S→J。

（2）当车流密度渐减时，车辆间距增加，车流平均速度渐增。车流变化趋势：J→S→F。

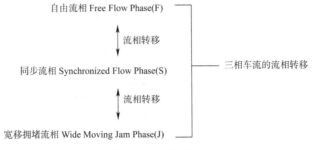

图7-35　流相转移

自由流与宽移拥堵流之间不可能直接转换。

如图7-36所示即是F→S、S→F的流相转移过程。

如图7-37所示是F-S-J三相的流相转移过程。由图7-37可清楚看出，根据三相车流理论，F-S-J为三大区块，S位于中间段，具有"介质"的缓冲特性，而F、J两者之间无法直接互相转换。

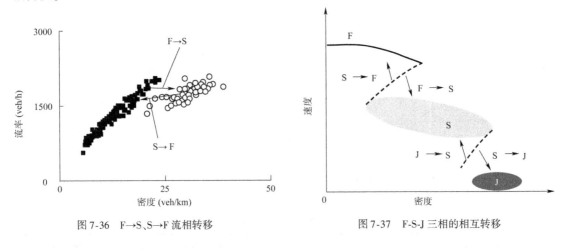

图7-36　F→S、S→F流相转移　　　　图7-37　F-S-J三相的相互转移

如将图7-37与前述古典车流理论的图7-5～图7-10比较，也可清楚看出，古典车流理论简易实用，相比之下，三相车流则较为复杂。

第八章 视距、视区

一、概述

视距(Sight Distance)与视区(Sight Zone 或 Field of View)在道路交通工程与几何线形设计领域中占有极为重要的地位。过去的众多经验清楚显示,因视距、视区不足而造成道路交通事故的案例可谓数不胜数。

视距指驾驶人在车辆行进过程中,可清晰明视正前方的距离。视区则是驾驶人可清晰明视的前方某距离内视野的宽广程度。如图 8-1 所示为驾驶人视距、视区的基本概念,只有在视距、视区条件皆得到满足的前提下,驾驶人方有足够时间针对道路交通状况合理地驾驶并从容地做出反应动作。因此,满足驾驶人的视距、视区需求对于道路交通安全来说不可或缺,同时这也是保证满足道路易行性(Mobility)的先决条件之一。

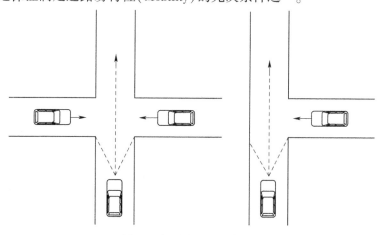

图 8-1 视距、视区的基本概念

二、视距、视区与人因理论

一)基本观念

道路交通规划设计领域中的视距、视区应用背景源自本书前述第三章"人因理论"(Human Factors)中的"视觉传输",即应以驾驶人的视觉能力、视觉需求为根基。

在道路交通规划设计时,除依循交通主管部门颁布的相关规范、准则与标准等之外,也可参考美国、加拿大的下列各文献,例如:

(1)AASHTO, Green Book, A Policy on Geometric Design of Highways and Streets(《公路

与街道几何设计政策绿皮书》),2017,美国.

(2) FHWA, Manual on Uniform Traffic Control Devices(《统一交通控制设施手册》),2009,美国.

(3) Transportation Association of Canada, Geometric Design Guide for Canada Roads(《道路几何设计指南》),2007,加拿大.

(4) ITE Traffic Control Devices Handbook(《交通控制手册》),2001,美国.

(5) Human Factors Guidelines for Road Systems(《道路系统的人因理论指南》),NCHRP 600,2012,美国.

各道路设计相关规范必有明确的视距最小值,但不会针对视区另外制定规范,其主要原因在于,视区无法以规范的形式全然明确规定,尤其是在车流运行过程中,驾驶人所能看到的外在环境持续变化,故视区应由驾驶人在进行驾驶任务过程中自行掌控。

世界道路协会(World Road Association,简称 PIARC)也针对道路设计的基本安全提出三大要求,即:

(1)驾驶人必须要有足够的反应时间。(The driver must have sufficient time to react.)

①驾驶人在道路上任意一点,视距应充足明晰,且反应时间必须足够。

②任何危险障碍物不得存在于驾驶人视觉上的盲点、盲区。

③在有任何危险障碍物不能被移除的情况下,必须用交通工程手段(例如加设反光设施、警示标志等)辅助,提醒驾驶人注意。

④在视距充足的前提下,明确警示驾驶人改变驾驶行为,例如在视觉条件良好的情况下,某交叉路口装设信号灯。

(2)视野范围内,道路必须提供安全的场景。(The road must provide a safe field of view.)

检核道路上驾驶人视区内的下列与"人因理论"相关的问题。

①道路是否有长距离、大范围的单调感(Monotony),例如长距离、一望无际的沙漠公路。

②道路视区范围内是否存在有碍安全的不对称性、不协调感。

③检核是否有特别"吸睛"的物体(Eye-Catching Objects),造成"吸睛效应"(Eye-Catching Effect),使驾驶人分心驾驶(Distracted Driving)。

④行车道旁侧的线形诱导物(例如路侧护栏或行道树)与行车道方向是否不平行。

⑤道路几何线形是否有视觉消失(Sight Loss)的现象。

(3)道路环境必须符合用路人的感知逻辑。(The road environment must correspond with the road users' perception logic.)

道路几何线形与提供的信息传输,例如标志、标线、信号灯等,必须符合驾驶人期望(Driver's Expectation),与人因理论兼容,故标志、标线与信号控制系统应具有全国一致性的基本要求。

二)视点高、目标物高

道路交通工程的视距设计理论中,必须明确定义驾驶人视点高度(Eye Height)及目标物高度(Object Height),否则无法进行后续的视距设计。

如图 8-2 所示是驾驶人视点高度与目标物高度的定义。驾驶人视点高度指驾驶人的眼睛高度至车辆所在处路面的垂直距离,小型汽车驾驶人的视点高度约为 3.5~3.9ft(1.05~1.2m),大型车驾驶人的眼高约为 2~2.4m,根据驾驶人的体型与车型的不同而稍有差异。

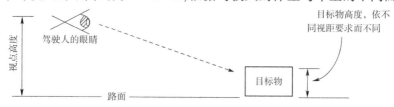

图 8-2　视点高度与目标物高度

目标物高度指驾驶人可清楚明视的前方目标物的高度,目标物是可能产生危险或导致事故的外物,或者为设计目的而定的视觉参照物。在道路交通视距设计中考虑的目标物非常多样,例如标线的高度为 0(参考图 8-3 与图 8-4),混凝土路缘石 15 cm(参考图 8-5),小型汽车高度 1.3 m,而小汽车前灯或尾灯的高度约为 60cm。

图 8-3　小型汽车视点高度与高度为 0 的标线

图 8-4　交通岛前方的渠化标线

图 8-5　典型的混凝土路缘石

三)"PIEV"与认知-反应时间

(一)"PIEV"

"PIEV"属于人因理论(Human Factors)的范畴,是道路交通工程设计中的视距决定准则,也是认知-反应时间(PRT)中的 4 个部分,其内涵如下。

(1)P:意识感应(Perception),即看见或辨别物体或事件的时间(the time to see or discern an object or event)。

(2)I:智慧判断(Intellection),即理解物体或事件存在含义的时间(the time to understand the implications of the object's or event's presence)。

(3)E:情绪激发(Emotion),即决定如何反应的时间(the time to decide how to react)。

(4)V:意志执行(Volition),即启动响应动作的时间,如踩制动踏板的时间(the time to initiate the response action, for example, the time to engage the brakes)。

我们必须注意,PIEV 本身是人因特质的一部分,具有不可改变的先后顺序,即先有"P",

其次才会有"I",之后才是"E"与"V"。例如,某人驾车行进时,看见远处前方车道上疑似有一个静止障碍物,此时,驾驶人的一系列反应是:

(1)意识感应(Perception),驾驶人已清楚看到前方车道上疑似有障碍物,此时驾驶人已心知肚明,前方车道上有障碍物存在。

(2)智慧判断(Intellection),车辆更接近此疑似障碍物,驾驶人凭自身经验会本能判断,此疑似障碍物是否具有危险性,如判断具有危险性,驾驶人心中必有定见。

(3)情绪激发(Emotion),驾驶人心中已确认前方障碍物具有危险性,故决定采取合宜动作以避免撞及此危险障碍物。

(4)意志执行(Volition),驾驶人已采取实际动作,右脚离开加速踏板,瞬间改踩制动踏板(Brake Pedal),进行使车辆减速至停车的操作。

(二)认知-反应时间

认知-反应时间(Perception and Reaction Time)PRT,更具体而言,PRT是完成PIEV制动力开始作用前所有时间的总和,其与PIEV最相关的核心思维有以下两点,即:

(1)PRT究竟应为多长才算合理?

(2)影响PRT的相关因素有哪些?

1.PRT的时间长度

严格而论,PRT如果细分,可拆解成两部分,如式(8-1)所示,即:

$$PRT = MPT + RT \tag{8-1}$$

式中:MPT——心智处理时间(Mental Processing Time),前述完成"P""I""E"三者的时间总和,是驾驶人眼睛清楚明视道路前方状况,大脑认知,中枢神经系统直觉反射作用的总时间;

RT——反应时间(Reaction Time),右脚离开加速踏板直至踩制动踏板的时间,即完成前述"V"的时间。

我们必须注意,此处所指的反应时间乃是制动力开始作用前的时间,至于制动力开始作用后,直至车辆完全停止的时间则归类为制动时间(Braking Time),制动时间依车辆运行速度而异,与PRT无关。

道路交通工程视距设计中的PRT究竟应采用多长时间,在不同国家的道路设计相关规范或准则中可能稍有差异,不过我们必须先行了解下列重点思维,即:

(1)由人因理论,不同的人有不同心理特质与生理反应能力,故面对相同道路状况,不同驾驶人的PRT必然有异。

(2)PRT的单位虽然为秒,不过时间、速度、距离三者是相关的,故PRT取值不同,代表车辆行进的距离也不同。

(3)采用的PRT值越高,对道路交通安全必越有利,但是所需道路交通工程经费也越高,故两者之间必有Trade-off(优劣得失权衡)存在,如何取舍,有赖于道路交通规划设计者的学识。

2.影响PRT的相关因素

影响PRT的相关因素很复杂,无法与"人因理论"完全分割,不过仍可抽丝剥茧,略述如下。

(1) 初见/最初意识时(PRT 的最初始时)。

①环境亮度低时(Low Contrast):驾驶人较不易注意到前方的低亮度物体。

②有眩光时(Visual Glare):有眩光的情况下,驾驶人较不易判断前方状况。

③老年驾驶人(Older Age):老年人的视觉敏锐度较差,较易受眩光与外界因素影响。

④驾驶经验(Driver Experience):驾驶经验越少,对前方事物的意识、警觉状况越差。

⑤目标物尺寸、高度(Objects Size/Height):目标物尺寸越小、高度越低,要看到目标物需要的距离越小。

⑥驾驶期望(Driver Expectations):非预期的障碍物、状况出现时,驾驶者需要用较长时间认知。

⑦视觉受纷扰(Visual Clutter):当驾驶人的视觉受干扰而紊乱时,认知反应时间必较长。

(2) 道路设计提供的信息,例如标志、标线与信号灯等。

①老年驾驶人(Older Age):老年人需要较长时间方可认知各信息。

②信息状况复杂(Complexity):外界信息或状况复杂度越高,即驾驶人信息负载(DIL)越大,则驾驶人可清楚辨识信息、做出反应的时间必然越长。

③车辆操控(Vehicle Control)能力:老年人、驾驶经验较少者,遇任何状况的紧急处理、车辆操控均需要较长时间。

PIEV 是否可顺利进行将直接影响到 PRT 的长短。对正常驾驶人而言,其心智与精神状态皆正常,则 PRT 应在合理时间段内。反之,针对心智涣散者、酒驾者、老年人、嗑药者,其 PIEV 必无法正常顺畅进行,PRT 则大为增加,甚至无法进行 PIEV 的正常运作。

表 8-1 所示为 NCHRP 600 研究报告中,针对不同道路、不同驾驶状态下的认知-反应时间。

NCHRP 600 中的各种 PRT   表 8-1

道 路 类 型	驾驶者状态	道路状况复杂性	认知反应时间(s)
低流量道路	警觉	低	1.5
两车道主要郊区道路	疲劳	普通	3.0
市区干道	警觉	高	2.5
郊区高速公路	疲劳	低	2.5
市区高速公路	疲劳	高	3.0

道路几何线形的布设亦可能对 PRT 造成影响,如图 8-6 所示,针对较高等级的道路,布设缓和曲线(Transition Curve,也称"过渡曲线")对行车安全必有正面的帮助,此时驾驶人的视距条件相对较佳。

由前述,$PRT = MPT + RT$,依 AASHTO 的研究,在以下 3 种情况下,MPT 可以短至 0.7s,也可长至 1.5s,因人而异,即:

情况 1:可预期情况(Expected),$MPT = 0.7s$。

情况 2:非预期状况(Unexpected),$MPT = 1.25s$。

情况 3:惊讶状况(Surprise),$MPT = 1.5s$。

另依美国 AASHTO 绿皮书的长期研究,采取制动措施的反应时间平均约为 0.66s,不过依不同驾驶人而不同,有些人可能只需要不到0.66s,有些人可能需要1s,甚至更长时间。因此,为兼顾安全与计算的简便,按1s计算。因此美国AASHTO绿皮书将认知-反应时间与制动反应时间合并,并假设全部为 $PRT = MPT + RT = 1.5 + 1 = 2.5s$。

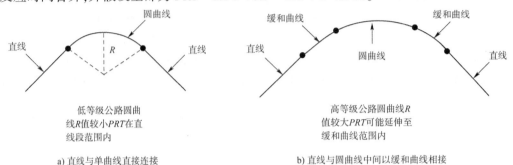

图 8-6 道路几何线形与 PRT 的关系

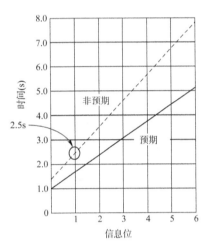

图 8-7 AASHTO 建议的 PRT

想正确确定放诸四海皆准的 PRT 确实不容易,事实上也不可能,其主要原因在于"人"的因素变异性太大,故AASHTO绿皮书建议,驾驶人清晰辨识一个非预期(Unexpected)信息所需的时间可定义为2.5s,如图8-7所示。如由图8-7结合前述第二章、第三章提及的信息过载现象,我们便可清楚知悉,信息量越多,则驾驶人需要的认知-反应时间 PRT 必然越长,这对道路交通安全明显更为不利。

(三)视距、视区与视错觉

在视距、视区都满足要求的前提下,道路交通规划设计者也必须确认,道路环境中绝不可存在有可能造成驾驶人视错觉(Optical Illusion)现象的错觉参照物(False Cues)。因为视错觉现象易使驾驶人的驾驶动作被误导,进而使驾驶人在毫无心理警戒与心理预期的情况下采取错误的驾驶动作,导致产生危险。在道路交通规划设计领域中,常见的视错觉现象有下列数种,例如:①速度错觉(Speed Illusion);②纵坡错觉(Grade Illusion);③弯道错觉(Curve Illusion);④距离错觉(Distance Illusion);⑤弯坡错觉(Curve-Grade Illusion);⑥颜色错觉(Color Illusion);⑦宽度错觉(Width Illusion);⑧高度错觉(Height Illusion)。

造成视错觉现象的主因在于有错觉参照物存在,可能由道路规划设计不良或外在物体误导驾驶人,如图8-8至图8-11所示。

如图8-12a)所示也是易误导驾驶人的视错觉案例。驾驶人行进时容易不知不觉靠道路中央行驶,如在桥侧植树或利用其他设施遮挡[图8-12b)],便可免除错觉参照物对驾驶人的误导。

道路沿线的绝大部分错觉参照物与人因理论(Human Factors)有关,在道路规划设计时即应全面检核,直至养护管理阶段也不可疏忽。

道路前方两排平行树木,易让驾驶人误认为道路前方直通

远端构筑土堤遮挡视错觉参照物,便可避免视错觉产生

图 8-8　错觉参照物的典型案例

前方路段为下坡,驾驶人可能因视错觉误将其看成上坡

图 8-9　典型的纵坡视错觉案例(1)

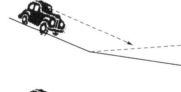

车辆在长距离下坡路段行驶,遇另一坡度较缓的下坡,驾驶人往往会因视错觉错误判断而将其看成上坡

车辆在长距离下坡路段行驶,遇另一缓升坡,驾驶人往往会因视错觉错误判断而将其看成陡升坡

图 8-10　典型的纵坡视错觉案例(2)

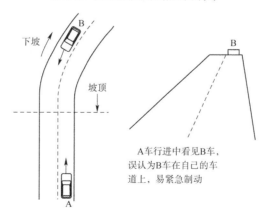

A车行进中看见B车,误认为B车在自己的车道上,易紧急制动

图 8-11　坡道曲线路段的弯坡视错觉案例

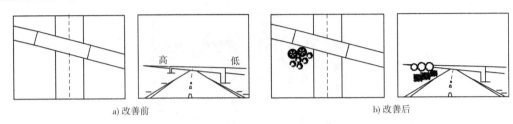

a) 改善前　　　　　　　　　　　　b) 改善后

图 8-12　误导驾驶人的视错觉案例及其改善方案

三、视距种类

道路交通规划设计领域中，依设计对象的差异，必须列入考虑的视距必在以下八大类之中，即：

(1) 停车视距(Stopping Sight Distance，简称 SSD)；
(2) 会车视距(Intermediate Sight Distance，简称 ISD)；
(3) 应变视距(Decision Sight Distance，简称 DSD)；
(4) 超车视距(Passing Sight Distance，简称 PSD)；
(5) 交叉路口视距(Intersection Sight Distance，简称 ISSD)；
(6) 缓曲视距(Slowing Sight Distance，简称 SLSD)；
(7) 预览视距(Preview Sight Distance，简称 PVSD)；
(8) 轨道系统平交道视距(Railroad Crossing Sight Distance，简称 RCSD)。

前述 8 种视距于道路设计时各有其相对应的适用条件，其中停车视距是最基本的要求。道路规划设计者必须针对道路不同状况与适用条件而慎选应采用的视距种类，并详加综合考虑。限于篇幅限制，前述 ISSD 与 RCSD 在本章中并未阐述。

道路任何一处的视距，可依下列 3 个数据值进行检核：

(1) 可用视距(Available Sight Distance，简称 ASD)，即驾驶人在道路现场可实际明视的视距；
(2) 需求视距(Required Sight Distance，简称 RSD)，此为道路设计时，设计规范、标准等要求的最小视距值；
(3) 设计视距(Design Sight Distance，简称 DGSD)，此为道路设计时，实际选定的视距设计值。

前述 3 个视距值之间，下列 3 个公式可用于检核，即：

(1) DGSD≥RSD，设计视距必须大于或等于需求视距，这是最基本的设计要求；
(2) ASD≥RSD，可用视距必须大于或等于需求视距，即在道路现场，驾驶人可实际明视的视距应大于需求视距；
(3) ASD＞DGSD≥RSD，在道路初设计与管理养护阶段，此式可作为视距检核的准则参考。

针对新设计道路，视距是必须绝对符合标准规范的设计内容之一，不可有丝毫违背。尤其应思考下列重点，即：

(1) 道路在不同地点可能必须采用不同的视距种类，尤其应考虑到道路几何线形与视距的关系密不可分；

（2）设计规范是最低要求标准，如再考虑宽容设计（Forgiven Design）或安全因子（Safety Factor），道路规划设计者也应思考设计视距是否可以合理提升；

（3）高设计视距意味着高工程经费，需要深思和谨慎权衡。

针对既有道路的视距检核，可引进道路安全检核或道路安全评价或审计，翔实检核。

白天与夜晚的道路驾驶环境迥然不同，夜间照明、线形诱导设施、反光设施等皆可明显提升夜间驾驶环境的功能。

除前述内容之外，我们也应清楚了解，各道路设计规范针对视距准则的建立，皆有如下基本假设条件：

①潮湿路面、视线正常；②白天、直线路段；③驾驶人心智正常；④车辆功能正常；⑤乡区双车道。

基于此，道路交通工程设计者应针对道路的实际状况，与前述基本假设条件对照，在必要时做适度的修正，辅以合宜的安全距离。

四、停车视距

（一）基本观念

探讨停车视距（Stopping Sight Distance，简称 SSD）之前，首先必须了解其中的"停车"意涵。"停车"在英文中有两种情况，即：

（1）Parking：驾驶人心有定见，已有明确的目的地与停车场所，或可在目的地附近觅得停车位，故驾驶人会主动控制车速。

（2）Stopping：车辆行进过程中，遇见未事先预期的状况，车道前方突有障碍物，驾驶人突然被迫必须减速停车。

在道路交通工程设计中，必须将停车视距纳入考虑，因停车视距为所有不同视距中最基本的视距要求，这里的"停车"指前述的"Stopping"，与"Parking"完全无关。

在道路交通工程设计领域中，停车视距的基本定义为：

车辆驾驶人发现前方车道中有障碍物，从认知（Perception）、反应（Reaction）、制动（Braking）至车辆完全停止所需的总距离。

如图8-13与图8-14所示为停车视距的基本定义示意，其中的重点在于时间与距离两大主轴。

由图8-13与图8-14可清楚看出，与停车视距相关的对象只有两个，即驾驶人与前方车道或行车路径上的静态障碍物，而停车视距由以下两段时间共同组成。

（1）认知-反应时间（Perception-Reaction Time）：AASHTO绿皮书建议，针对停车视距，PRT 可采用2.5s，而世界道路协会（PIARC）甚至建议，依不同道路形态而采用4~6s。

（2）制动力开始作用，直至车辆完全停止的时间（Maneuver Time）：此时间与车辆速度有关，速度越高，所需的制动时间越长。故设计速度越高，则停车视距必然越长。

同理，与前述两段时间对应必有两段距离，即：

（1）车辆在 PRT 时间段内行进的距离 D_{PR}，即认知-反应距离。

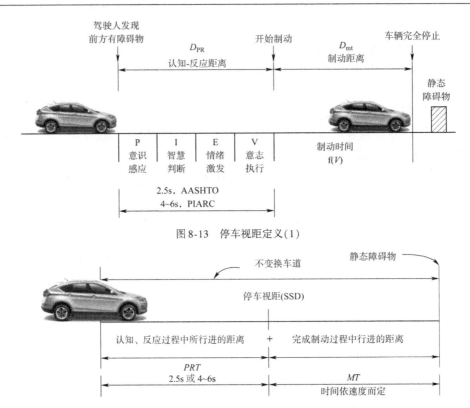

图 8-13 停车视距定义(1)

图 8-14 停车视距定义(2)

(2) 车辆在 MT 时间段内行进的距离 D_{mt},即制动距离。故停车视距至少应为认知-反应距离(D_{PR})与制动距离(D_{mt})之和,即:

$$SSD \geq D_{PR} + D_{mt} \tag{8-2}$$

我们必须注意,在道路交通的正常驾驶任务中,凡是与制动有关的都必须是 Comfortable Deceleration(合理从容的减速),AASHTO 建议此值约在 3.4 m/s² 之内,针对停车视距中的制动亦是如此。反过来说,Emergency Deceleration(紧急制动)在驾驶任务中属于不正常的驾驶动作或行为,故停车视距中的制动不可以紧急制动来评估。

如图 8-15 所示即为正常制动情况下,制动力的完整作用机制。由此图可知,PIEV 中的 "V",即前述的反应时间 RT,可表示成:

$$RT = t_0 + t_1 \tag{8-3}$$

同理,RT 完成后,制动力开始作用,直至车辆完全停止的时间 MT 可表示成:

$$MT = t_2 + t_3 + t_4 + t_5 \tag{8-4}$$

对正常驾驶而言,前述的 RT 为一极短的时间,如前述的 0.66s 至 1s 左右,而 MT 的时间则与车辆在制动力开始作用前的动能或速度有关,动能或速度越高,则 MT 值越长。

如图 8-16 所示为停车视距的合理性探讨,共有如下 3 种情况。

情况 1:设计停车视距,$SSD = D_{PR} + D_{mt}$,即车辆刚好可以停止在车道前方的障碍物处,此为临界状况(Critical Case)。

情况 2:设计停车视距,$SSD > D_{PR} + D_{mt}$,即车辆停止在障碍物前方某处,此为安全状况

(Safe Case)。

情况 3：设计停车视距，$SSD < D_{PR} + D_{mt}$，即车辆在完全停止前已撞及障碍物，此为不安全情况（Unsafe Case）。

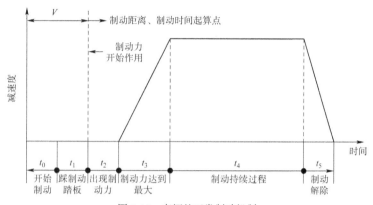

图 8-15　车辆的正常制动机制

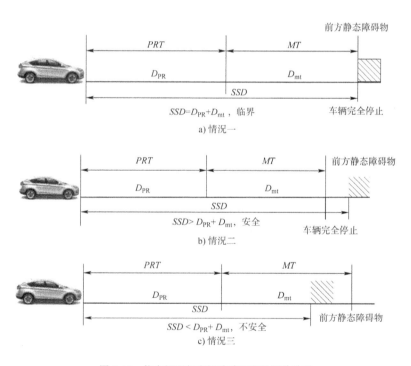

图 8-16　停车视距与车辆移动距离的相关关系

从道路交通安全的观点而言，道路交通规划设计者务必确认将设计停车视距落实在前述的情况之中，即驾驶人实际可利用的停车视距（Available Stopping Sight Distance）应大于理论停车视距，至于应大于多少，取决于道路规划设计者的综合智慧判断。尤其应该注意，可被驾驶人实际利用的视距值必与道路几何线形有关，但是太优越的道路几何线形可能造成道路工程建设经费攀升。

如图 8-17 所示为不同运行速度情况下,认知-反应距离(D_{PR})与制动距离(D_{mt})的分布,可清楚看出,运行速度越高,则 D_{PR} 与 D_{mt} 皆越大,且 D_{mt} 与 D_{PR} 的比值越大。

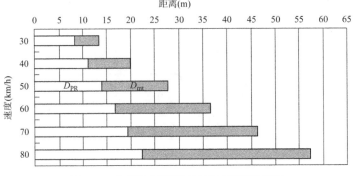

图 8-17 各不同速度下的认知反应与制动距离

(二)停车视距计算

严格而论,与停车视距值相关的因素可归纳为以下七大项,即:
(1)认知-反应时间(Perception-Reaction Time);
(2)驾驶人眼高(Driver Eye Height);
(3)目标物、障碍物高度(Object Height);
(4)车辆运行速度(Vehicle Operating Speed),与制动距离有关;
(5)道路纵坡(Roadway Grade);
(6)车辆减速率(Deceleration Rates);
(7)路面摩擦系数(Pavement Coefficient of Friction)。

第(6)和第(7)点的意义相似,因路面摩擦系数的功能可由车辆减速率取代,故可浓缩为前面 6 点。

1. 以纵向摩擦系数计算制动距离

"纵向"指车辆的行进方向,而"摩擦"指粗糙的路面可提供给车轮表面的滚动阻力(Rolling Resistance)。

停车视距(SSD)的计算,事实上是根基于传统的物理学原理。道路交通工程界早期皆以路面纵向摩擦系数计算制动距离,可表示如下:

$$SSD = 0.278St + \frac{S^2}{254(f + G)} \tag{8-5}$$

式中:S——道路设计速度(m/s);
t——认知-反应时间(s);
f——轮胎与路面间的纵向摩擦系数;
G——道路纵坡度,上坡取正值,下坡时取负值。

前述式(8-5)的推导过程详述如下。

今假设:m = 车辆质量(Mass);W = 车辆重量 = mg,g = 重力加速度 = 9.8m/s^2;D_{mt} = 制动距离。

开始踩制动踏板,制动力开始作用直至车辆完全停止的时间、距离称为制动时间、制动距离。行驶中的车辆具有动能,待其完全停止时,其动能等于0。依能量原理,行驶中原有的动能消失,转换为轮胎与路面摩擦力对车辆做功(Work)。依能量守恒原理,两者应相等。

车辆的动能为 $mS^2/2$,而车辆制动所做的功可表示为 WfD_{mt},故有:

$$\frac{1}{2}mS^2 = W \cdot f \cdot D_{mt} = mg \cdot f \cdot D_{mt} \qquad (8-6)$$

由上式可得,制动距离 D_{mt} 为:

$$D_{mt} = \frac{S^2}{2 \cdot g \cdot f} \qquad (8-7)$$

停车视距为认知-反应距离(D_{PR})与制动距离(D_{mt})的总和,故:

$$SSD = D_{PR} + D_{mt} = St + \frac{S^2}{2 \cdot g \cdot f} \qquad (8-8)$$

上式中,$St = D_{PR} =$ 认知-反应距离,此为车辆定速移动距离。如将车速 S 的单位 m/s 改为日常实用的单位 km/h,由于 1m/s = 3.6km/h,将此值代入式(8-8)中,则可得无纵坡道路的停车视距为:

$$SSD = \frac{1}{3.6}St + \frac{1}{2} \times \frac{S^2}{9.8 \times f \times 3.6 \times 3.6} \qquad (8-9)$$

此式也可表示成:

$$SSD = 0.278St + \frac{1}{254} \cdot \frac{S^2}{f} \qquad (8-10)$$

式(8-10)是道路在无纵坡情况下,依据路面纵向摩擦系数计算认知-反应距离与制动距离而综合计算得知的停车视距,其中速度,S 的单位为 km/h,认知-反应时间 $PRT = t$ 的单位为 s,计算得知的 SSD 的单位为 m。

假设道路的纵坡度为 G,则停车视距便可由式(8-10)扩充至式(8-11),即:

$$\begin{aligned}SSD &= 0.278St + \frac{S^2}{254(f + G)} \\ &= 0.278St + 0.00394 \cdot \frac{S^2}{(f + G)}\end{aligned} \qquad (8-11)$$

在道路交通工程实务中,人们均认为此法较粗糙,因路面情况非常复杂,路面纵向摩擦系数、车辆轮胎表面变异值很大。故式(8-11)的计算方式已不再受到道路交通工程界青睐。

轮胎与路面间的纵向摩擦系数除与轮胎及路面的表面状态、材质有关之外,也与车速直接相关,故纵向摩擦系数应经过严格的长期实验方可翔实得知。随着科技的进步、研究信息的日渐完整,当今全球主要国家皆改以制动减速度替代纵向摩擦系数来计算停车视距。

2. 以车辆制动减速度计算制动距离

以车辆制动减速度计算的停车视距可表示如下,即:

$$SSD = 0.278St + 0.039 \cdot \frac{S^2}{\frac{a}{9.8} \pm G} \qquad (8-12)$$

式(8-12)的推导过程可综合详述如下。

制动停止前,行驶中的车辆犹具有动能,至完全停车时,其动能便完全消失,这是因为车辆制动时,制动力 F 将产生车辆减速度 a,而制动力则对制动距离 D_{mt} 做功(Work)。依能量

守恒原理,则有:

$$\frac{1}{2}mS^2 = F \cdot D_{mt} = m \cdot a \cdot D_{mt} \tag{8-13}$$

则制动距离, D_{mt} 便可表示成:

$$D_{mt} = \frac{S^2}{2a} \tag{8-14}$$

停车视距为认知-反应距离(D_{PR})与制动距离(D_{mt})两者的总和,故:

$$SSD = St + \frac{S^2}{2a} \tag{8-15}$$

上式中,$D_{PR} = St$ 乃车辆定速移动距离,故与制动作用无关。

将车速单位由 m/s 改为日常实用单位的 km/h,1m/s = 3.6km/h,则上式便可改写成:

$$SSD = \frac{1}{3.6}St + \frac{S^2}{2a \times 3.6 \times 3.6} = 0.278St + 0.039 \cdot \frac{S^2}{a} \tag{8-16}$$

式(8-16)即是无纵坡情况下,依据制动减速度原理而得的停车视距。

若考虑道路的纵坡度,由纵坡度坡道阻力影响可计算制动距离如下:

$$\frac{1}{2}mS^2 = (F \pm mg \cdot \sin\theta) \cdot D_{mt} = m(a \pm g \cdot \sin\theta) \cdot D_{mt} \tag{8-17}$$

因纵坡度(θ)一般均很小,故:

$$\sin\theta = \tan\theta = G\% \tag{8-18}$$

代入式(8-17),则可得:

$$\frac{1}{2}S^2 = (a \pm g \cdot G) \cdot D_{mt} \tag{8-19}$$

由此式便可得制动距离,D_{mt} 如下:

$$D_{mt} = \frac{S^2}{2 \cdot (a \pm g \cdot G)} = \frac{S^2}{2 \cdot g\left(\frac{a}{g} \pm G\right)} \tag{8-20}$$

上式中,将车速 S 的单位 m/s 改为日常实用单位的 km/h,由于 1m/s = 3.6 km/h,代入上式,则可得到制动距离 D_{mt} 为:

$$D_{mt} = \frac{S^2}{2 \cdot g\left(\frac{a}{g} \pm G\right)} = \frac{S^2}{2 \times 9.8 \times \left(\frac{a}{9.8} \pm G\right) \times 3.6 \times 3.6} = 0.00394 \cdot \frac{S^2}{\frac{a}{9.8} \pm G} \tag{8-21}$$

以制动减速度表示,同时考虑纵坡度影响的停车视距便为:

$$SSD = D_{PR} + D_{mt} = 0.278St + 0.00394 \cdot \frac{S^2}{\frac{a}{9.8} \pm G} \tag{8-22}$$

由式(8-22)可清楚看出,当考虑纵坡度对停车视距的影响时,上坡路段的停车视距必然小于下坡路段与无纵坡路段的停车视距。

(三)设计规范值

世界各国的道路设计规范均会明确规定停车视距,不过因考虑细节不同,视距值将略有差异。为 AASHTO 绿皮书针对无纵坡情况规定的停车视距值见表 8-2,其值的计算可参考式(8-10),$PRT = 2.5s$。

美国 AASHTO 绿皮书无纵坡度情况下的停车视距 表 8-2

设计速率 (km/h)	认知反应距离 (m)	无纵坡度制动车距离 (m)	停车视距(m)	
			计算值	设计值
20	13.9	4.6	18.5	20
30	20.9	10.3	31.2	35
40	27.8	18.4	46.2	50
50	34.8	28.7	53.5	55
60	41.7	41.3	83.0	85
70	48.7	56.2	104.9	105
80	55.6	73.4	129.0	130
90	62.6	92.9	155.5	160
100	69.5	114.7	184.2	185
110	76.5	138.8	215.3	220
120	83.4	165.2	248.6	250
130	90.4	193.8	284.2	285

AASHTO 绿皮书给出的在考虑纵坡度影响的最小安全停车视距值见表 8-3。台湾地区"公路路线设计规范"的最小停车视距值见表 8-4。

AASHTO 绿皮书给出的停车视距值 表 8-3

设计速度 (km/h)	停车视距 (m)					
	下坡			上坡		
	3%	6%	9%	3%	6%	9%
20	20	20	20	19	18	18
30	32	35	35	31	30	29
40	50	50	53	45	44	43
50	66	70	74	61	59	58
60	87	92	97	80	77	75
70	110	116	124	100	97	93
80	136	144	154	123	118	114
90	164	174	187	148	141	136
100	194	207	223	174	167	160
110	227	243	262	203	194	186
120	263	281	304	234	223	214
130	302	323	350	267	254	243

台湾地区停车视距　　　　　　　　　　　　　　　表 8-4

设计速率 V_d (km/h)	停车视距 SSD(m)		坡度修正值 ΔSSD(m)		
	容许最小值	建议值	纵坡度 G +3%/-3%	纵坡度 G +6%/-6%	纵坡度 G +9%/-9%
120	195	250	-14/14	—	—
110	175	220	-12/12	—	—
100	155	185	-10/10	—	—
90	135	160	-8/8	—	—
80	110	130	-6/6	-11/15	—
70	90	105	-5/5	-9/11	—
60	70	85	-3/3	-6/8	—
50	55	65	-2/2	-4/6	-6/10
40	40	50	-2/2	-3/4	-4/6
30	30	35	-1/1	-2/2	-2/3
25	25	30	-1/1	-1/1	-2/2
20	20	20	0/0	0/0	0/0

表 8-4 中的建议值指在理想状况下应采用的最小停车视距值,而容许最小值则是指在受到既定现实条件限制下,虽不完美但仍可勉强接受的停车视距值。

如图 8-18 所示为 AASHTO 绿皮书的停车视距比较,仅针对纵坡度 3% 的情况,由此图可清楚看出,针对同一设计速度而言,停车视距值必是下坡路段大于平坡(无纵坡或纵坡很小)路段,停车视距最小的必位于上坡路段,此由式(8-22)也可清楚看出,且随着设计速度的增加,此三值的差异值也越大。

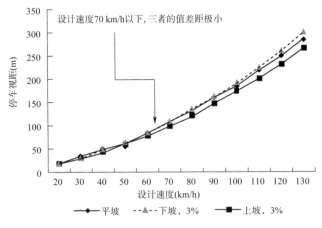

图 8-18　AASHTO 的停车视距比较

中国大陆《公路路线设计规范》《公路工程技术标准》建议的最小停车视距值见表 8-5。《城市快速路设计规程》建议的最小停车视距值见表 8-6。从表 8-5 与表 8-6 中也可清楚看出,这些停车视距是针对无纵坡的情况。

大 陆 停 车 视 距 表 8-5

设计速度 (km/h)	20	30	40	60	80	100	120
停车视距(m)	20	30	40	75	110	160	210

来源:《公路路线设计规范》,2017;《公路工程技术标准》,2014。

城市快速路最小停车视距 表 8-6

设计速度(km/h)	60	80	100
最小停车视距(m)	75	110	160

中国大陆的《公路路线设计规范》针对纵坡的处理方式与 AASHTO 绿皮书略有不同,其针对下坡路段的停车视距是以货车停车视距规定的,见表8-7。

下坡路段货车停车视距 表 8-7

	设计速度(km/h)	20	30	40	60	80	100	120
纵坡坡度 (%)	0	20	35	50	85	125	180	245
	-3	20	35	50	89	130	190	265
	-4	20	35	50	91	132	195	273
	-5	20	35	50	93	136	200	—
	-6	20	35	50	95	139	—	—
	-7	20	35	50	97	—	—	—

如表8-8与图8-19所示为中国大陆《公路路线设计规范》与 AASHTO 绿皮书在无纵坡度(平坡)与纵坡度 -3%(下坡)情况下的停车视距比较,由此比较可看出下列重点。

(1)针对平坡状况,中国大陆的最小设计停车视距值明显小于 AASHTO 绿皮书,且设计速度越高,差距值越大。尤其是高速公路,中国大陆的最小安全停车视距值比美国 AASHTO 绿皮书短了40m,假设时速为90km/h,则驾驶人针对停车视距可利用的全部应对时间少了足足1.6s。造成此现象的主要原因是中国大陆的规范以早期常采用的"纵向摩擦系数"理论为准,而 AASHTO 则早改以"车辆制动减速度"理论为依托。

(2)如位于下坡路段,中国大陆的货车最小设计停车视距值与 AASHTO 绿皮书的差异很小,但是差异规律性极不明显。

(3)由于上坡路段的停车视距值必然比平坡状况时小,故在上坡路段,如设计规范未强制要求,则可以平坡状况下的停车视距值取代。

(4)理论上,为了保证道路纵向排水的效果,绝大部分路段都具有纵坡(Grade),即沿着道路长度方向(即行车方向)的坡度。在讨论停车视距时,所谓"平坡"或"无纵坡"是强调停车视距的决定可不受纵坡影响,并非指该道路毫无纵坡,其分界点依各规范而异,一般而言,其值在3%左右,即在纵坡3%以内,上坡路段的停车视距可视同无纵坡状况,不过针对下坡路段,应依设计规范而将设计停车视距适量增加,且应包含所有车辆,不宜仅针对货车。

下坡、平坡路段停车视距比较　　　　表 8-8

设计速率 (km/h)	中国大陆(A)		AASHTO(B)		差距(A−B)	
	平坡	有纵坡 −3%	平坡	有纵坡（下坡,3%）	平坡	有纵坡（下坡,3%）
20	20	20	20	20	0	0
30	30	35	35	32	−5	3
40	40	50	50	50	−10	0
60	75	89	85	87	−10	2
80	110	130	130	136	−20	−6
100	160	190	185	194	−25	−4
120	210	265	250	263	−40	2

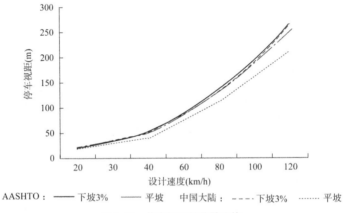

图 8-19　停车视距的差异比较

(四)视点高度与目标物高度

针对停车视距的视点高度,不同设计规范各采用不同取值,例如:

(1)中国大陆的《公路路线设计规范》与《公路工程技术标准》:小型客车视点高度为 1.2m,即 120cm。货车则取 2m,即 200cm。

(2)美国 AASHTO 绿皮书:小型汽车取 3.5ft,约合 108cm;大货车取 8ft,约合 244cm。

(3)日本《道路构造令》:与中国大陆的小客车相同,不分车型皆取 1.2m,即 120cm。

(4)中国台湾地区的"公路路线设计规范":不分车型皆取 3.5ft.,即 108cm。

简易起见,视点的位置可取车道宽度中心处,则视点高度为驾驶人眼睛高出路面的垂直高度。

针对停车视距的目标物高,不同设计规范的采用值也有不同,例如:

(1)AASHTO 绿皮书采用 3.5ft,即 108cm;

(2)中国台湾地区的"公路路线设计规范"采用 6in,即 15cm;

(3)日本的《道路构造令》采用 10cm;

(4)中国大陆的《公路路线设计规范》采用 10cm,与日本《道路构造令》相同。

考虑停车视距的本意是为了避免行进在某车道的车辆突见前方有不可预期的障碍物,

故必须确认有停车视距的空间,以免车辆撞到此障碍物。基于此,停车视距中的目标物或障碍物必须有一定的高度,故不宜是标线(标线的高度为0,且标线遇雨天时可明视性很差)。

目标物的位置可取车道中心处、车道两侧或者车辆行进过程中须明视者,可衡量比较再做最后决定。

(五)曲线路段停车视距

前述的停车视距是指车辆行驶在直线路段中,车道正前方某处有静止障碍物存在的情况。但在进行道路平面线形设计时,为判断停车视距,我们必须考虑的驾驶人前方障碍物应分为两类,即:

(1)曲线路段内侧的路外障碍物;
(2)行车道路面上的障碍物。

曲线路段内侧(曲线半径较外侧小)的视觉障碍物通常位于路权范围之外,可能是建筑物、树木植栽或路堑高边坡,它们会遮挡驾驶人前方侧面的视线,如图8-20所示,故针对平曲线路侧的路外障碍物,道路交通工程设计者应注意下列两点,即:

(1)如路外视觉障碍物可移动,则应移开障碍物,以便增长视距。
(2)如因特殊因素,障碍物不可移动,则应修正路线,或放大曲线半径,且必须符合最小停车视距(Minimum Stopping Sight Distance)的要求。

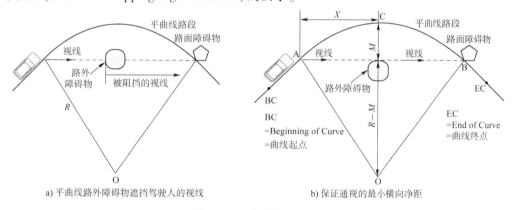

图 8-20 平曲线路段的视距

如图8-20a)所示,路外障碍物会遮挡驾驶人前方侧向的视线,进而对横亘于路面上的静止障碍物无法察觉。故针对此情况,道路交通工程设计者应有保证通视的最小横向净距的观念,如图8-20b)所示。

如以前述图8-20b)所示最小横向净距 M 为基准,则平曲线长度与停车视距的相互关系有下列两种,即:

(1)平曲线长度 > 停车视距(SSD)时,则:

$$M = \frac{SSD^2}{8} \tag{8-23}$$

(2)平曲线长度 < 停车视距时,则:

$$M = \frac{L_c(2SSD - L_c)}{8R} \tag{8-24}$$

式中：M——最小横向净距；

SSD——停车视距；

R——道路内车道中心线的曲率半径；

L_c——圆曲线弧长。

式(8-23)与式(8-24)的推导如下详述。

1. 平曲线长度 > 停车视距(SSD)时

停车视距(SSD) = ACB 弧长 < 圆曲线长度。

由图 8-20 b)，车辆行进至 A 点(BC 点已过)，见到远处 B 点(尚未至 EC 点)处的路面中有障碍物，可看出：

$$R^2 = X^2 + (R-M)^2, X^2 = \left(\frac{SSD}{2}\right)^2 - M^2$$

$R^2 = \dfrac{(SSD)^2}{4} - M^2 + R^2 - 2RM + M^2$，因此 $2RM = \dfrac{SSD^2}{4}$，可得：

$$M = \frac{SSD^2}{8R} \tag{8-25}$$

2. 平曲线长度 < 停车视距(SSD)时

图 8-21 所示为平曲线长度小于停车视距的示意图。

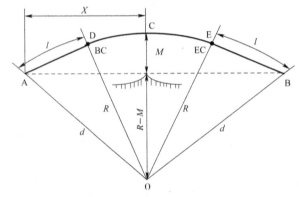

图 8-21　平曲线长度小于停车视距

$\overline{AD} = \overline{EB} =$ 直线路段 $= \ell$，$\overparen{DCE} =$ 圆弧路段 $= L_c$

停车视距 $SSD = \overline{AD} + \overparen{DCE} + \overline{EB} = L_c + 2\ell$，$\therefore \ell = \dfrac{1}{2}(SSD - L_c)$

由图 8-21，可知：

$$\left(\frac{SSD}{2}\right)^2 = X^2 + M^2, X^2 = d^2 - (R-M)^2 \tag{8-26}$$

$$d^2 = \ell^2 + R^2 = \left(\frac{S_s - L_c}{2}\right)^2 + R^2 \tag{8-27}$$

$$\frac{SSD^2}{4} = \frac{1}{4}[SSD^2 + 2L(SSD) + L_c^2] + R^2 - (R^2 + 2RM + M^2) + M^2 \tag{8-28}$$

故可得：

$$M = \frac{L_c(2 \times \text{SSD} - L_c)}{8R} \tag{8-29}$$

由前述内容可知,在平曲线路段,道路交通工程设计者必须确认最小横向净距 M 的值后,方可确定停车视距。

在进行道路几何线形设计时,针对道路平曲线的布设必须考虑到"最短曲线长度",不过我们必须注意,"最短曲线长度"的考虑是基于驾驶任务(Driving Task),故仍应确认驾驶人的实际可用停车视距(Available Stopping Sight Distance)务必要大于最小停车视距值。

对多车道的曲线段而言,如图 8-22 所示,停车视距必须以最内车道路面边线及内路肩为准进行检核,尤其应避免路肩内有故障车辆时无法确保通视距离大于停车视距的情况。

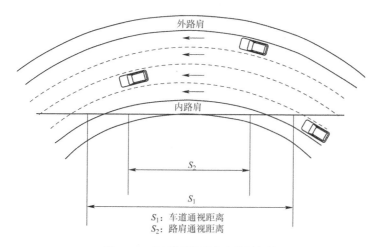

图 8-22 多车道路段的停车视距考虑

(六)竖曲线的停车视距

与平曲线类似,竖曲线(Vertical Curve)设计时必须顾及所需的最短长度。事实上,最小安全停车视距为凸形竖曲线的最短长度的主要决定因素之一。由此视距决定的竖曲线长度,除可增进行车安全外,也可兼顾道路使用者的舒适性及公路整体景观的美感协调。

与图 8-16 中的观念相似,针对竖曲线路段,如图 8-23 所示,务必确认驾驶人实际可用停车视距大于最小安全停车视距,即确认其停车视距条件符合如图 8-23b)所示的情况二。

当凸形竖曲线的最短长度不足时,将造成视觉消失(Sight Loss)现象,此时应采用合宜的交通控制设施辅助,如图 8-24 所示。

如图 8-25 所示是最短凸形竖曲线长度不足,即最小安全停车视距不足的示意。图中的 VBC = Vertical Beginning of Curve = 竖曲线起点,VEC = Vertical End of Curve = 竖曲线终点。由道路几何设计原理,最后便可推导得知符合最短安全停车视距的最短凸形竖曲线长度为:

$$L_v = \frac{\text{SSD}^2(G_1 - G_2)}{200(\sqrt{H_e} + \sqrt{H_0})^2} \tag{8-30}$$

由于本章的重点仅在于强调视距的观念,上式的推导过程牵涉很多道路几何线形相关原理,故未列出细节,只列最终式,读者如有兴趣,敬请参阅参考文献[47]。

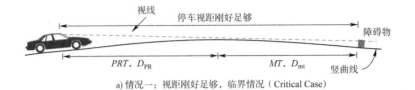

a) 情况一：视距刚好足够，临界情况（Critical Case）

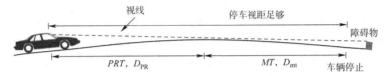

b) 情况二：视距足够，安全情况（Safe Case）

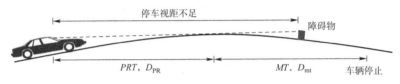

c) 情况三：视距不足，不安全情况（Unsafe Case）

图 8-23　凸形竖曲线上的停车视距

a) 视距不足，谨慎驾驶

b) 无视距

图 8-24　凸形竖曲线路段最小长度不足造成视距不足，以标志警示的案例

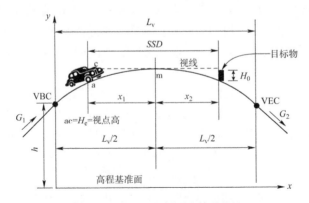

图 8-25　最短凸形竖曲线长度的推导

如图 8-26 所示为凸形竖曲线长度小于最短安全停车视距的情况,指此凸形竖曲线长度不足,不符设计规范的相关规定,对行车安全具有某种程度的威胁性,对新设计(未发包)的道路宜重新设计,对既有道路则须考虑修改线形或以交通工程的手段辅助。

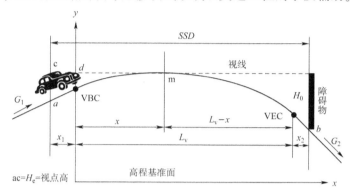

图 8-26　凸形竖曲线长度不足的情况

道路几何线形的优劣是道路交通安全的先天基因。如图 8-26 所示的状况对于既存道路几何线形与长期事故率相关性的检核、道路交通事故原因鉴定皆非常重要。

由道路几何线形设计原理,最后可推导出,道路应具备的最短竖曲线长度应如式(8-31)所示:

$$
\begin{aligned}
SSD &= \left(\frac{L_v}{G_1-G_2}\right)\left(\frac{H_e}{\frac{\sqrt{h_1}L_v}{\sqrt{H_e}+\sqrt{H_0}}} + \frac{H_0}{L_v - \frac{\sqrt{H_e}L_v}{\sqrt{H_e}+\sqrt{H_0}}}\right) + \frac{L_v}{2} \\
&= \left(\frac{1}{G_1-G_2}\right)(H_e + 2\sqrt{H_e H_0} + H_0) + \frac{L_v}{2} \\
&= \frac{(\sqrt{H_e}+\sqrt{H_0})^2}{G_1-G_2} + \frac{L_v}{2}
\end{aligned}
$$
(8-31)

凹形竖曲线先天上并无如凸形竖曲线的视距问题,不过在凹形地下道或凹形竖曲线上方有结构物时,仍须考虑其视距,如图 8-27 所示即为位于某结构物下方的凹形竖曲线。

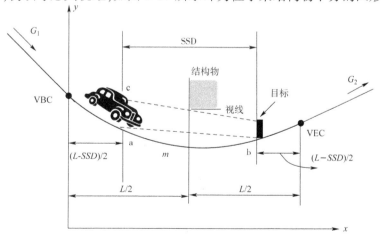

图 8-27　位于结构物下方的凹形竖曲线

凹形竖曲线的最短长度,依前车灯所能照射到达路面的距离而定,即车灯照射应大于停车视距。

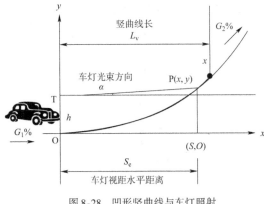

图8-28 凹形竖曲线与车灯照射

车灯照射的路面,与车灯高度及车灯光束的方向有关,车灯一般距离地面高度约60cm(2ft),而车灯光束方向设为车辆长轴方向上仰1°。车灯虽因散光效应而有较长的照射距离,不过工程实务上,不易精确估计,故一般均不予考虑。

图8-28 为凹形竖曲线车灯照射关系图。$TO = h$ 为车灯高,α 为车灯光束方向,TP 为车灯视距,S_e 为车灯视距的水平距离,L_v 为凹形竖曲线长度,凹形竖曲线前后端的路面坡度分别为 $G_1\%$ 及 $G_2\%$。由道路几何线形设计原理便可得知:

$$L_v = \frac{\Delta G}{122 + 3.5 S_\ell} \times S_\ell \tag{8-32}$$

(七)弯坡组合

如图8-29 所示为驾驶人由直线段进入曲线段的一系列驾驶区段(Driving Segment),其中,最重要的交通工程设计细节是平曲线起点(BC 点)前的驾驶人预期效应(Expectancy Effects)。

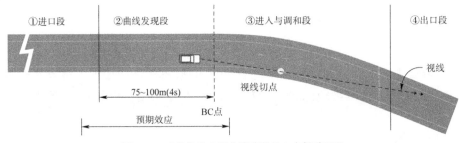

图8-29 直线段进入平曲线路段的4个驾驶区段

在直线路段进入平曲线路段之前,驾驶人将面临运行速度调整的驾驶任务。如几何线形协调平顺,曲率半径极大,驾驶人的驾驶任务可直接由直线段轻易进入曲线段,甚至连运行速度都无变化。例如高速、快速公路的平面线形都具备此特质,驾驶人由直线段进入缓和曲线段,再进入平曲线段。驾驶人直接感受到的道路曲线半径即是所谓的"直观半径"(Apparent Radius),此曲线半径在驾驶人心中并非一个确定的数字,而是驾驶人凭其自身经验,用以控制其运行速度的参考。

当驾驶人直接感受到的直观半径与预期有明显差距时,即直观半径与平曲线的真实半径有巨大落差,驾驶人将面临短时间内必须迅速降低车辆运行速度的窘境。

此平曲线如果同时位于竖曲线路段,则此路段有曲度也有纵坡存在,即此路段为"弯坡组合路段",则道路交通规划设计者应针对此"弯坡组合"进行视距的检核。有两种情况,即:

(1)平曲线弯道+下凹形竖曲线；
(2)平曲线弯道+上凸形竖曲线。

1. 平曲线弯道+下凹形竖曲线

对于既是平曲线弯道又是下凹形竖曲线的路段,务必检核此路段是否有"视觉扭曲"(Visual Distortion)的视错觉(Optical Illusion)现象。如有此现象,则驾驶人直觉感受的直观半径必大于实际曲线半径,则驾驶人可能被误导而致驾驶速度过快,进而采用大行驶半径,因此,极易侵入到相邻车道甚至是完全驶入对向车道,如图8-30所示。

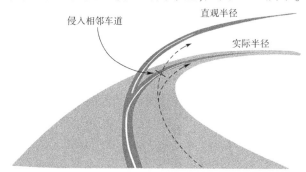

图8-30 平曲线+下凹竖曲线造成的视错觉

如图8-31所示是平曲线弯道且又是下凹形竖曲线时,该路段是否具有视错觉现象的参考,因此须同时确认平曲线与下凹形竖曲线的半径值,不可落在"Unacceptable Range(不可接受范围)"之内。最佳状况下应选用"Recommended Range"(推荐范围);如确实不得已,可退而求其次,选取"Acceptable Range"(可接受范围)。不过应注意该图的适用条件,直线路段接圆曲线与两个不同半径的圆曲线路段相接续的状况略有差异。

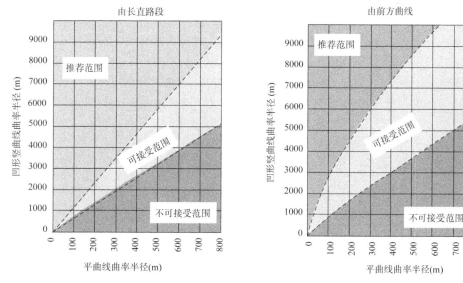

图8-31 弯坡组合有否视错觉现象判定参考

2. 平曲线弯道+上凸形竖曲线

与前述类似,当平曲线弯道同时位于上凸形竖曲线时,也应检核其是否存在造成视觉扭曲的视错觉现象。如确认有此现象,则驾驶人凭视觉感受的直觉半径必小于实际曲线半径,此时驾驶人会被误导而有视觉不连续之感,甚至采取突然大幅减速的急速动作,导致产生安全隐患。

3. 缓曲视距

缓曲视距(Slowing Sight Distance,简称 SLSD)。我们必须注意,SLSD 是概念性的视距设计值,指在平曲线弯道且同时又是竖曲线的路段,须确认其不存在视错觉造成的视觉扭曲现象,以免误导驾驶人采取错误的驾驶动作。

到目前为止,世界各国的道路设计相关规范皆未明确规定 SLSD 的取值,不过 SLSD 的主要理念在于要求道路交通工程的设计者针对道路几何线形检核视错觉现象,如有此现象则应适度修正几何线形,其中尤其应特别注意下凹形竖曲线的平曲线弯道,因为其危险性远高于位于上凸形竖曲线上的平曲线弯道。

如图 8-32 所示为平曲线的驾驶人视距示意图,由于驾驶人视线不像在直线路段上时可沿直线长度方向展延,曲线段上的驾驶人视距易因曲度的缘故而被截断,故平曲线路段必须符合为了行车安全因素而考虑平曲线最小长度的要求。当圆曲线转角(即切线交角,Intersection Angle,见图 8-33)超过一定大小时,驾驶人的视错觉现象便可能产生。AASHTO 绿皮书与中国台湾地区的"公路路线设计规范"中定为 5°,日本《道路构造令》与中国大陆的《公路路线设计规范》中则定为 7°。

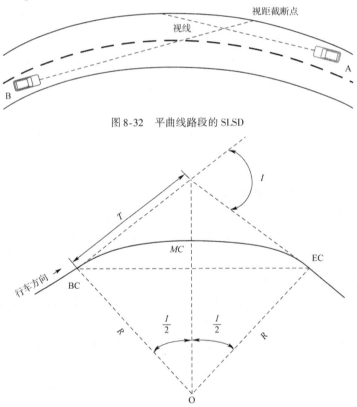

图 8-32 平曲线路段的 SLSD

R-曲率半径;T-切线长度(Tangent Length);MC-曲线中点(Middle of Curve);I-曲线转角,切线交角(Intersection Angle)

图 8-33 平面线形圆曲线的转角

限定平曲线切线转角不得大于最大转角,有如下3个原因:
(1)驾驶人操作转向盘不发生困难;
(2)因平曲线而产生的离心加速度变化率应保持在某一定值以下;
(3)平曲线转角较小时,曲线长度应为一定大小以上,以防止驾驶人产生长度减短,即曲度太大的视错觉。

(八)停车视距的检核重点位置

道路是长条形、具有宽度的三维空间构造物,道路设计时必须确认驾驶人在行车道上任何一点均有足够的停车视距,即驾驶人实际可用停车视距一定要大于设计规范要求的最小安全停车视距。比较重要的停车视距检核点(Check Points)可归纳如下:
①路宽变化处;②窄桥(Narrow Bridge);③路侧净距(Lateral Clearance)变化处;④危险边坡(Critical Slope)起点处;⑤凸形竖曲线路段;⑥平曲线路段;⑦路侧有危险固定物处;⑧无照明的行人穿越道;⑨行人量大的人行道;⑩路边停车位。

(九)会车视距

针对可双向同时通行的单一车道而言,如图8-34所示,两车驾驶人可相互明视的视距极为重要。在道路交通工程实务上,会车视距值(ISD)至少为该道路设计停车视距的两倍,如下式所示:

$$ISD = 2 \times SSD \tag{8-33}$$

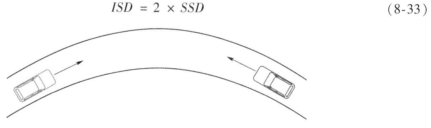

图 8-34 双向皆可通行的单车道

道路交通工程界中,针对"会车视距"的英文术语除了"Intermediate Sight Distance"之外,尚有以下表述:Continuous Sight Distance;Meeting Sight Distance;Stopping Sight Distance-Single Lane Roads。

不过道路交通工程界中大部分人使用"Intermediate Sight Distance"。会车视距通常使用在较低等级、设计速度低、路宽不大的道路,尤其在山区、乡区曲线段较低等级道路更应谨慎,如因特殊因素导致会车视距无法得到满足,则必须设置必要的交通安全辅助设施,例如反射镜、警示标志、反光设施等。

五、应变视距

在了解应变视距(Decision Sight Distance,简称DSD)之前,必须先深入理解本章前述的停车视距。掌握应变视距在道路交通工程的规划设计中极为关键,应变视距不足则意味着安全隐患偏高,故须谨慎处理。

(一)基本观念

应变视距是车辆行进中,即使遇到非预期或较复杂的信息、路况,可能影响驾驶人辨识或认知潜在危险,驾驶人仍得以安全变换车道、车速、行车方向或制动停车,完成安全驾驶所需的距离。DSD 的基本定义如图 8-35 所示。

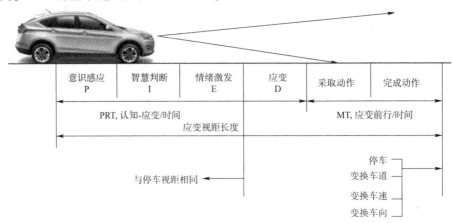

图 8-35 应变视距的定义示意

综合前述内容,应变视距的基本定义可简述为:

行进中的车辆遇前方状况而可能必须停止、转向、变换车道、改变车速,其所需的用于认知、反应、减速、停车等的应变距离。

(二)PIEV 与 PIED

本章前面探讨停车视距时,曾提到 PIEV 是 PRT 的四大组成,然在应变视距中的 PRT 与停车视距稍有不同,即 PIEV 应更换为 PIED,其中 PIE 三部分与停车视距完全相同,而"D"则是代表应变(Decision)之意。故应变视距中的 PRT 由如下四部分组成:

①P = Perception,认知感应;②I = Intellection,智慧判断;③E = Emotion,情绪激发;④D = Decision,应变。

驾驶人在进行其驾驶任务过程中,面对多车道车流状态,除了操控自己车辆(驾驶任务中的 Control)之外,也必须顾及与同车流中其他车辆的互动(驾驶任务中的 Guidance),同时遵循交通控制设施,如标线、标志与信号灯的引导(驾驶任务中的 Navigation),故驾驶人在行进过程中可能有下列不同的驾驶动作,例如:

(1)为了保持与前方车辆的相互安全间距而减速,即变换车速;

(2)为了避开前方较慢速车辆的阻碍,确保视距充足而变换车道;

(3)为了到达目的地,其旅程中可能必须利用互通式立交桥或交叉路口而转向至另一道路,即变换行车方向,或可简称转向;

(4)在行进过程中,遇前方极为拥堵,被迫减速甚至停车,或遇收费站必须停车,即驾驶人可能因面对某些状况而必须减速至停车。

综合前述,可知应变视距中的"应变"计有下列 4 种情况,即:

①变换车速;②变换车道;③变换行车方向,转向;④停车。

此外,我们也必须注意,前述应变视距中的"停车"与停车视距的"停车",从道路交通工程原理中的驾驶任务而言,差异如下:

(1)停车视距中的"停车"是针对行驶在某一车道的单一车辆,在不变换车道的前提下,在此车道前方有一非预期的静止状态障碍物,为避免驾驶人撞及此障碍物,故必须有足够的停车视距。

(2)应变视距中的"停车"是某车辆于多车道车流中,其可能面临前方拥堵、施工区、收费站等,因此必须逐渐减速直至停车。

(三)应变视距的分类

1. AASHTO 绿皮书

美国 AASHTO 绿皮书经长期收集信息后采取的经验法则,而将应变视距分为 A、B、C、D、E 五大类。

A 类:乡区道路停车,Stop on Rural Road。

B 类:市区道路停车,Stop on Urban Road。

C 类:乡区道路变换车速、变换车道或变换车向,Speed/Path/Direction Change on Rural Road。

D 类:郊区道路变换车速、变换车道或变换行车方向,Speed/Path/Direction Change on Suburban Road。

E 类:市区道路变换车速、变换车道或变换行车方向,Speed/Path/Direction Change on Urban Road。

前述五大类也可区分为以下两大区块。

(1)A、B 类:针对车流中车辆应变行为的"停车",必伴随减速过程。

(2)C、D、E 类:针对车流中车辆应变行为的"变换车速""变换车道""变换行车方向、转向",即车辆无停车的需求,且变速过程可能是加速或减速,或两者兼具。

2. 中国台湾地区"公路路线设计规范"

中国台湾地区的"公路路线设计规范"将 AASHTO 绿皮书中的第 D 类情况舍去,主因在于台湾地区的城乡间隔距离极短,郊区化现象并不如美国明显,故应变视距可凝练为下列 4 种状况,即:

(1)乡区道路车辆为应变而须停止;

(2)市区道路车辆为应变而须停止;

(3)乡区公路车辆为应变而须变换车速、车道或方向;

(4)市区道路车辆为应变而须变换车速、车道或方向。

中国台湾地区的应变状况(1)、(2)、(3)、(4)分别对应 AASHTO 的 A、B、C、E 类情况。

(四)应变视距的时间

表 8-9 中给出了 AASHTO 绿皮书中的应变视距五大分类,以及其相对应的车辆应变运作状态、建议时间与 DSD 计算式。

AASHTO 绿皮书中的 5 种应变视距情况 表 8-9

应变视距类别	A	B	C	D	E
车辆应变运行状态	乡区道路停车	市区道路停车	乡村道路车辆变换车道、车速、方向	郊区道路车辆变换车道、车速、方向	市区道路车辆变换车道、车速、方向
时间 PRT + MT(s)	3.0	9.1	10.2~11.2	12.1~12.9	14.0~14.5
计算式	$DSD = 0.278St + 0.039\dfrac{S^2}{a}$		$DSD = 0.278St$		

注：a 为减速度，m/s²；S 为设计速度；t 为时间。

由表 8-9 所示，我们可看出下列重点。

(1) A、B 类中，应变车辆有减速至停车的过程，C、D、E 类中则无，故 DSD 的计算式必然不同。

(2) 针对 A、B 类，其 DSD 的计算式与停车视距完全相同，但是采用的时间 t 不同。停车视距采用的时间 $t = 2.5\mathrm{s}$，而应变视距 A 类采用 3s、B 类则是 9.1s。

(3) 由 A、B 类与 C、D、E 类来看，完成整个应变过程所需时间，市区道路必远大于乡区道路，其主要原因在于市区道路网明显比乡区密集、复杂。此外，市区道路的人、车流量较大，转向交通也较明显，需要较长的应变时间。

(4) 由 C、D、E 类可清楚看出，其所需完成应变时间很长的主因在于其是一连续应变的长距离过程，例如某驾驶人由内车道变换至外车道，接近匝道出口时必须减速，然后进入出口匝道，最后进行转向，具有连续应变的长距离特征。

(5) 道路上的车流形态具有时空变化特性，其服务水平也可能在 A 和 F 间变化，因此完成驾驶任务的应变过程所需的真正合理时间也有明显差异，如图 8-36 所示，在 LOS C、LOS D 情况下的变换车道时间必稍大于 LOS A、LOS B。

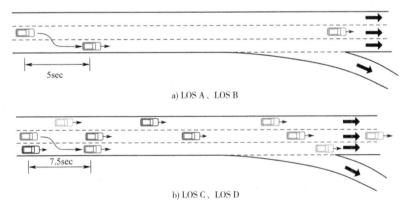

图 8-36 不同服务水平(LOS)情况影响应变所需时间示意

任何道路交通工程设计规范针对应变视距建议的时间皆可视为"参考值"，完成应变过程的操作时间 t，如无相关规定或长期统计数字可供依循，则 AASHTO 绿皮书的 C、D、E 类三者可采用 $t = 11\mathrm{s}$，针对市区道路的应变视距另加 30% 计算。故道路交通工程设计者本身应有专业判断，慎选合宜的应变时间。

道路交通工程设计时,采用的视距准则必须与交通控制设施搭配,以图 8-37a)为例,隧道路面中央为双实线,指此隧道路段不可变换车道,故采用停车视距作为最小安全视距准则无可厚非,当然,如采用应变视距,则安全距离较大,即较偏向于保守。反之,如图 8-37b)所示的隧道,隧道路面中的虚线意指可变换车道,故安全视距必须以应变视距为基准。

a) 不可变换车道　　　　　　　　　　b) 可变换车道

图 8-37　隧道中的视距准则与车道标线

(五)视点高度与目标物高度

1. 基本比较

与前述停车视距的视点高度、目标物高度相互比较,应变视距的视点高度与停车视距相同,不过目标物高则有明显差异。

AASHTO 绿皮书与中国台湾地区的"公路路线设计规范",针对应变视距的目标物高度皆采 60 cm,其本意是驾驶人应变行进过程中必须随时可看清前方其他车辆的后端或夜间的车尾红灯,其高度约为 60cm 左右。

日本《道路构造令》将应变视距的目标物高度定为 10cm。

中国大陆 2017 年版《公路路线设计规范》与 2014 年《公路工程技术标准》中并无对应"Decision Sight Distance"的名词,而是称之为"识别视距"(Identifying Sight Distance),且目标物高度为 0,即目标物为标线。

2. 中国大陆相关规范

2006 年,《公路路线设计规范》11.2.2 节(条文说明):为使驾驶人及时发现互通式立体交叉的出口,按规定行迹驶离主线,从而防止误行,避免撞击分流鼻,保证行驶安全,互通式立体交叉的引道上应保证对出口位置的判断视距(目标物高度为0),这一视距应为"识别视距"。判断出口时,驾驶者应看到分流鼻端的标线,故物高为0。对此,在确定凸曲线半径时应注意。

2014 年,《公路工程技术标准》B.0.2:识别视距(Identifying Sight Distance)是指车辆以一定速度行驶中,驾驶人自看清前方分流、合流、交叉、渠化、交织等各种行车条件变化时的导流设施、标志、标线,做出制动减速、变换车道等操作,至变化点前使车辆达到必要的行驶状态所需要的最短行驶距离。

2017 年,《公路路线设计规范》11.2.2 节(条文说明):判断出口(例如图 8-38 所示的"刀尖")时采用识别视距,是考虑驾驶人(视点高 1.2m)应看到分流鼻端的标线,即物高为 0。

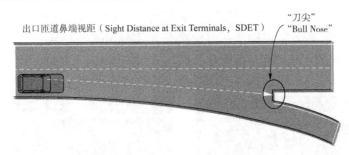

图 8-38　高速、快速公路出口匝道-刀尖

由于高速、快速公路出口匝道是事故频发地区,因此出口匝道鼻端视距的检核极为重要,道路交通工程界常以 SDET 简称,此为中国大陆规范所称的"识别视距"。

综合以上所述,我们可确定下列事项,即:

(1)中国大陆各设计规范中的"识别视距",虽然英文以"Identifying Sight Distance"称之,但本质上实为 AASHTO 绿皮书中的 Decision Sight Distance(应变视距)。

(2)大陆各设计规范中将识别视距(应变视距)的目标物高度定为0,即分流鼻端处不具高度的渠化标线,此作法是否合宜,可能见仁见智。

然而我们应深切认识到,如 NCHRP400 所言,必须特别注意"Sight Distance to Low Points"(低点视距)的现象,当目视距离大于 300m 以上时,主线车流上的车辆很难识别分流鼻端标线,雨雪天更不容易识别,如图 8-39 所示。当出口匝道位处凸形竖曲线路段,分流鼻端的标线更不可能被驾驶人识别,如图 8-40 所示。

a) 距出口匝道鼻端370m　　　　　　　　b) 距出口匝道鼻端470m

图 8-39　长距离目视出口匝道处的标线

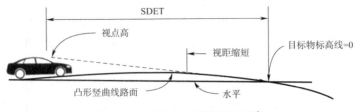

图 8-40　匝道出口处的视距不足现象

(六)应变视距的检核重点位置

紧接着我们必须详加思考,在道路交通工程设计时,究竟何处必须采用应变视距作为视

距设计的准则？首先必须了解停车视距与应变视距的相对关系。

任何道路设计必有某一最小视距值作为安全视距的基准，其中停车视距为最基本的设计视距值，即在道路上沿着行车方向任一点皆必须符合停车视距值的最低要求，不过当有其他必须考虑的视距值大于停车视距值时，则其他视距值便应取代停车视距值作为视距设计基准。基于此，道路设计者应确实了解道路相关状况，然后决定是否采用视距值较大的应变视距，诚如 NCHRP 600 所言：

"Although application of DSD is typically based on roadway features, certain situational factors can also adversely impact driver responsiveness."（虽然应变视距的应用是根据道路特性而定的，但在某些特殊环境下，必须考虑驾驶人的反应。）

这句的重点在于强调，必须依据下列两大因素谨慎决定是否应采用应变视距作为视距设计基准，即：

（1）道路特质（Roadway Features），这与道路几何线形、路网组成形态及路侧环境有关。

（2）人因理论及驾驶任务（Human Factors, Driving Task）。

应共同考虑上述两者，对于等级越高、设计速度越高的道路应更仔细综合评估，尤其是高速、快速公路与干线道路。

基于此，笔者建议在下列道路交通情境下，道路交通规划设计者应思考以应变视距取代停车视距作为视距设计基准。

（1）在确定停车视距可作为视距设计基准的前提下，如果刻意以应变视距取代，这代表驾驶人在进行驾驶任务的过程中，可认知、应变时间较长，即道路几何线形条件将更优越，安全余裕（Safety Margin）也比较宽松，安全系数（Safety Factor）更高，但工程建设经费也将相对提升。这无关乎对或错，纯粹取决于道路交通工程主管部门的取舍。

（2）如本章前述，在相同设计速度的前提下，应变视距的认知-应变时间（$PRT + MT$）必然比停车视距长，因此凡考虑驾驶人在行进过程中须有较长认知-应变时间的需求时，都应以应变视距作为视距设计基准。

（3）常态性、长距离的驾驶工作负荷（Driver Work Load，简称 DWL）较大之处，例如高速、快速公路与互通式立交桥或上下匝道衔接处的分流区、汇（合）流区、交织区等区域，应以应变视距为基准。

（4）车流量非常大，且大型车比例在某一数值以上，因大型车极易造成小型车驾驶人在车流变化过程中的视距、视区被阻隔。

（5）路侧环境易造成驾驶人分心驾驶（Distracted Driving）时，应考虑以应变视距为视距设计基准。

（6）天候时有异常，易造成视觉参照物（Visual Reference Cues）模糊不清，甚至完全消失，尤其重点在于标线的可识认性，这种状况应采用应变视距作为视觉设计基准。

（7）凡车辆行经高速、快速公路上须停车的收费站等地点时，必须保证驾驶人可在行进中从容应变，直至安全停车，因此视距设计基准应为应变视距。

（8）干线道路的交叉路口，车流动线有直行、右转、左转、掉头、交织及制动停车等各种可能性，变换车速、车道、行车方向或停车等的驾驶工作负荷量较大，故应以应变视距作为视距设计基准。

（9）凡车辆为应变而必须变换车道、车速、行车方向，但不需要安全停止时，则应采用应变视距作为视距设计基准。例如车辆行至互通式立交桥前后，车流动态较复杂，有分流者也有汇流者。

（10）在三车道以上的高速、快速公路较小曲线段（当然应符合规范中的最小曲线半径规定），最好也应以应变视距作为视距设计基准。

（11）不同区域的车流特性不同，故道路交通规划设计者应依专业判断，其所需的应变状况究竟应如何选定，例如根据 AASHTO 绿皮书的 A、B 类状况或 C、D、E 类状况。

道路交通规划设计者尤其应该注意，只有在道路信息传输完整（例如完善的标志、标线等）的前提下，才可发挥 DSD 的正常功能。如果驾驶人错失标志、标线等信息，其完成应变所需的时间将更长，应变距离也是如此。如 NCHRP 600 所言：

"An important assumption when using DSD is that drivers are provided with and able to respond to signage that allows them to prepare in advance of the roadway feature."（使用应变视距的一个重要前提是，驾驶人应能看见对前方道路上提醒他们做出应对措施的标识，并能对提醒及时做出响应。）

除笔者的建议外，NCHRP 600 也针对采用应变视距的考虑而给出下列五大参考准则。

（1）High driver workload due to concurrent tasks（e.g., traffic merging, reading signs）.（由于并发任务导致的驾驶任务负载，如合流、阅读标志等。）

（2）Truck traffic that intermittently blocks the view.（间歇性的周边货车视线阻挡。）

（3）Off-roadway clutter that can distract drivers.（路外使驾驶人分心的事情。）

（4）Poor weather that increases driver workload and make cues（especially markings）less conspicuous.[恶劣天气或道路行车参照物不清晰（如标线磨损），使驾驶人增加负荷。]

（5）High traffic volume levels.（大流量。）

除前述情况之外，针对与驾驶人长期习惯认知或心理预期有明显差异的路段，例如高速、快速公路的匝道出口位于左侧内车道时，道路交通规划设计者应结合交通控制设施，适度拉长驾驶人可认知-应变的时间与距离，如图 8-41 所示。

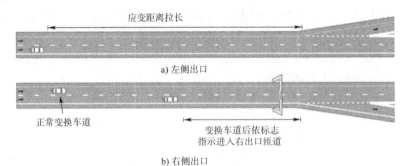

图 8-41　左侧匝道出口的长距离应变示意

如表 8-10 所示为 AASHTO 绿皮书中，A、B、C、D、E 共 5 类不同状况的应变视距，由此表可清楚看出，B 类状况必大于 A 类状况，而 E 类状况则大于 C、D 类状况。此外，设计速度越高，则应变视距必然越长。

第八章 视距、视区

美国 AASHTO 绿皮书的应变视距　　　　表 8-10

设计速度 （km/h）	应变视距(m)				
	A 类状况	B 类状况	C 类状况	D 类状况	E 类状况
50	70	155	145	170	195
60	95	195	170	205	235
70	115	235	200	235	275
80	140	280	230	270	315
90	170	325	270	315	360
100	200	370	315	355	400
110	235	420	330	380	430
120	265	470	360	415	470
130	305	525	390	450	510

在同一设计速度的前提下，应变视距（DSD）必然大于停车视距（SSD），即 DSD/SSD > 1.0，不过其比值依不同状况而异，如图 8-42 所示即是 AASHTO 绿皮书的 DSD/SSD 比值。

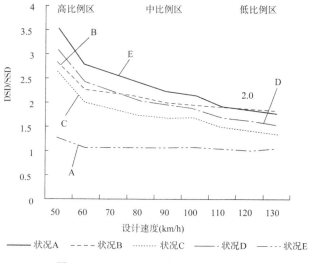

图 8-42　AASHTO 绿皮书的 DSD/SSD 比值

由图 8-42 可清楚看出，除了 A 类状况（乡区道路，车辆为应变而停止）之外，DSD/SSD 的比值可大致分为 3 个区间，即：高比例区、中比例区、低比例区。其设计速度的分界点大约为 70km/h 与 100km/h。

六、预览视距

预览视距（Preview Sight Distance，简称 PVSD）实际上是应变视距（DSD）的特例，根据直线路段推演的 DSD 理论已不适用，必须另以 PVSD 辅助方能够确保驾驶人能够从容进行其驾驶任务。其主要目的在于考虑车辆进入凸形竖曲线并越过坡顶后，如紧接着是曲线路段，驾驶人必须能够从容进行有效应变，即驾驶人必须遵循道路线形而有效操控车辆，且车辆可能必须减速。可帮助驾驶人清楚明辨道路几何线形的视觉参照物（Visual Reference Cue）则是路面上的标线。

车辆行驶至凸形竖曲线(Crest Curve)时,在坡顶前方某处,驾驶人虽可明视坡顶,但却可能有视觉消失(Sight Loss)的现象,即前方道路在驾驶人眼前某处突然中断,如图 8-43 与图 8-44 所示。

a) 直线段缓陡坡

b) 直线段急陡坡

c) 曲线段缓陡坡

图 8-43　凸形竖曲线的典型视觉消失现象——路段

图 8-44　凸形竖曲线的典型视觉消失现象——出口匝道

仔细审视图 8-43 与图 8-44,虽然都属于视觉消失现象,不过视觉消失处后面的几何线形如为曲线段,则如何确保驾驶人在越过竖曲线后有效应对?预览视距的应用即在于确保驾驶人行车至凸形竖曲线时不至于出现视觉消失现象,驾驶人可了解路经过坡顶后的几何线形,持续从容进行其驾驶任务,其中最攸关驾驶任务与安全性的关键问题在于凸形竖曲线同时位于平曲线处,其思维逻辑如图 8-45 所示。

图 8-45 中,G_1、G_2 分别为上纵坡、下纵坡的坡度,VBC 为竖曲线起点,VEC 为竖曲线终点。坡顶位于竖曲线长度的高程最大处,且预览视距起点(PVSD Origin)位于车辆到达坡顶的前方某处。

第八章 视距、视区

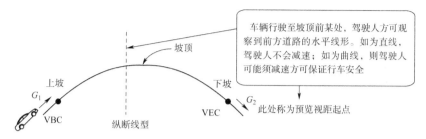

图 8-45 凸形竖曲线的 PVSD 逻辑

如图 8-46 所示为 PVSD 与纵断线形、平面线形的相互关系示意图。可清楚看出,车辆行进过程中,面临凸形竖曲线且又同时遭遇平曲线弯道。平曲线可能是单一曲率的圆曲线(即单曲线),或是缓和曲线之后接续圆曲线。图 8-46 中,BC 为圆曲线起点,TS 为缓和曲线起点,EC 为圆曲线起点,ST 为缓和曲线终点,PVSD object 意指预览视距范围内的视觉参照物,此参照物实为路面上的纵向标线。由此亦可知悉,对于凸形竖曲线与平曲线同时存在的路段,路面的纵向标线实为指引驾驶人进行其驾驶任务最重要的视觉参照物。

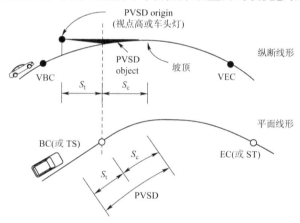

图 8-46 PVSD、凸形竖曲线与平面线形的关系

图 8-46 中,预览视距($PVSD$)由两段距离组成,即:

$$PVSD = S_t + S_c \tag{8-34}$$

式中:S_t——由 PVSD Origin 至 BC(平曲线起点)的距离,为 PRT 时段(认知-反应时间)内车辆行进的距离,即认知-反应距离(Perception Reaction Distance);

S_c——由平曲线起点(BC)开始,驾驶人可明辨前方路面标线而从容操控车辆前进的平曲线距离,此为 MT 时段内车辆行进的距离。

到目前为止,全球并无针对 $PVSD$ 而正式定义的规范值,即使 AASHTO 绿皮书也仅提醒道路交通工程设计者要注意凸形竖曲线与平曲线共存的预览视距议题,然而却无可参考的实际规范参考值。NCHRP 600 针对 $PVSD$ 的建议值见表 8-11,表中的 A 是"缓和曲线参数",如图 8-47 所示。平曲线中缓和曲线的基本表述式为:

$$R \times S_c = A^2 \tag{8-35}$$

事实上,式(8-35)是道路几何线形设计中常用于缓和曲线的克罗索曲线(Clothoid Curve)基本方程式。

PVSD 建 议 值　　　　　　　　　　　　　表 8-11

水平曲线半径 (m)	PVSD 的建议值 (m)*							
	单曲线		缓和曲线					
			$A^{**}=100\text{m}$		$A=200\text{m}$		$A=300\text{m}$	
	S_T	S_C	S_T	S_C	S_T	S_C	S_T	S_C
400	131	50	107	57	66	93 ↑	66	119 ↑
600	110	62	94	63	66	88	66	119 ↑
800	99	70	87	70 ↓	66	86	66	117
1000	93	76	83	76 ↓	66	84	66	109
1200	88	80	80	80 ↓	66	83	66	103
1400	85	83	78	83 ↓	66	83 ↓	66	98
1600	83	83	77	83 ↓	66	83 ↓	66	92
1800	81	83	76	83 ↓	66	83 ↓	66	86
2000	80	81	75	81 ↓	66	81 ↓	66	81 ↓

注：*-四舍五入后的整数值；

　　**-缓和曲线距离与半径乘积的平方根值；

　　↓-最小值；

　　↑-最大值；

　　A-缓和曲线参数。

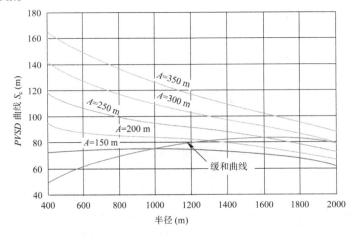

图 8-47　缓和曲线参数 A 与 S_C 值的关系

七、超车视距

(一)基本观念

中文的"超车"在英文中有两种含意。

(1) Take Over 或 Overtaking 皆指"超车"，即针对单一方向的所有车道同向车流，某车辆变换至左侧车道，然后超越同方向的车辆，如图 8-48a)所示。一般民众认知的高速、快速公路"超车"即为此情况。

（2）Passing 也是"超车"的意思，指为超越正前方慢速车辆，快速变换至左侧车道，在前方有对向来车的情况下，快速超越右车道慢速车之后，再急速返回右车道，如图8-48b）所示。

不过道路交通工程设计中的超车视距（Passing Sight Distance，简称PSD），其考虑的对象仅止于前述的"Passing"，即其仅适用于双向皆为单车道的双车道。

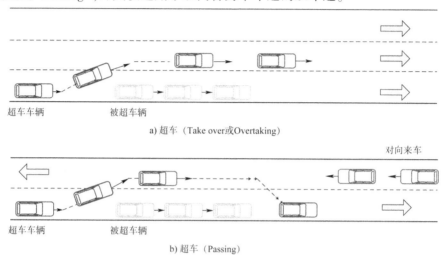

a) 超车（Take over或Overtaking）

b) 超车（Passing）

图8-48　超车的两种含义

（二）双车道的超车情境

在双向各为单车道的双车道道路上，超车情境有下列两种，即：

（1）进行超车时，不需要面对"对向来车"（Oncoming Vehicle），即在驾驶人的视距范围内"超车车辆"（Passing Vehicle）并未目视到有"对向来车"存在，如图8-49a）所示，此为较单纯的状况，"超车车辆"的关注对象仅有其前方近距离的"被超车辆"（Passed Vehicle）；

（2）进行超车时，"超车车辆"除须关注前方较慢速的"被超车辆"，也须面对左车道远处急驶而来的"对向来车"，此为较复杂的情况，如图8-49b）所示，道路交通工程设计中的"超车视距"即是针对此状况提出的。

与前述停车视距的观念相同，讨论超车视距时也应有PRT与MT的思维，如图8-50所示，其中：

A点：超车车辆驾驶人凭其自身经验分析可进行超车动作的起点位置。

B点：超车车辆的左轮已跨越中央分向限制线。

C点：超车车辆加速行驶一段距离后，快速将车辆驶入原右车道，左轮已完全跨越中央分向限制标线。

PRT（Perception-Reaction Time），即A、B两点间，驾驶人认知可以超车，同时采取合宜反应的时间，在PRT时间内，车辆的行进距离为D_{PR}。

MT（Maneuver Time），即介于B、C两点间，超车车辆于对向车道加速行驶的时间，其行进距离为D_{mt}。

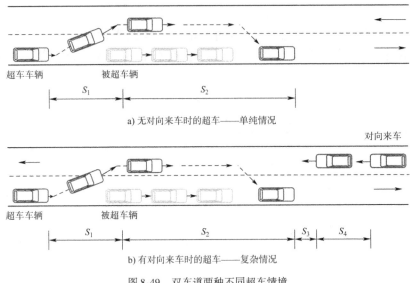

a) 无对向来车时的超车——单纯情况

b) 有对向来车时的超车——复杂情况

图 8-49 双车道两种不同超车情境

如图 8-50 所示的情况,在道路交通工程领域中称为单超车(Single Passing 或 Isolated Passing),即超车车辆在进行超车动作时,只单纯针对"被超车辆",并未面对左侧车道迎面而来的"对向来车"。

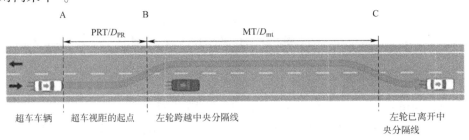

图 8-50 双车道超车时的 PRT、MT

(三)超车视距计算

在无中央实体分隔带的双车道道路行车时,因前方车辆车速较慢,后方车辆便会寻找适当时机跨越至对向车道加速超越前车。超车时,车辆须占用对向车道,故超车车辆必须确定有适当视距,以免在超车过程中与对向来车正面撞击,此为超车视距的基本逻辑。

计算最短超车视距时,应有如下 5 项基本假设。

(1)被超车辆(即超车车辆正前方短距离内的慢速车)以某一均匀不变的速度行驶。

(2)超车车辆在超车动作开始前,运行速度(Operating Speed)已由较高速度调降为与被超车辆的车速相同,并尾随其后。

(3)超车动作开始前,超车车辆的驾驶人需要一段时间判断其可否进行超车。从判断可超车开始,至左轮跨越中央分向标线的时间即为 PRT,即超车车辆行经图 8-50 中 A、B 两点距离所耗用的时间。

(4)超车车辆经过 B 点后,超车车辆即须立即加速至大于被超车辆的速度,一般需比被超车辆的速度至少大 15km/h(约 10mile/h)。此时超车动作是在对向车道有对向来车的情况下进行,此即为图 8-50 中,B、C 两点间的距离 D_{mt}。

(5)超车车辆返回原右车道时,与对向来车之间仍需要一段安全距离,一般需 30~75m,即 3~5s 的时间后,对向来车方可呈现在超车车辆的左侧。

综合前述,超车视距的长度应由下列 4 段距离共同组成,如图 8-51 所示,即:

D_{PR}:PRT 时段内的行车距离,该段距离包括认知-反应时间及开始加速到达进入对向车道的行车距离(m),即图 8-50 中,A、B 两点的距离。

D_{mt}:超车车辆临时占用对向车道,加速超越被超车辆,并返回原车道的行车距离(m),即图 8-50 中 B、C 两点的距离。

S_3:超车车辆回到原(右侧)车道时,其与对向来车间的安全距离(m),各国规范对此项的建议值稍有差异。美国 AASHTO 绿皮书假设为 30~75m,日本《道路构造令》则假设为 30~100m。

S_4:对向来车在超车车辆占用其车道(左侧车道)时段的 2/3 时间所行驶的距离(m),即 $S_4 = 2D_{mt}/3$。

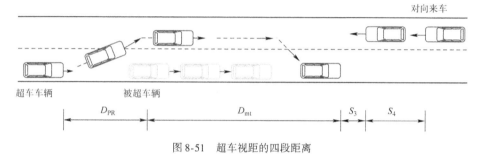

图 8-51 超车视距的四段距离

针对前述 4 段距离可再补充说明如下:

(1)第 1 段距离 D_{PR}。

由传统物理学原理,D_{PR} 可表示成:

$$D_{PR} = \frac{t_1}{3.6}\left(V - S_1 + \frac{at_1}{2}\right) = 0.278t_1\left(V - S_1 + \frac{at_1}{2}\right) \quad (8-36)$$

式中:t_1——超车初步行动的时间(s),即认知-反应时间(PRT),或图 8-50 中 A 点至 B 点的时间,美国 AASHTO 绿皮书假设为 3.7~4.3s。日本《道路构造令》则假设为 2.9~4.5s;

V——超车车辆的平均行车速度(km/h);

S_1——被超车辆与超车车辆的相对速度差(km/h),一般为 15~20km/h;

a——超车车辆的平均加速度值[km/(h·s)],一般为 2.25~2.37km/(h·s),不过这依车辆性能及速度而稍有差异。

(2)第 2 段距离 D_{mt}。

D_{mt} 为超车车辆占用左侧车道超越被超车辆至转入右侧车道前的距离,即图 8-50 中,B、C 两点间的距离。

$$D_{mt} = 0.278Vt_2 \quad (8-37)$$

式中:V——超车车辆在左侧车道的平均行车速度(km/h);

t_2——超车车辆占用对向(左侧)车道的时间(MT),即加速超越被超车辆,并返回原(右侧)车道的时间。

美国 AASHTO 绿皮书及日本《道路构造令》均假设 t_2 为 9.3~10.4s。此段距离的假设使用时间不宜太短或太长:t_2 太短意味着超车车辆与左侧车道对向车辆产生正面对撞(Head-on Crash)的机会大增;反之,t_2 如果太长,例如为 20s,则超车视距将大大增加道路几何线形与路权设计的难度。

(3) 第 3 段距离 S_3。

S_3 为超车动作完成,超车车辆已由左侧车道进入原右侧车道时,超车车辆与左侧车道对向来车间的安全净距离。不同设计规范的假设值稍有差异,美国 AASHTO 绿皮书假设为 30~50m,即:

$$S_3 = 30 \sim 50\text{m} \tag{8-38}$$

S_3 也可依时间预估,例如假设平均车速为 15m/s,预留 4s 的空隙,则 $S_3 = 4 \times 15 = 60$m。

(4) 第 4 段距离 S_4。

此距离为超车车辆 MT 时段的超车过程中,左侧车道对向来车面对超车车辆所行驶的距离,世界各国规范均以 D_{mt} 的 2/3 粗略估计,即:

$$S_4 = \frac{2}{3}D_{mt} = \frac{2}{3} \times 0.278 V t_2 \tag{8-39}$$

综合上述,视距设计基准所需的最小超车视距 PSD_{min} 便可表示成前述 4 段距离的加总,即:

$$PSD_{min} = D_{PR} + D_{mt} + S_3 + S_4 \tag{8-40}$$

如图 8-52 所示即是前述 4 段距离相加的示意。由图 8-52 可清楚看出,构成超车视距的 4 段距离中,不论道路的设计速度为何,D_{mt} 与 S_4 皆是构成超车视距的两大主体,其中 D_{mt} 是超车车辆于左侧车道加速超越被超车辆的行进距离,S_4 则是对向车辆正面对着超车车辆方向行进的距离。

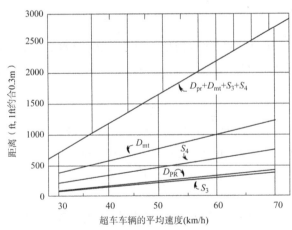

图 8-52 超车视距的 4 段距离

式(8-40)是根据直线路段推导的,如遇几何线形较复杂的情况,例如平曲线与竖曲线结合处,则道路交通工程设计者应有自身的专业判断,进行必要的修正。

超车视距的视点高与停车视距、应变视距相同,皆是 3.5ft,即 108cm。而目标物高则有思维上的差异。超车视距早期采用的目标物高为 1.3m,此为小型汽车的平均高度,这在白天尚属合理,不过在夜间时,超车车辆的驾驶人明视的是车辆灯光,针对最具危险性的超车情况,即超车车辆不只必须超越"被超车辆",同时也必须面向"对向来车",此时必须确定超车车辆与对向来车的驾驶人皆能注意正前方有车辆急驶而来,故 AASHTO 绿皮书针对超车视距的目标物高度取值与视点高度相同,即 3.5ft(约合 108cm)。

(四)设计规范

不同的设计规范对超车视距的要求会稍有差异,其差异均源于假设条件的不同。表 8-12 与表 8-13 分别为中国大陆《公路路线设计规范》与中国台湾地区"公路路线设计规范"的超车视距值。表 8-12 中的"一般值"与表 8-13 中的"建议值"类似,皆是理想状况下应采用的最小设计值。而表 8-12 中的"极限值"与表 8-13 中的"容许最小值"则是因某些无法克服的外在环境或条件限制,例如考虑避免大量房屋建筑的拆迁,道路交通规划设计者可采取的弹性设计空间。

中国大陆超车视距最小值   表 8-12

设计速度(km/h)		80	60	40	30	20
超车视距最小值(m)	一般值	550	350	200	150	100
	极限值	350	250	150	100	70

中国台湾地区超车视距最小值   表 8-13

设计速度(km/h)	超车视距最小值(m)	
	极限值	建议值
90	420	600
80	380	540
70	330	470
60	290	410
50	240	340
40	200	280
30	160	220
25	140	195
20	120	160

读者必须注意,表 8-12 与表 8-13 中的最小超车视距值皆是基于超车车辆在超车行动中也必须面向对向来车的情况给出的。表 8-14 则是 AASHTO 绿皮书针对单纯超车情况下的最短超车视距建议值,即超车车辆仅超越被超车辆,不须面向左车道的对向来车,可参考图 8-50 的说明。

AASHTO 单纯超车情况的 PSD   表 8-14

设计速度 (km/h)	假设速度(km/h)		超车视距 (m)
	被超车辆	超车车辆	
30	11	30	120
40	21	40	140
50	31	50	160
60	41	60	180
70	51	70	210
80	61	80	245
90	71	90	280
100	81	100	320
110	91	110	355
120	101	120	395
130	111	130	440

(五)中央分向标线

双车道中央分向标线的绘制与超车视距有直接关系,当超车视距不足时,绘制双实线,指此处严格禁止借用对向车道超车。反之,可绘制虚线作为分向限制线,表明此处可依驾驶人自己的判断而借用对向车道超车,如图 8-53 所示。

a) 可超车路段　　　　　　　　　　　b) 不可超车路段

图 8-53　必须考虑超车视距的双车道路段

进行双车道超车视距检核时,务必考虑路侧条件,图 8-54 中的"路侧净区曲线路段增加量"与"植栽净空"均是典型的做法。

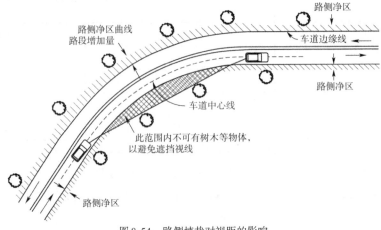

图 8-54　路侧植栽对视距的影响

八、车流中的视距、视区变化

车辆驾驶人在车流中视距、视区的动态变化,主要是多车道车流的车辆互制(Interaction between Vehicles)现象造成的结果,其中以大型车对小型车的视距、视区遮蔽现象最为常见。故驾驶人在车流中必须谨慎进行其驾驶任务,如图8-55至图8-57所示。

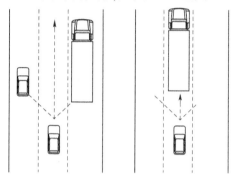

图 8-55　大型车影响小型车视距、视区的案例(1)

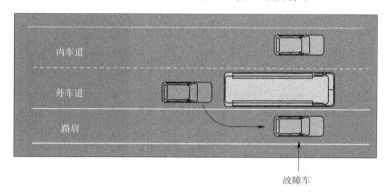

图 8-56　大型车影响小型车视距、视区的案例(2)

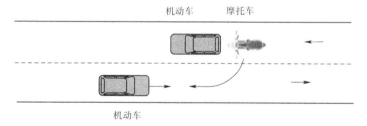

图 8-57　大型车影响小型车视距、视区的案例(3)

对行车过程中视距、视区的动态掌握取决于驾驶人本身的驾驶经验与驾驶习惯,驾驶人必须确保只有在视距、视区条件均得到满足的情况下才变换车道、车速,以便安全进行驾驶任务。

参 考 文 献

[1] TRB. Human Factors Guidelines for Road Systems, 2nd Ed.：NCHRP Report 600[R]. Washington, D. C., 2012.

[2] Marc Green. Roadway Human Factors：From Science to Application[M]. Tucson：Lawyers & Judges Publishing Company, Inc., 2018.

[3] AASHTO. A Policy on the Geometric Design of Highways and Streets[M]. 6th Ed.. Washington, D. C., 2011.

[4] FHWA. Federal Highway Administration, Manual on Uniform Traffic Control Devices (MUTCD)[S], Washington, D. C., 2009.

[5] AASHTO. Highway Safety Manual[M]. Washington, D. C., 2010.

[6] AASHTO. Roadside Design Guide[M]. 4th Ed.. Washington, D. C., 2011.

[7] Transportation Research Board. Highway Capacity Manual[M]. Washington, D. C., 2016.

[8] FHWA. Highway Functional Classification：Concepts, Criteria and Procedures[S]. Washington, D. C., 2013.

[9] FHWA. Livability in Transportation Guidebook[S]. Washington, D. C., 2010.

[10] 徐耀赐. 路侧安全设计[M]. 台中：沧海图书, 2018.

[11] TRB. Determination of Stopping Sight Distance：NCHRP Report 400[R], 1997.

[12] 中华人民共和国道路交通安全法[Z]. 北京：中国法制出版社, 2011.

[13] 台湾道路交通管理处罚条例[Z]. 台北, 2018.

[14] Speed and Speed Management[Z], European Commission, European Road Safety Observatory, 2015.

[15] Speed Management：A Road Safety Manual for Decision-makers and Practitioners[M]. World Health Organization, Global Road Safety Partnership, Switzerland, 2008.

[16] FHWA. Speed Concepts：Informational Guide[M]. McLean, VA., 2009.

[17] Parker, M. R., Jr. Synthesis of Speed Zoning Practices, Report No. FHWA/RD-85/096 [R]. Federal Highway Administration, Washington, D. C., 1985.

[18] FHWA. Factors Influencing Operating Speeds and Safety on Rural and Suburban Roads, FHWA-HRT-15-030[M]. McLean, VA. May, 2015.

[19] D. Solomon. Accidents on Main Rural Highways Related to Speed, Driver, and Vehicle [M]. US DOT/FHWA, 1964.

[20] E. Hauer. Speed and Crash Risk：An Opinion[R]. Public Policy Department, Royal Automobile Club of Victoria, Report No. 04, 2004.

[21] E. Hauer, J. Bonneson, An Empirical Examination of the Relationship between Speed and Road Accidents based on Data by Elvik, Christensen and Amundsen, Report prepared for project NCHRP 17-25[R]. Public Policy Department, 2006.

[22] Nilsson G. Traffic safety dimensions and the power model to describe the effect of speed on safety, Bulletin 221[Z]. Sweden, Lund Institute of Technology, Lund University, 2004.

[23] Taylor, M., Baruya, et al.. The relationship between speed and accidents on rural single carriageway roads. TRL Report TRL511 [R]. Transport Research Laboratory, Crowthorne, 2002.

[24] Kloeden, C. N., McLean, et al. Reanalysis of travelling speed and the rate of crash involvement in Adelaide south Australia. Report No. CR 207[R]. Australian Transport Safety Bureau, Civic Square, ACT, 2002.

[25] Kloeden, C. N., McLean, et al.. Travelling speed and the rate of crash involvement. Volume 1: findings. Report No. CR 172[R]. Federal Office of Road Safety FORS, Canberra, 1997.

[26] Kloeden, C. N., Ponte, G, et al. Travelling speed and the rate of crash involvement on rural roads. Report No. CR 204[R]. Australian Transport Safety Bureau, Civic Square, ACT, 2001.

[27] Aarts, L., van Schagen, et al. Driving speed and the risk of road crashes: a review[J]. Accident Analysis and Prevention, 2006(38): 215-224.

[28] Nilsson, G. The effects of speed limits on traffic crashes in Sweden[J]. In: Proceedings of the international symposium on the effects of speed limits on traffic crashes and fuel consumption, Dublin. Organization for Economy, Co-operation, and Development, Paris, 1982.

[29] Nilsson, G. Traffic safety dimensions and the power model to describe the effect of speed on safety[Z]. Bulletin 221, Lund Institute of Technology, Lund, 2004.

[30] 周荣贵,钟连德.公路通行能力手册[M].北京:人民交通出版社股份有限公司,2017.

[31] 台湾运输研究所.公路容量手册[M].台北:台湾运输研究所,2011.

[32] 中交交通部第一公路勘察设计院.公路路线设计规范:JTG D20—2017[S].北京:人民交通出版社股份有限公司, 2017.

[33] Greenshields, B. D.. A Study of Traffic Capacity[J]. Highway Research Board Proceeding 14, pp. 448-477.

[34] Greenberg, H.. An Analysis of Traffic Flow[J]. Operations Res., vol. 7, no. 1, pp. January-February, 1959: 79-85.

[35] Underwood, R. T.. Speed, volume and density relationships. In: Quality and Theory of Traffic Flow[M]. Bureau of Highway Traffic, Yale University, New Haven; pp. 1961: 141-187.

[36] Drake, J. S., Schofer, J. L., and May, A. D.. A Statistical Analysis of Speed Density Hypotheses[J]. In Third International Symposium on the Theory of Traffic Flow Proceed-

ings, Elsevier North Holland, Inc., New York. Northwestern University ,1967.

[37] Pipes, L. A. Car following models and the fundamental diagram of road traffic[J]. Trans. Res,1967(1):21-29.

[38] Drew, D. R.. Traffic flow theory and control[M]. New York:McGraw-Hill.

[39] Influence of Operating Speed on Capacity of Urban Arterial Midblock Section[J]. International Journal of Civil Engineering, 2017(15).

[40] Hall, F. L.. Traffic Flow Theory:Chapter 2, Traffic stream characteristics, Special Report 165:Revised Monograph on Traffic Flow Theory[M]. Transportation Research Board, Washington, D. C., FHWA. 1997.

[41] Kerner, Boris S.. The Physics of Traffic[M]. Springer-Verlag Berlin Heidelberg, 2004.

[42] 宋威廷.高速公路各车道车流模式之研究[M].台北:台湾交通大学运输科技与管理系,2012.

[43] 日本道路协会.道路构造令[Z].东京:日本道路协会,2012.

[44] 中华人民共和国交通运输部公路局,中交第一公路勘察设计研究院.公路工程设计标准:JTG B01—2014[S].北京:人民交通出版社股份有限公司,2014.

[45] 中华人民共和国住房和城乡建筑部.城市快速路设计规程:CJJ 122—2009[S].北京:人民交通出版社股份有限公司,2009.

[46] 徐耀赐.公路几何设计[M].台北:五南图书,2010.

[47] TRB.,Determination of Stopping Sight Distance:[R].Washington, D. C.,1997.

[48] Ho, G.,et al. Decision Sight Distance for Freeway Exit Ramps-a Road Safety Perspective[J].2016 Conference of the Transportation Association of Canada, Toronto, 2016.

[49] Hassan, Y., Easa, S. M., Modeling of Required Preview Sight Distance[J]. Journal of Transportation Engineering, 2000,126(1):13-20.